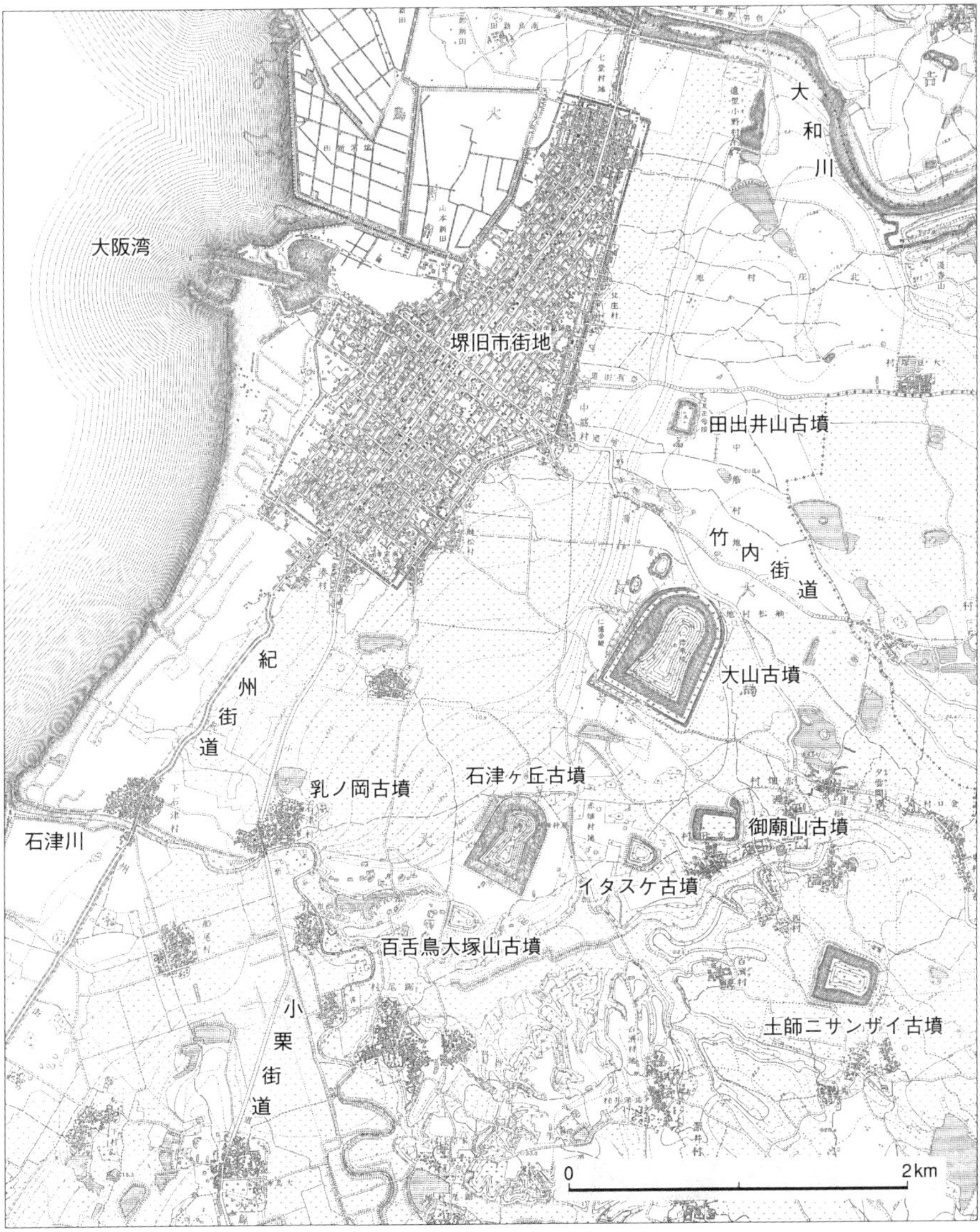

図1-1　1887年（明治20）頃の百舌鳥古墳群周辺の様子
（大日本陸地測量部2万分の1地形図「堺」「金田村」より）

目次

装幀　勝木雄二

よみがえる百舌鳥古墳群——失われた古墳群の実像に迫る

第1章

百舌鳥古墳群の成り立ち

1　三つの部分からなる百舌鳥古墳群

百舌鳥古墳群は、大阪城を台地の北限とする上町《うえまち》台地の南端に位置する古墳群で、南北約四キロ、東西約三・五キロの範囲に、戦前は約一〇〇基の古墳が分布していたが、現在は四四基の古墳が残っている。

百舌鳥古墳群は、大きく分けて三つの部分からなっている（図2）。こんな書き出しをするとカエサルの『ガリア戦記』のようになってしまうが、百舌鳥古墳群は一つの地域にまとまって、はじめから最後まで分布したのではない。

この三つの部分は、百舌鳥古墳群の形成の時期やそのときどきの時代背景、四世紀後半から五世紀後半のほぼ一〇〇年間にわたるヤマト王権の動きと対外的な交渉からうける影響などを反映して、地形的

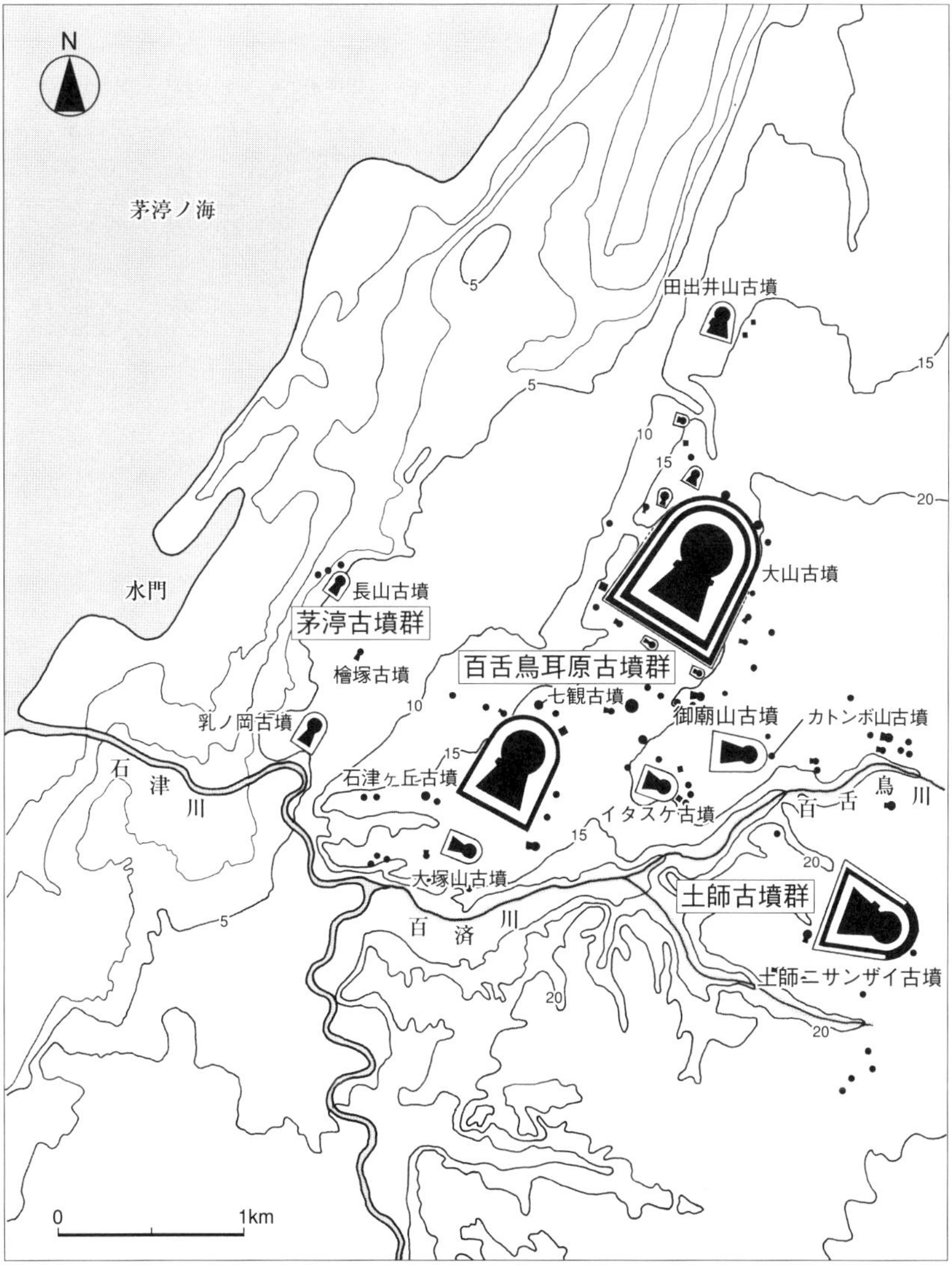

図2　百舌鳥古墳群の3つの部分

にも考古学的内容でも、それぞれの特徴がみられる。

第一の部分は、百舌鳥野《もずの》台地の西に広がる低位の段丘からかつての海岸平野にかけて分布する古墳群である。堺の海は、一九六〇年代に堺・泉北臨海工業地帯の開発で広大な埋め立て地が造られたために、海と海岸平野の境界が見分けにくくなってしまった。阪神高速一五号堺線の高架から南海電鉄本線あたりまでが海岸平野で、阪神高架から東側が百舌鳥野台地につづく低位の段丘になる。

この古墳群は、当時もっとも海に近い標高四メートルの立地に築造された長山古墳とその周囲の三基の円墳、そこから八〇〇メートルほど南にある乳ノ岡《ちのおか》古墳、そしてこの二つの古墳のあいだのクボタ堺製造所の中にある檜塚《ひのきづか》古墳など、前方部を南に向けた前方後円墳からなる。これらの古墳の築造は四世紀後半になり、茅渟《ちぬ》ノ海（大阪湾の古名）の沿岸部にあるので、茅渟古墳群とよぶことにする。

第二の部分は、茅渟古墳群につづくおよそ標高二〇メートルの百舌鳥野台地上にある古墳群で、百舌鳥耳原《みみはら》古墳群とよぶ。この中には築造時期の順番から、百舌鳥大塚山古墳（以下、大塚山古墳）、石津ヶ丘古墳（履中陵《りちゅう》）、イタスケ古墳、御廟山《ごびょうやま》古墳（百舌鳥陵墓参考地）、大山古墳（仁徳陵）などの前方後円墳をはじめとして、五世紀前半から中頃に築造された広義の百舌鳥古墳群全体の中核になる古墳が集中する。古墳群の北限となる田出井山《たでいやま》古墳（反正陵《はんぜい》）は、大形の前方後円墳としては百舌鳥耳原古墳群中で最終段階の古墳である。

第三の部分は、百舌鳥野台地が東から西に流れる百舌鳥川で浸食されて分離した東側の台地に、土師ニサンザイ古墳（東百舌鳥陵墓参考地）と多くの帆立貝形古墳など五世紀後半の古墳で形成される土師古墳群である。

二次元的な分布図では、海よりの西側から東へ移動しながら古墳群が形成されていくとしかわからないが、地形を三次元的に立体化し、それに古墳築造時期や古墳群を構成する前方後円墳とそれ以外の古墳との関連などの要素を入れていくと、ただ三つに分かれているのではなく、あきらかに地形を利用して、ヤマト王権の動態に応じた古墳の構成と古墳群形成の造営企画という大きな計画性が背景にあったことがわかってくる。そこで個々の古墳群をくわしく見てみよう。

海岸平野の茅渟古墳群

茅渟古墳群の初期段階に造られたと考えられる長山古墳は、早くから人の手が入り、墳丘の大部分が破壊されて正確な大きさはわからないが、江戸期の絵図などから、前方部が南向きで後円部直径五六メートル、墳丘長一一〇メートルの規模で、濠をめぐらせた前方後円墳と推定されている。一段目の葺石《ふきいし》が部分的によく残っていて、とくに海側に墳丘側面を見せる西側をていねいに積んである。台地上の百舌鳥耳原古墳群の大形前方後円墳でも第一段の葺石はまばらで積み方が粗いのにたいして見事な積み方である。

一九三四年（昭和九）に大阪湾を襲った第一室戸台風の時、堺の海岸平野部は高潮被害をうけ、堺の町の海岸部は江戸初期の海岸線があったところまで水没し、死者四三七名という甚大な被害を出した。この時、長山古墳の一〇〇メートルほど西を南北に走る熊野街道（小栗街道ともよばれる）のところまで「三尺（九〇センチ）」の高潮が押し寄せたということからすると、大阪湾を水位の基準として標高四メートルの高さにあった長山古墳は、嵐で海が荒れた時は波浪のしぶきが墳丘に降り注ぐほど海沿いにあっ

乳ノ岡古墳の直葬された長持形石棺

たと思われる。

檜塚古墳は、「履中陵陪冢《ばいちょう》」ということで宮内庁監理の陵墓に治定され、全長二五メートルの帆立貝形古墳と言われている。クボタ堺製造所内にあるため見学はできないが、筆者は三〇年以上前にたまたま見ることができた。この工場では特許製品を製造しているため、写真やメモはいっさいダメ、見る時間もチラッと見るだけという、戦前の日本軍要塞地帯のようなきびしい条件であったが、確かに墳丘と認めることができた。今は北側に建った病院の窓から俯瞰できる。

乳ノ岡古墳は、後円部直径九四メートル、高さ一四メートル、墳丘長一五五メートルで、濠が完周する前方後円墳である。前方部は土取りで破壊されて往時をしのぶことはできないが、地域の王の規模の古墳である。後円部には竪穴式石室を設けないで、和泉砂岩製の長持形石棺《ながもちがたせっかん》を直葬した主体部がある。こうした墳丘の規模や石棺直葬の埋葬主体の状況は、古墳時代社会の地域首長の階層的身分秩序と、そこでの古墳喪葬儀礼のあり方を具体的によく示している。

百舌鳥野台地の西に広がる海岸平野は、当時、有力地域首長を生み出すほどの稲作農耕に適した大規模な可耕地がそれほどなかったとみられる。それでもこれだけの規模の前方後円墳が突如として築造されたのは、ヤマト王権が瀬戸内海から西海に進出するためにとった布石と考えられる。つまり茅渟ノ海を望むこの地に長山古墳の被葬者など地域の王クラスの有力首長に、外洋航海に耐えられる準構造船の造船とともに、茅渟沿岸の海士族《あま》を水夫《かこ》として掌握させ、ヤマト王権の覇権遂行を代行する責務を負託させたということである。

乳ノ岡古墳の名称は、「チヌノオカ」からきたという説もあり、四世紀後半の百舌鳥古墳群黎明期を物語るこの茅渟ノ海の海岸平野に展開する古墳群の造営は、ヤマト王権の海洋進出、朝鮮半島への進攻という歴史的な動向も視野に入れて考察する必要がある。

墳丘が巨大化する百舌鳥耳原古墳群

百舌鳥耳原古墳群は、茅渟古墳群が分布する低位の海岸段丘より東の標高二〇メートルの百舌鳥野台地上に、五世紀前半から築造がはじまる。大塚山古墳、石津ヶ丘古墳、イタスケ古墳、御廟山古墳、大山古墳、田出井山古墳などの前方後円墳と、七観《しちかん》古墳、カトンボ山古墳などの多くの古墳からなる、広義の百舌鳥古墳群の中核的な古墳群である。

百舌鳥耳原という地名は、古市古墳群と百舌鳥古墳群を車の両輪とした一つの大きな古墳群を想定した場合、内陸の古市から見た百舌鳥は茅渟ノ海に臨む台地の端（耳）であるところからつけられたものではないかと思う。

とくに百舌鳥耳原古墳群で注目されるのは石津ヶ丘古墳である。それまでのヤマト王権の大王墳である前方後円墳の設計基準を大きく超える墳丘長三六五メートルの巨大古墳である。奈良盆地でも、石津

石津ヶ丘古墳（梅原章一撮影）

ヶ丘古墳よりも前の時期の古市古墳群でも、見たこともない巨墳が海を望む百舌鳥野の台地に築造された。

このような巨大古墳が築造された背景には、倭が四世紀代から朝鮮半島に進攻し、そこでの挫折（倭の敗戦など）をふまえて、その立て直しのために西日本地域の王たちをヤマト王権のもとに同盟関係を結ばせて統合させる必要があったことが考えられる。

日向の西都原《さいとばる》古墳群の女狭穂塚《めさほづか》古墳は、石津ヶ丘古墳と基本的に同じ設計で、ただし大きさは二分の一、左右逆にした地割りで築造していることがわかっている（一四三ページ図20参照）。石津ヶ丘古墳の被葬者となるヤマト王権の倭王は、中国の歴史書に記述のある「倭の五王」の一人と考えられるが、西日本をヤマト王権の勢力下におく施策として、女狭穂塚古墳の被葬者に、ヤマト王権と従属的な同盟関係を結ばせている。女狭穂塚古墳はその具体的な考古学的証しといえる[1]。

古墳の設計や大きさは、埋葬される王の王統や首長の出自系列を示し、支配者としての政治的権力と首長の体現している霊力の双方をあらわしたものだ。世俗的には対抗する相手を打ち負かして凌駕し、荒ぶるカミガミは首長の霊力で鎮魂・圧伏すると考えられていたのだろう。

これまでに見たこともない巨大な前方後円墳を造営し、茅渟ノ海から瀬戸内海、豊後水道、日向灘の海路およそ六〇〇キロ離れた九州南部の日向の有力首長に、倭王と同じ設計の前方後円墳の築造を許し、擬制的な同族関係を結んだ。それは従属的な同盟関係に組み込んで南部九州をヤマト王権にとって安定した地域にして、朝鮮半島への進攻や瀬戸内海の海上交通を支配下に収めるという戦略であったといえる。

しかし、必ずしもヤマト王権を盤石なものとして安定させるのに成功したとはいえない状況が生まれた。現在の岡山県全域と広島県東部などからなる古代の吉備に相当する首長連合が、石津ヶ丘古墳と基本的に同じ設計・企画をもった巨大古墳である造山《つくりやま》古墳を造営したのである（一五五ページ図26参照）。このことはヤマト王権と対峙する姿勢を打ち出したことを意味している。瀬戸内海の真ん中にある吉備がヤマト王権に対峙する姿勢を示せば、ヤマト王権が西日本や朝鮮半島へ進攻するにも大きな妨げになってくる。

また、ヤマト王権の大王たる者がこれまでになかった巨大前方後円墳を造営して覇権を示したのに、吉備の首長たちが同じ設計・大きさの古墳を造営すれば、倭王たる者の霊力は大いにケガされ、政治的権威はダメージをうけてしまう。

武器をもって戦うだけが「タタカイ」ではない。吉備の首長連合は、ヤマト王権の朝鮮半島進攻や日向との同盟関係に、西日本の有力地域首長として危機感をもち、吉備の総力をあげた巨大古墳造営で対峙する姿勢を見せたのではないか、と私は考えている。朝鮮半島との関係では、吉備独自の鉄移入のルートや鉄器生産が侵害されることへの危機感もあったのだろう。

大山古墳（梅原章一撮影）

吉備の首長連合が石津ヶ丘古墳と基本的に同じ規模の造山古墳を造ったことで、ヤマト王権の倭王の政治的権威や大王の霊力は吉備の王と対等なものになってしまった。重大な危機に直面することになったヤマト王権がとった対抗策は明確なものであった。つまり、やられたら、それ以上にしてやり返せである。

この事件は、万世一系の皇統系譜継承に潤色された記紀には伝承されていないが、霊力をケガされた倭王は、その不祥事で交替し、新しい倭王が立ったものとみられる。そして、古市に石津ヶ丘古墳をさらに上まわる超巨大古墳である誉田御廟山《こんだごびょうやま》古墳（応神《おうじん》陵）を造営した。古墳の設計から見て古市古墳群の中で最初に造られた大古墳である津堂城山《つどうしろやま》古墳の王に連なり、河内平野の開拓を王権の責務とする大王で、石津ヶ丘古墳の王統とは異なる王統から出た大王である。

そして誉田御廟山古墳に引きつづき、百舌鳥野に、系譜性をあらわす設計は異なるものの、誉田御廟山古墳と同じ規模の大山古墳を造営したのである。

吉備首長連合のヤマト王権に対抗する対峙姿勢もここまでであった。ヤマト王権は新たな誉田御廟山古墳、大山古墳という大艦巨砲主義的な対応で吉備首長連合を圧倒し、政治的危機を乗り越えるとともに、ヤマト王権の権威のもとで、階層的身分秩序を再整備していく手がかりを得たのではないかと考えられる。

百舌鳥耳原古墳群での石津ヶ丘古墳という巨大古墳の造営、さらに大山古墳という超巨大古墳の造営には、このような歴史的背景があったと私は考えている。

日輪でかこまれた正方形区画の倭王墳と土師古墳群

土師古墳群は、百舌鳥耳原古墳群の東南の地にあって、土師ニサンザイ古墳を中核とする古墳群である。

土師ニサンザイ古墳が立地する台地は、これを仮に土師台地とよぶとすれば、石津川に東から西に合流する百舌鳥川が百舌鳥野の台地を浸蝕して切り離したもので、百舌鳥川が結界をつくっている。土師台地に築造される古墳は、五世紀後半に集中することや古墳分布のあり方が百舌鳥耳原古墳群とはまったく違う様相を見せている。なお、土師という地名は、奈良期から平安期にかけての郷名である。

百舌鳥野台地から東に百舌鳥川をこえると、前方部を西北西に向けた土師ニサンザイ古墳の大きな墳丘が見える。土師ニサンザイ古墳は土師台地の西寄りのほぼ中央を占め、それ以外は定形的な中小の前

土師ニサンザイ古墳（梅原章一撮影）

方後円墳としては台地の西端にあった城ノ山古墳一基程度で、ほとんどが帆立貝形古墳と円墳ばかりで構成された特異な古墳群である。ちなみに今は破壊されて存在しないが、土師ニサンザイ古墳の西南にあった小形の前方後円墳である平井塚古墳は、六世紀前半の時期とされ、百舌鳥古墳群の形成が終わった後の古墳なので、ここでは土師古墳群には入れない。

　土師ニサンザイ古墳は、前方部がきれいに広がり、二重濠をふくめて後円部直径の三倍の正方形区画の中に古墳全域が収まるように造営された、完成された様式美の前方後円墳である。[2]

　この後円部直径を三倍にした五〇四メートルの正方形区画は、後円部直径一六八メートルの円弧を縦・横に三個ずつを連接させて合計九個の円弧がならぶ正方形である可能性が明らかになってきた（一六五ページ図31参照）。つまり土師ニサンザイ古墳は、合計九個の円弧がならぶ正方形区画の基盤の上に、前方後円墳の墳丘と二重濠をめぐらせた兆域《ちょういき》（古墳全域）を地割りして造営したということである。

　前方後円墳の後円部の円弧は、後に述べるように日輪を象徴している。土師ニサンザイ古墳以前に、日輪＝太陽を九個ならべた正方形区画の上に古墳全域の設計を展開するという壮大な宇宙観をもって古墳を造営するような倭王はいなかった。

若き日の空海が中国で密教を学び、その戒律を授かり帰朝し招来した金剛界曼荼羅は、正方形区画を縦横三等分して九つの円弧がならぶ中に太陽の象徴でもある大日如来を配置するという精神世界をあらわしている。この九世紀初頭に伝来した金剛界曼荼羅をさかのぼること三〇〇年以上も前に、縦横九個の日輪が連接する正方形区画の壮大な宇宙観を倭人がもっていたとすると、日輪信仰のあり方が文化の違いや発展段階をこえて普遍的に存在していたことを示唆する。

こうした宇宙観を体現した土師ニサンザイ古墳の被葬者たる倭王は、前代までの倭王の墳墓で〝汚染〟された百舌鳥野台地を忌避して、土師台地の中央に日輪の象徴でかこまれた正方形区画の中に自らの墳墓の地を地割りさせたものであろう。そして周辺には、生前に身のまわりに随伴した者だけに古墳の築造を許し、その墳形は従属性をきわめて明確に示した帆立貝形古墳であったと考えられる[3]。

この帆立貝形古墳の被葬者たちは、土師ニサンザイ古墳の被葬者である倭王の手足となって働き奉仕した初期的な中・下級の軍事官僚ではなかっただろうか。古墳全域の築造企画が表示している倭人の精神世界を見ずに、墳丘長だけで古墳をランク付けて判断する方法論は、被葬者や古墳設計・企画の質的な深化を見ずに論議している点で再検討する必要があるのではないだろうか。

2 百舌鳥古墳群の立地と方位性

海から見えることを意識した古墳

百舌鳥古墳群全体を見渡して気がつくことは、前方部を南に向けた古墳と、西に向けた古墳がならんでいることである。南向きの古墳は墳丘の長い、後円部から見て右側面を海側に向けて立地し、西向きの古墳は前方部を海側に向けて立地していることになる。

私の少年時代、戦争がまだ激化していなかった頃、堺の海岸一帯は格好の海水浴場であった。夏になると北から大浜、湊、浜寺と海水浴場と水練学校が開かれ、堺市内の小学校（一九四一年からは国民学校）では、夏休みに入る前の一週間ほどは毎日、子どもたちは学校で整列し、海の歌を歌いながら最寄りの海の家に歩いていき、水泳訓練をうけた。

その頃の堺市内には高層のビルはなかったので、百舌鳥古墳群の西側にある田出井山古墳、大山古墳、石津ヶ丘古墳などを遠望できた。なかでも石津ヶ丘古墳の大きな墳丘が海から一番よく見えた。それにくらべると大山古墳は、あまり目立たなかったことをおぼえている。

後年になって前方後円墳の外形研究をライフワークにしてから、百舌鳥耳原古墳群で最初に造営された石津ヶ丘古墳が、海に臨む眺望の一番いい立地を選んで築造されていることに「こういうことだったのか」という感懐をもったのは、少年時代に海から古墳を見ていた視覚体験があったからだろう。

七観古墳を調査した頃、横山浩一さんから「神戸港で船に乗った時、あの辺からでも仁徳陵がよく見えた」という話を聞いたような記憶があったので、ある学会のレセプションの時に確かめると、「いやあれは、坪井清足《きよたり》さんから聞いた話だから、坪井さんに聞いてください」と言われた。後日、坪井さんにお会いした時に確かめると、「ああ、その話はね、僕が中学五年生のとき受験に失敗して、四国お遍路に行く途中、大阪から四国行きの船に乗ったら、大阪湾の海の上から仁徳陵や履中陵がよく見えたんだ。あれは、海から見えることを意識して造った古墳だよ」と話された。

この二つの巨大古墳は、巨大な墳丘から発せられる大王の霊力のオーラで、茅渟ノ海の荒ぶるカミガミを鎮魂し、ヤマト王権の支配下にある船乗りたちに大王の庇護のもとにあるという安堵感をあたえた。それにたいして他所から茅渟ノ海に進入してきた船乗りには、畏怖と大きな威圧感をあたえたことだろう。

日の出と古墳の造営

また、古墳の立地に方位はどのように関係していたのだろうか。そこで太陽の「日の出日の入時刻方角マップ」を使って、百舌鳥耳原古墳群と土師古墳群の前方後円墳に応用して、現在の暦の月日で日の出の方角を古墳の上にあててみた。

すると石津ヶ丘古墳は、一月一日の日の出を後円部中心点にあてると、墳丘をつらぬく中軸線とほぼ直交する。同じく大山古墳も一月一日の日の出方向とおよそ直交する。田出井山古墳は二月二〇日の日の出方向にほぼ直交する。

西向きの古墳では、イタスケ古墳が二月八日の日の出方向の角度が後円部中心点を通り中軸線とほぼ重なる。御廟山古墳は二月二六日の日の出方向が、同様に後円部中心点から中軸線を通る。土師ニサンザイ古墳は二月一四日の日の出の方向が後円部中心点から中軸線を通る。

石津ヶ丘古墳と大山古墳は、およそ一世代の時期差があるにもかかわらず、ほとんど誤差を指摘できないほど平行に築造されている。私は古墳設計・企画研究の視点から何度も検討を加えてみたが、どこにこの二つの巨大古墳を平行に築造する「基準線」があるのかつかみ切れていなかった。しかし、太陽の日の出の位置を古墳造営の基準線設定に使えば可能になる。

今の段階では、既存の地図の上の古墳に、それぞれの月日の日の出時刻を落としただけの大まかなスケッチである。厳密には、一六〇〇年前の暦の復元と、天文学的にその時の日の出方向がどの程度、現在とずれていたかを修正し、また、それぞれの古墳の築造企画の復元図を精度の高い地図に書き入れたうえで、あらためて古代暦と日の出方向を古墳の上に落として、暦上の月日を決めなければならない。これには緻密で莫大な作業量をこなさなければならず、今後の私の研究課題である。

これに有意の結果が出るとすれば、こうした大形、ないしは巨大前方後円墳は被葬者の生前から造営がはじまる「寿陵《じゅりょう》」であろうから、古墳造営に日の出方角線と月日がなんらかのかかわりと意義をもっていたことが推定される。

土師ニサンザイ古墳の後円部側に、墳丘中軸線にほぼ平行にならぶ七列の杭列が発掘されている。幅約一二メートル、長さ約五五メートルの木橋だと考えられている。柱穴は三五を数え、材質はクヌギまたはアベマキで、堺市教育委員会の調査では、古墳築造最終段階か築造間もなく造られ、架橋後短期間で撤去されたものと考えられる、という。

私はこの杭列を、後円部側内堤に設けられていた「殯屋《もがりや》」から、後円部埋葬主体部へ喪葬する時の橋ではなかったかと推定している。ただ、内堤側の一帯は墓地になっているために調査することはできない。ただし、この一帯にも埴輪片が落ちているので、将来は墳丘とつながる殯屋の調査ができることを期待したい。また日の出の方角線と杭列となんらかの関連性が得られるような結果が出てくれば、杭列の性格や構造、土師ニサンザイ古墳築造の具体的な時期（季節）、喪葬儀礼の実態など解明する重要な手がかりが得られるかもしれない。

3　古市古墳群との関係

覇権推進の車の両輪

茅渟ノ海の海岸近くで茅渟古墳群が形成される四世紀後半、百舌鳥古墳群から東へ一〇キロあまり、古市の羽曳野《はびきの》丘陵より北西の河内平野を望む低地では、津堂城山古墳が築造されていた。後円部直径一二八メートル、同高さ一六・九メートル、墳丘長二一〇メートル、前方部幅一二二メートル、同高さ一二・六メートルの墳丘に完周した二重濠をめぐらせ、とくに幅の広い一重濠は同一平面で墳丘の基底部をまわる設計で、五世紀代に盛んに築造される前方後円墳の先行したモデルケースの古墳である。

一九一二年（大正元）に後円部が発掘され、竪穴式石室の中に竜山《たつやま》石の長持形石棺が収められていたが、この古墳の規模はヤマト王権の中の王（図3）クラスの古墳であり、長持形石棺もヤマト王権の王にふさわしい形式を備え、百舌鳥古墳群の乳ノ岡古墳の被葬者の階層的身分秩序を大きく凌駕する首長であ

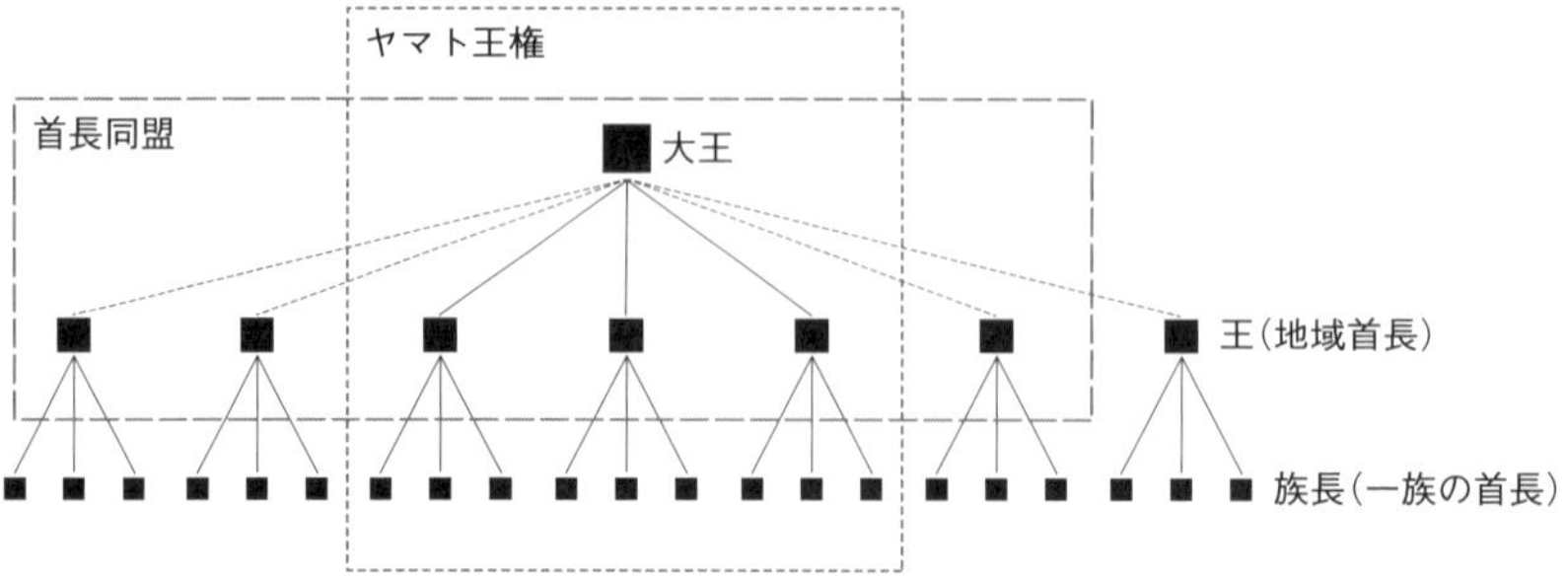

図3　大王、王の模式図

ることを示している。

奈良盆地北部の佐紀古墳群を造営したヤマト王権を同一系譜とする王が、河内平野開拓に進出してきた可能性を物語る古墳で、すでに述べたようにヤマト王権は河内平野の開拓とともに、瀬戸内海へ進出するという覇権発進を意図して、古市・百舌鳥古墳群の造営をはじめたと考えられるが、四世紀後半にはじまる第一ラウンドでは古市に重点を置いて始動したことを物語っている（図4）。

古市古墳群では、さらにこの後の四世紀末、羽曳野丘陵の北端にあたる標高二六メートル前後の台地上に、後円部直径一六八メートル、同高さ二六・二メートル、墳丘長二九〇メートル、前方部幅一九三メートル、同高さ二三・二メートルの大形前方後円墳である仲津山《なかつやま》古墳（仲津媛陵）が築造される。この古墳の規模は大王墳の基準となる大きさで、奈良盆地では箸中山《はしなかやま》古墳（箸墓《はしはか》）、渋谷向山《しぶたにむかいやま》古墳（景行陵）にはじまり、百舌鳥では土師ニサンザイ古墳に継承される大王墳の標準となる前方後円墳設計である。

標高約二六メートルの台地上に墳丘の基底から二六・二メートルの人工の山を築き上げているので、墳丘の高さはおよそ五〇メートルにもなる。現在の大和川堤防あたりから南東方向を見た時、羽曳野丘陵

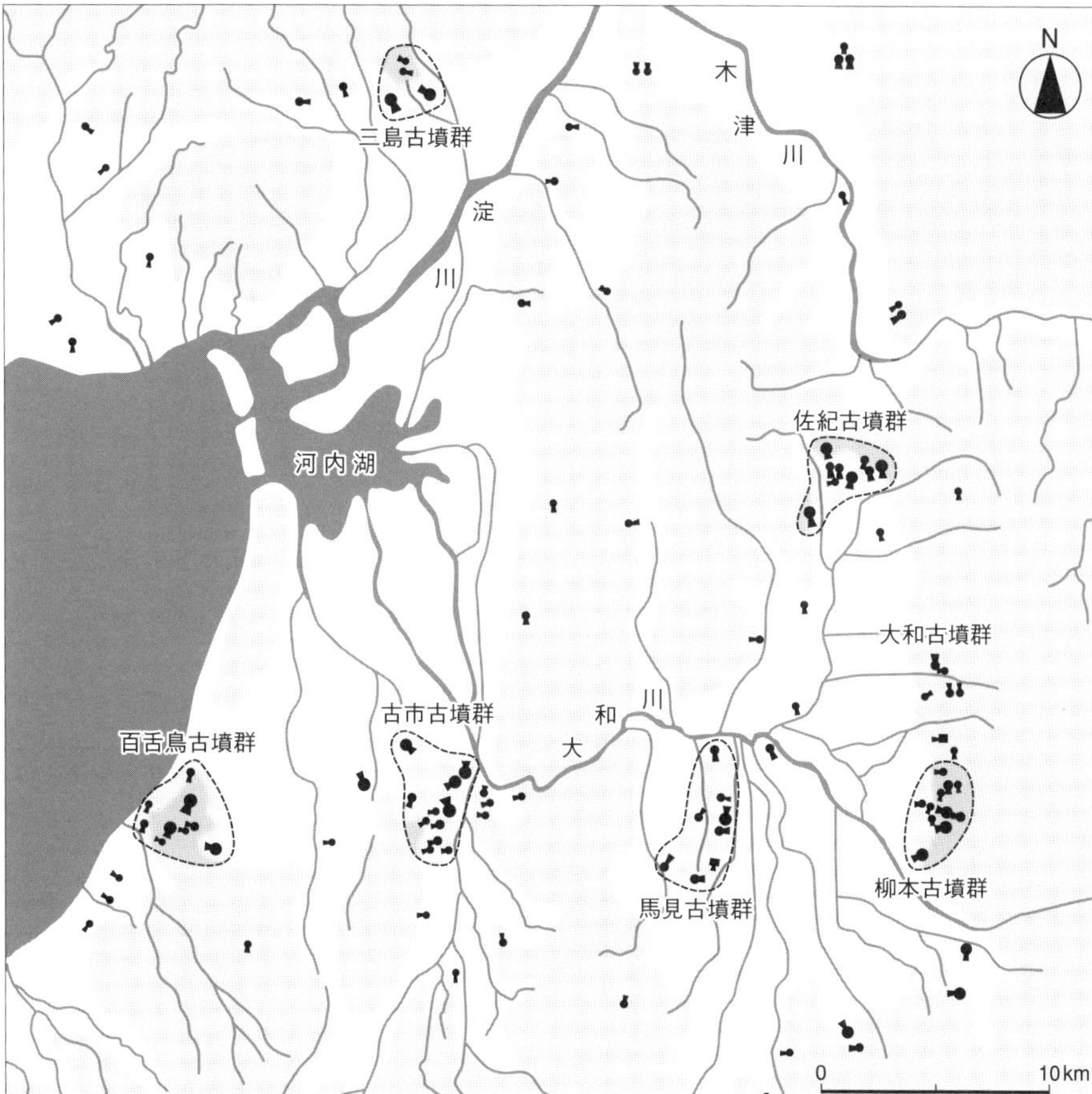

図4　ヤマト王権の主要な古墳群の分布と統治基盤
4世紀から5世紀のヤマト王権は、奈良盆地東南部から西に向かって西日本や朝鮮半島に覇権を推し進める一方で、河内湖に流入する淀川水系、大和川水系の流域の水田開拓を統合再編成し、コメの生産力を高めて人びとを多く結集し使役する財政規模の拡充と、統治基盤の整備拡大をするため、奈良盆地の枠を大きく超えて展開した。

の高台の上に長大な墳丘の右側面を見せていたことであろう。しかし現在では、その視野をさえぎるように物流センターの無粋な倉庫が立ちふさがり、見えなくなってしまった。

巨大な墳丘は大王を頂点とする被葬者の世俗的な権力だけでなく、霊力を具現化したオーラを発信して、荒ぶるカミガを鎮魂し、あるときは圧伏する呪力を備えていたはずである。文化財の保存や保護は、その文化財本体の保存だけでなく、こうした歴史的景観にも配慮した環境保全と開発のあり方を考えなくてはならない。

河内平野の開拓

ヤマト王権が古市に古墳群を形成しはじめたのは、覇権遂行を進めるにはまず財政基盤、つまり多くの人たちに供給できる食糧の確保を強化し、そのうえで西日本から朝鮮半島へ進攻する戦略的構想を立てなければならなかったからであろう。四世紀代、王権がよりどころとしてきた奈良盆地は、当時の農業土木技術水準では、新たに水田可耕地を盆地内に開拓し広げるには限界があったとみられる。

ヤマト王権が覇権を進めるためには、広い地域から人を動員して、その集団の力を駆使して食糧生産を拡大し、多くの物を生産蓄積し補給力を強化する必要があった。しかし、河内平野は幾筋もの中小の河川が河内湖に流入し、湿地帯も多く、河内平野周辺の中小の地域首長たちの力だけでは広範囲の開拓はできなかったとみられる。ヤマト王権がその政治力で束ね、集中的に開拓を進めるためには、主導者たるヤマト王権の政治的権威と王の首長霊の大きさを表徴した前方後円墳を築造して、河内平野に蟠踞《ばんきょ》する荒ぶる河川、湖沼のカミガミを鎮魂し圧伏しなければならなかった。

河内平野の開拓には、一つには河川の改修と築堤、大溝の掘削、水路の整備、低湿地の排水が必要である。二つには水田の開拓と可耕地の拡大である。三つには屯倉《みやけ》の整備と収穫物の貯蔵、管理などという大がかりな組織的な機構が必要である。古市古墳群の形成は、このような河内平野開拓と財政基盤づくりに関連するヤマト王権統治の動きからはじまったと考えられる。

河内平野の開拓を進めるヒトと、荒ぶる川のカミとのタタカイをうかがわせる説話が、『日本書紀』仁徳天皇十一年冬十月のところに出てくる。要旨を書くと、つぎのようになる。

河内平野の北を流れる淀川の水は、南の河内平野に流れ込んでくるので、茨田堤《まんだのつつみ》（今の枚方《ひらかた》から寝屋川あたりまで）を築こうとしたが、どうしても二カ所で崩れて川の水を堰き止められない。時に仁徳天皇の夢枕にカミがあらわれ、「武蔵の人強頸《こわくび》と河内の人茨田連衫子《まむたのむらじころものこ》の二人を人身御供として、川のカミを祀れば堤は必ず塞げるであろう」とのお告げがあった。そこで二人を探し出して、川のカミに人身御供することになった。

強頸は泣き悲しみながら水に入って死んだ。そうすると、堤は崩れることなく出来上がった。一方の衫子は完全な形をしたヒョウタンを二つ取り出して、どうしても崩れるのが防ぎにくい川のところに投げ入れて、神意をうかがう占いをした。「おう、川のカミさんよ。何のたたりでワイを人身御供にするンや。ここへ今ワイは来たでぇ。ホンマにワイを人身御供にほしいンやったら、このヒョウタン沈めて浮かさンようにして見せてや。ほいたら、ワイはホンマのカミさんやと信じるさかい、自分から水の中に入ったるがな。そやけどな、このヒョウタンよう沈めンかったら、自らニセモンのカミさんやて言うてるみたいなモンや。そんなんに、なんで人身御供になって死なんとアカンね」と言った。すると、つむじ風がたちまち起こり、ヒョウタンを水の中に引き入れようとしたが、ヒョウタンは波の上を転がるようにして沈まず、プカプカ浮いたまま遠くに流れていってしまった。川のカミとの占いで勝った衫子が人身御供に立たなかったのに、その堤も無事完成した。

河内弁風にこう書いてみると、人間が持てるチエで荒ぶるカミを手玉にとってヘコます上方芸能の源流のような話である。これが日本の民話や伝承に、水のカミの化身の河童やオロチが人身御供（たいていは若い娘）を求めてきた場合、必ずヒョウタンを二つ渡して沈めるよう占い、疲労困憊《こんぱい》させて退散させるという話のはじまりであろう。

この説話は、五世紀の河内平野開拓の実態を記録したものではもちろんないが、いくつかの重要なヒントが隠されている。その一つは、開拓に動員された土木工事集団として武蔵の人・強頸と河内の人・茨田連衫子である。この二人は仁徳天皇の夢枕に出てきたカミに〝指名された〟特定の人物のようにとれるが、強頸は土木作業集団として、竹か小枝を編んで作ったカゴかザルのような容器に土砂を入れて、それを頭に乗せるとか、粗布で頭にかけて背負って運搬する集団の名称ではないかと考える。こうした作業で頸椎や頸の筋肉が強靱になった作業集団を強頸と言ったのだろう。

茨田連衫子の衫子は、「ころものこ」「袖のない、あるいはひとえの短い衣」（『日本書紀』）を着た集団で、それに褌《ふんどし》か短い股引《ももひき》をはいていれば、ちょうど江戸時代の大井川の川越人足のような格好の土木集団ではないか。

このように、河内平野開拓にはヤマト王権に従属する、遠く武蔵からも動員されてきた集団があったことを示唆している。そして、これは淀川の堤防造りの土木工事の話になっているが、そのまま古墳造りの現場の話になってもおかしいことはない。

武蔵の強頸集団は、地元であれば地域首長の霊力の庇護のもとに置かれているが、異境の河内では何の援助もなく荒ぶる川のカミに人身御供にされてしまった。また、仁徳天皇の夢の中のカミのお告げを、疑いもなく信じてしまう後進性や保守的なところもあったことを物語っている。

一方の茨田連の率いる衫子集団は、河内の川の荒ぶるカミガミに向き合う経験の中から、「川のカミがなんぼのもんじゃい！」とチエでたたかう術を身につけてきたのであろう。ただし、これはもう少し後の時代のことで、五世紀の河内平野開拓では、荒ぶるカミに捧げられる人身御供などの悲しい話も数多くあったのかもしれない。

もう一つの問題点は、仁徳天皇が祝《ほうり》（神に仕える神主）のようにカミのお告げを取り次ぐだけに終わっていて、大王のもつ霊力で荒ぶるカミと戦って鎮魂する責務を果たしていない点である。

奈良時代に編纂された『風土記』の中で、『常陸国風土記』の行方郡《なめかた》（霞が浦の東側、現在の行方市）に水田開拓の説話がある。継体天皇の時代、箭括《やはず》氏の麻多智《またち》が芦原を切り拓いて、新たに水田にしようとした時、夜刀《やつ》の神（谷の神、角の生えた蛇神）がたくさんあらわれて、田を開くことを妨害した。麻多智は大いに怒って、甲冑《かっちゅう》を着用して、ホコを手にとって祟りをすると怖れられる夜刀の神を打ち殺し追いやり、夜刀の神と人の田のあいだに境を設けて夜刀の神を封じこめた。

この説話は、古墳時代の地域首長が荒ぶるカミに対して、自らが身につけた霊力で立ち向かい、荒ぶるカミガミの世界に人の世の境界を広げていくタタカイの姿を見事に示している。カミに立ち向かう時に身につける甲冑や武器は、得体の知れない荒ぶる霊的な力から身を守るための呪具でもあった。この時代、古墳に埋納されているたくさんの武器や甲冑は、人と人とのタタカイに使われるだけでなく、荒ぶるカミガミとのタタカイにもなくてはならない呪具という性格をも具えていた。

古市と百舌鳥が結びつき覇権遂行へ

百舌鳥古墳群の造営は、こうした古市の財政基盤づくりに支えられ、瀬戸内海から西海へ進出する基地として、茅渟沿岸部の海士族が集められ、ヤマト王権のもとに組織されていったことを物語っている。それは、瀬戸内海の海上交通と航路の拠点「水門」の確保、西日本各地域の有力首長をヤマト王権の従属的同盟関係下におくこと（日向の例をみた）、朝鮮半島への進攻のためであった。朝鮮半島へ進攻する目的は、①鉄の輸入とその精錬・鍛造技術、②金・金銅装身具、その輸入と製作技術、③馬・馬具の輸入と牧畜、製作技術、④硬質土器（須恵器）とその生産技術、⑤文字の習得・外交・記録の文書作成技能などの獲得であったろう。

これらを行動に移すために、茅渟の海士族集団の掌握と管掌、準構造船の造船と水軍の編成、武器・武具などの兵器生産と蓄積、兵站（食糧・武器・武具などの補給物資）の貯蔵・輸送の管理などが負託され責務とされたとみられる。

古市古墳群と百舌鳥古墳群は、ヤマト王権の大王や王、従属する有力首長たちが非生産的な巨大古墳を競い合って造営した〝巨大共同墓地〟ではなく、ヤマト王権の覇権遂行の基盤づくりのために、地理的・地勢的条件に合わせたプロジェクトと一体のものであった。ヤマト王権の王や大王の古墳が津堂城山古墳にはじまり、仲津山古墳→石津ヶ丘古墳→誉田御廟山古墳→大山古墳→市野山《いちのやま》古墳（允恭《いんぎょう》陵）→

土師ニサンザイ古墳→岡ミサンザイ古墳（仲哀陵《ちゅうあい》）というように、古市から百舌鳥のあいだを交互に行き交うように築造されているのは、二つの古墳群がヤマト王権の覇権遂行の車の両輪のように戦略的に計画されたバックグラウンドであったことを示唆している。

そして、これらの古墳を見る時は、墳丘だけでなくそのまわりにある濠の形状の違いなどもよく観察してほしい。津堂城山古墳は、古市古墳群の中では幅の広い濠をめぐらせているが、これは開拓初期の河内平野の湿潤な芦原などを象徴している可能性がある。その後の古市の大形古墳、仲津山古墳や誉田御廟山古墳は、墳丘の巨大さにくらべて、幅が狭く深い濠をめぐらせている。これは大溝や水路を掘削して水田可耕地を広げていく農業土木技術の高度化と大規模化を示唆している。そして、巨大な墳丘にあらわされている大王の霊力で河内平野の川や湖沼の荒ぶる水のカミガミを膝元に押さえ込み、鎮魂と圧伏する呪力を目に見える形にして示したものだろう。

百舌鳥古墳群の石津ヶ丘古墳や大山古墳、土師ニサンザイ古墳は、古市の大形古墳にくらべて幅の広い濠をめぐらせているが、これは海を象徴し、茅渟ノ海から瀬戸内海、対馬海峡の海へ進出しようとするヤマト王権が、荒ぶる海のカミガミを鎮魂し、時には戦うことも大王の重要な責務と考えていたことを示唆している。

このように二つの古墳群の古墳には、倭人のさまざまな祈りと精神世界が反映されていると考えられる。また、二つの巨大古墳である誉田御廟山古墳と大山古墳を、約一〇キロ離れた間隔を縮めてならべてみると、前方部を北向き、南向きと交互にしながら同じ緯度上にならぶ。これは東から西へ運行する太陽の移動を意識した配置や設計企画のもとで造営された可能性を物語っている。(4)

このように古市古墳群と百舌鳥古墳群の成立と形成過程を有機的につながるものとして見ていくと、四世紀末から五世紀にかけて、ヤマト王権の新たな覇権遂行のために古市と百舌鳥を選地して、壮大な計画のもとでグランドデザインがなされていたことがわかる。奈良盆地内に本拠があった段階から、河内平野や百舌鳥野に王権の主力が投入される段階へと、切れ目なく連続性をもって移行していることが古墳の設計企画の検討からも読みとれ、ヤマト王権の大王や王たちが恣意的に大古墳を造営したようなものではないことを明確に示唆している。そして、古墳造営の動きが奈良盆地から河内平野に出る段階で、「王朝」が断絶したり交替している様相はないと言わざるをえない。

このような古墳群成立の歴史的な過程からは、古市古墳群と百舌鳥古墳群と別々によぶよりも、古市・百舌鳥古墳群とよぶほうが正しいと言える。(5)

第2章 戦場の中の百舌鳥古墳群

真珠湾攻撃がはじまった一九四一年（昭和一六）当時、私は国民学校三年生で、それなりの軍国少年だった。四年生にもなると、「日本男子の本懐とは何か」、「ハイッ、天皇陛下のため死ぬことであります」というような教師と生徒のやりとりが、毎日のように教室で繰り返されていた。

そうした時代の中で、五年生になった時、父が知人からもらった関西急行鉄道（現在の近畿日本鉄道）が沿線の観光案内用に刊行した十数冊の叢書の中にあった末永雅雄著『大和の古墳墓』（近畿観光会、一九四一年）に惹かれ、この一冊だけを抜き出してむさぼるように繰り返し読んだ。この本との出会いこそが、私を古墳好きの少年にした。とくに横穴式石室の古墳に興味があったので、独り飛鳥をめぐり、横穴式石室のある古墳を探訪した。

その頃は戦局がきびしさを増してきていたので、飛鳥めぐりをするような人はほとんど見かけず閑散としていた。それでも近畿地方に米軍機が接近し、ラジオが警戒警報や空襲警報を出すと、当時、岡寺《おかでら》の参道口から石舞台古墳へ行く道の途中にあった高市村《たかいち》役場の前で、役場の人が手まわしのサイレンを一生懸命にまわしてウーウーと鳴らしていた。堀辰雄が『婦人公論』で「大和路」を連載していた一九四三年頃の飛鳥は、戦争の緊迫感はあったものの、まだホッとするような空気が残っていた。

それともう一冊、こちらは母方の従兄弟からもらった後藤守一著『先史時代の考古学』（績文堂、一九四三年）があった。本の序には「肇国以来二千六百有余年」と皇国史観に迎合しながらも、内容は縄文時代、弥生時代を中心に書かれた考古学入門書である。六年生になって学習する国定教科書『国史』は、天照大神の神勅にはじまり、天孫・瓊瓊杵尊《ににぎのみこと》が高千穂の峰に降臨し、神武東征によって日本国家が成立して、代々天皇が治める国になったという神話歴史教育が貫徹し、『先史時代の考古学』に書かれている縄文時代や弥生時代は一言も出てこない。

それなりの軍国少年ではあったが、一方では知ったばかりの考古学の知識をひけらかしたい少年の気負いもあって、整合しない『国史』と考古学の記述に戸惑い、「縄文時代は、何天皇の御代にあたりますか？」と質問したくてウズウズしていた。

担任は中年の男の先生で癇癖《かんぺき》症だった。些細なことでもよく生徒を殴った。この質問をすることはとうとうできなかった。質問して殴られるかもしれない怖さよりも、何かたいへんなことになりそうだという想いのほうがもっと怖い気がしたからだった。

そんな少年の想いと交差するかのように、私が生まれ育った堺市にも戦争が迫ってきた。そして本書の舞台である百舌鳥古墳群も、アジア・太平洋戦争の末期には戦場となった。

1　「仁徳陵」上空で被弾したB29

はじまった米軍空襲

私がはじめてB29を目撃したのは、一九四四年（昭和一九）一二月一八日である。よく晴れて冷え込みもはじまった頃で、父が二階から「アメリカの飛行機が飛んでるから、早く上がってこい！」と叫ぶので、屋根上にある物干し台にかけ登った。青く澄んだ初冬の青空を西から東へ、四本の白い飛行機雲が編隊を組んで長い尾を引いて動いていく。かなり高いので肉眼では機体は見えないが、空を圧するグォーンという爆音が頭の上からおっかぶせるように響いてくる。慌てて手製の望遠鏡を持ち出し覗いて見たが、チラチラして機体は見えない。するとB29の進行方向の左から一本の白い飛行機雲が曲線を引いて、編隊を組んで東へ向かう飛行機雲に接近していく。

国民学校六年生だったが軍国少年の私には、それがB29を迎撃する日本軍の戦闘機の航跡であるくらいはわかる。爆撃機より戦闘機のほうがスピードが速い、と思っていたわりに一筋の飛行機雲はやっとこさ追いすがるように接近していく。「今だッ！」と思ったつぎの瞬間、一本の飛行機雲はフッと消えてしまった。オヤッ！と胸騒ぎがした。「ヤラレタか！」と思いながら十数秒してド、ド、ド、ドーッという複数の機関砲の大きな音が響いてきた。四本の飛行機雲の編隊は、何事もなかったように百舌鳥古墳群の北辺をかすめるように飛び去ってしまった。

この日、大阪では爆撃もなくB29は通過しただけだったが、無敵だと思い込んでいた日本軍の戦闘機が相手に打撃もあたえず、空中戦でいきなりヤラレタ現実を目のあたりにして、ヒヤリとしたものを感じた。この一一日前には、近畿地方はM七・九の東南海地震に見舞われたばかりだった。

年が明けた一九四五年（昭和二〇）一月三日、級友を誘って三人で橿原神宮に参拝してから吉野山へ向かった。古墳も好きだが、軍国少年でもあった私は、ジュニア版の『太平記』を愛読し、南朝ファンで大楠公《だいなんこう》（楠木正成《くすのきまさしげ》）にのめり込んでいたことから、吉野山の如意輪寺や後醍醐天皇陵に参拝するつもりだった。如意輪寺では楠木正行が辞世「かへらじと　かねて思へば梓弓　なき数にいる　名をぞとどむる」を矢尻の先で刻んだという堂の扉を感激して見ていると、従卒を同行した若い陸軍将校が話しかけてきて、如意輪寺の式台に座った私ら三人と従卒を記念撮影してくれた。その頃はもう、一般ではフィルムが手に入らなかったので嬉しかった。写真を送ってくれた将校さんの手紙は空襲で焼けてしまって、名前がわからなくなってしまったが、四人が写った写真だけが残った。

如意輪寺から蔵王堂のほうに帰ろうとしていると、にわかに空襲警報が発令されて、しばらくすると頭上をB29の大編隊がゴウゴウと爆音を轟かせて、西から東に飛行していくのが冬枯れの桜の梢越しに見えた。午後三時頃だった。こんな山の中を爆撃することもないだろうと思いながらも、その凄まじい編隊の飛行をはっきり憶えている。B29九七機が名古屋市のドック地帯と市街地を爆撃したもので、紀伊半島から吉野山が飛行コースであった。大阪でも阿倍野のあたりが油脂爆弾で爆撃されたらしいと噂が流れた[1]。

三月一〇日の東京大空襲に次いで、三月一三日に大阪市を中心に大阪大空襲があった。この時、私は自宅の床下に掘った防空壕に避難したが、風邪気味だったところを一晩中半地下の防空壕に入っていたので四〇度近い熱を出してしまった。明くる日が国民学校の卒業式で、私は六年間無遅刻、無欠席だったが、最後の締めくくりの卒業式を欠席するハメになってしまった。これ以降、人生の締めくくりの時に詰めが甘く終わるクセがついてしまったのは、これが原因なのだろうと思っている。

この東京と大阪の大空襲の後、警防団に所属していない主婦や幼児は「空襲警報が出たら郊外へ逃げろ」という口コミが広まっていたようだ。一九四一年一一月に改正された「防空法」では「退去禁止」「消火義務」を定め、一二月七日、真珠湾攻撃の前日に内務大臣が出した通牒には「(一)退去ハ一般ニ之ヲ行ナハシメザルコト　(二)老幼病者等ノ退去ニ付イテモ(中略)之ヲ抑制スル様一般ヲ指導スルコト」とあった。実際にはじまる米空軍のナパーム油脂爆弾の無差別絨緞爆撃の凄まじさと威力、それにどのような悲惨な被害が出るかなどにはまったくの無知であった。

国民の生命や安全よりも都市退去を禁止する理由は、当時の防空法委員会の佐藤賢了軍務課長が「空襲の実害は大したものではない。それよりも、狼狽混乱、さらに戦争継続意志の破綻となるのが最も恐ろしい」(一九四一年一一月二〇日、衆議院防空法改正委員会の発言要旨)と言っているように、国民の安全は二の次で、戦争遂行が絶対優先であったということである。また、木造住宅の密集した日本の都市で、それぞれの住宅の地下に防空壕を作らせる指導を軍が先導し、警察や行政も推進していたことなども、大規模な火災が発生した場合、逃げ遅れて煙で窒息したり、焼死するリスクがどれだけ高くなるか、今なら小学生でもわかる理屈が無視されて、大都市圏の空襲では多くの市民が逃げ遅れて焼死する原因にもなった。

私の自宅でも大阪空襲以後は、父が母と当時四歳の弟に、空襲警報が出ると旧市街地の外に逃げるよう指示していた。父は町内の警防団に所属していてあからさまには逃げろと言えないが、それが庶民のチエであり、オカミへの消極的な抵抗であった。ただ、度重なる警報の頻発に、そのつど逃げなければならない母が疲れ果て、「逃げろ」「逃げない」で夫婦喧嘩をしていたことを覚えている。

「仁徳陵」畔の学校

一九四五年四月、私は地元にある大阪府立農学校に入学した。農学校に進学したのは、算数の成績が思わしくなく、六年生の担任が農学校に行くよう進路を決めたからである。それと、六年生の三学期がはじまってすぐ、「宮川、これ受けてみんか」と一枚の紙を手渡された。「少年通信兵志願書」だった。持って帰って父に見せると、サッと顔色が変わるのがわかった。「すぐ返してこい」と押さえた声で言った。「先生になんと言えばいいの?」と言うと、「お父さんがダメだと言っている、と言えばいい」と言う。親子のあいだに重苦しい空気がよどんだことをはっきり憶えている。

学校にすぐ行き「これをお返しします。父がダメだと言っています」と言うと、担任は「やっぱりダメか」とがっかりしたように志願書をうけとり、それ以上のことは言わなかった。私は数え年一四歳といっても、満年齢で一二歳一カ月になったばかりの子どもである。スポーツクラブへの入会を勧めるかのように、教室で教え子を戦場に送り出す勧誘が先生の手でおこなわれていた。思いたくないが、この志願勧誘を断ったことも進学指導に影響したのか、という時代だった。

気の進まぬ進学であったが、農学校の本校校舎は「仁徳陵」(2)の西南外堤のすぐそばに建つ鉄筋三階建ての建物であった。東西に長く二棟に分かれ、農学校は南側、北側は大阪府立獣医畜産専門学校(現・

大阪府立大学獣医学部）が使っていた。

私が三年間過ごした教室は二階の東端で、窓は北、東、南の三方に開き、朝は「仁徳陵」の木立越しに朝日がさし込み、木立の中でさえずる野鳥の声がいつも聞こえてくる絶好の環境だった。それにくわえて校舎の屋上は自由に上がれて、「仁徳陵」の巨大な墳丘が陵畔の松並木の梢越しに一望のもとに眺められた。戦時中「聖帝・仁徳天皇御陵」は、戦意高揚のために陵前の玉砂利に整列して参拝し仰ぎ見る聖地であった。それが屋上の高みから自由に眺められるのは、意に沿わぬ進学に鬱々としていた気分を癒やすだけでなく、古墳好きの少年にとってはまたとない古墳観察の絶好のフィールドであった。

大阪農学校の校舎
手前の堤が「仁徳陵」の西南外堤。宮川少年は手前校舎の2階右端の教室にいた

「仁徳陵」上空で被弾したB29

六月二六日朝、私は、「仁徳陵」の南にある実習農場から西側の農学校本校校舎に向かって、「仁徳陵」の西南外濠と陪冢・銅亀山《どうがめやま》古墳のあいだの道を北向きに歩いていた。その時は空襲警報が出ていたが、周辺は点在する古墳と水田や畑ばかりだったので、ごく普通に歩いて本校舎が目の前に見えるところまで来た。

町中では空襲警報が出ている最中にノコノコ歩いていたりすると、警防団のおじさんに「待避しろ！」とどやされるが、「仁徳陵」のまわりではどやされることなどはなかった。ただ空襲警報が発令されると、山下校長が天皇・皇后の御真影の入った箱を特製のリュックサックに収納して、コンクリート校舎から三〇メートルほど離れたところに掘った防空壕に、自ら背負って待避するのを何回も見た。子ども心にも、御真影を護持する校長の責任は、こんなにも重いものかと思ったものである。

一〇時少し前だったと記憶しているが、歩いている頭上のはるか高く、一機のB29が北を向いて飛行していく。歩きながら、今日は編隊も組まず、単機で飛んでいるから偵察機かなと思って見た瞬間、左エンジン付近でオレンジ色の光が炸裂するのが見えた。思わず「やったー！」と叫んで右手を突き上げたが、音はまったく聞こえなかった。高高度のために、左翼にある二つのエンジンのどちらかもハッキリ見えなかった。

被弾したB29は左方向によろめくように傾き、搭載していた爆弾を投棄した。数秒後にズシーンとした激しい衝撃とともに、眼の前に見える農学校の鉄筋三階建て校舎の観音開きのガラス窓全部がいっせいにガチャガチャ音を立てて激しく開閉したのには驚いた。その後でドーンという爆弾の炸裂音が響いた。その時はうまく言いあらわす言葉を知らなかったが、今で言えば衝撃波なのだろう。校舎は標高一六メートルほどの上町台地上にあるので、堺旧市街地の中心部が一・六キロぐらい先に見えるが、それよりやや北寄りの方向に真っ黒な爆煙が立ち上るのが見えた。

爆弾を投棄したB29は、たぶん左の二番エンジンから煙を出し、右に大きく旋回して円を描くように被弾した「仁徳陵」上空の元の地点に還ってくると、エンジンの煙は白煙に変わり、南を向いて長い白煙を引きながら飛び去っていった。この間数分ぐらいの出来事だった。
堺が生んだ詩人の安西冬衛は、私が目撃していたこの状況を堺市役所の地下室にいて、つぎのように「日記」に書き残している。(3)

六月二六日（火）曇天、暑し　……空襲警報八時前後。敵機、奈良・紀伊方面に続々結集の報。武装して地下室に待避。高射砲弾の黒い煙の中に黒い四発の敵機。低くサメの歯の如き四発。途中停電。終末近くに空気擦過音。小使室の椅子の上で煙艸をのんでゐたが、咄嗟に床に横臥。間髪を入れずに爆音と震動。しかし大したものではなかった。車之町辺へ落ち、土砂奔騰の状況を屋上哨から伝わってくる。地下倉庫の戸、空気の加減でガタガタと間ケツ的に揺れる。女達、その都度コワガル。一〇時四〇分解除。戎島三和鉄工直撃され、車の町・山の口辺までガラスの破壊があったそうだ。……

六月二七日（水）曇り後晴れ　……昨日の爆撃、相当範囲。川尻西。大町横町に縄張りしてある。不発弾落下の為、今日まで一隊の住民立退きを命ぜられてゐる由。

このB29の被弾によって偶発的におこった爆弾投棄事件について、『堺市史』は、主として三五〇キロ爆弾を投下、戎島二丁の三和鉄工所、民家全壊三戸・半壊七戸、櫛屋町西三丁の民家全壊三戸・半壊二〇戸の被害。一〇〇名の罹災者のうち即死四名、重傷者二名、軽傷者八名の犠牲者。このほか爆風のため屋根・ガラス障子・窓・格子等が破壊されたもの約一〇〇戸。市は直ちに罹災者・負傷者に対して応急治療をおこない、食糧その他の日用品を支給し救援に当たった。なお高射砲弾破片で死者一名が出た、と記している(4)。

被弾B29の死地になった百舌鳥古墳群の空

被弾B29が大阪陸軍造兵廠(現在の大阪城ホール周辺一帯)を爆撃しに飛来した飛行コースは、徳島県富岡と和歌山県田倉岬を結ぶ延長線を目標としていたが、これはマクロな目標であって、内陸部に侵入した際には、さらにミクロな飛行コースとそのためのランドマークが必要になる。

私は農業実習でしばしば野外の農場にいることが多かったので、空襲警報が発令されても防空壕に避難するようなことはなく(農学校には御真影を避難させる防空壕があるだけで、生徒用の防空壕はなかった)、比較的自由に外の空気を吸っていた。そうしたことから大阪市内の大軍需工場を爆撃するために飛来したB29の飛行コースを目撃することができた。また、航空母艦から発進した艦載機グラマンF6Fや、硫黄島から飛来したムスタングP51などの戦闘爆撃機の飛行行動を見る機会もあった。

その目視体験からすると、大阪陸軍造兵廠を爆撃に向かうB29は「仁徳陵」の西側をなぞるように飛行コースをとり、住友金属工業(現在のユニバーサル・スタジオ・ジャパン=USJがある場所で、飛行機の生産に欠かせないジュラルミンやプロペラを生産する工場であった)を爆撃する場合は海寄りを平行して飛行していた。この二つの飛行コースとも、カギ穴形の大きな森である「仁徳陵」を目標にして、「仁徳陵」を通過して一〇秒前後で到達する大和川河口上空で爆弾投下をはじめたようである。

もう一度被弾したB29に戻ろう。「仁徳陵」上空に達し、まもなく大和川の河口に到達する機内では、爆弾倉を開き爆弾投下準備に入っていたと見られる。そこを左エンジン付近に至近弾の炸裂をうけて出火、機長は左エンジンのスイッチを切って停止させるとともに、全爆弾の投棄を命じたとみられる。左に傾いたB29から投棄された複数個の二〇〇〇ポンド爆弾は、安西冬衛のいた堺市役所の直上のやや南よりの上空を通過して落下した。冬衛が「空気擦過音」を聴いたのは、猛スピードで落下していった二〇〇〇ポンド爆弾が空気を切り裂いていった音であった。

左エンジンの停止で右エンジンだけが回転しているため、右翼の推力が強くなり、機体は左へ傾くように進行したまま爆弾が同時に投下された。下から見ていた私が「左側によろけるように」見えたのは、このためであろう。

爆弾を投棄したB29は右に旋回して左翼に風圧をかけて、その風圧でエンジンの火災を鎮火させようとする。右に大きく機体を傾けて旋回する操縦席から、大きなカギ穴形の森が刻々と位置を変えていくのを機長は凝視しながら、被弾した元の位置に機を戻そうと操縦したとみられる。機長には見えていなかったと思うが、そのカギ穴形の森の一角で、旋回するB29を固唾を呑んで見上げている宮川少年がいた。他の搭乗員たちも、白煙を吹く機体の窓の外に点在する大小のカギ穴形の森を見下ろしながら、死地に踏み込んでしまった百舌鳥野をどんな想いで見ていただろうか。

機長は、生駒山上空から熊野灘に抜ける爆撃後の帰還コースは、ダメージをうけたエンジンでは無理と判断し、この地点から最短距離で紀伊半島の南の太平洋へ脱出するコースを航空士に指示したと考えられる。それが被弾地点から和歌山県田辺市を結ぶ直線コースで、紀伊水道の南の海まで飛行して不時着水し、救命用のゴムボートで脱出を試みようとしたのではないか。そうすれば日本近海で待機している米海軍潜水艦に救助される可能性に賭け、生き残りに望みを託して、このB29の機長は白煙を吹く機を操縦したのだろう。

被弾地点から南へ約七〇キロの和歌山県美山村《みやま》(現・日高郡日高川町)の清冷山《せいれいさん》八七八メートルの尾根に、一〇時過ぎ被弾B29は墜落した。

「仁徳陵」上空で被弾してから墜落まで、一五分そこそこの時間経過の中に、これだけの人間と事物の入り交じった戦争が凝縮されていたのである。

2　堺空襲と「仁徳陵」畔の惨状

米空軍爆撃目標としての堺

一九四五年に入り敗戦の八月一五日までに、日本の六四都市がB29の無差別爆撃で焦土となった。日本本土爆撃作戦は、精密爆撃によって主に軍需工場を破壊する作戦を進めるヘイウッド・S・ハンセル司令官から、一月にカーチス・ルメイ少将に代わっていた。このルメイ司令官はドイツの諸都市へ絨緞爆撃戦術をおこなってきたという。

堺は中世以来、歴史的にも名を馳せた町で、大坂夏の陣による中世都市の焼亡以後、新たに掘削された環濠を町のまわりにめぐらせ、整然とした碁盤の目状に町割りされた近世都市の面影をよく残していた。その堺市を含む仙台市、和歌山市、岐阜市が七月九日から一〇日にかけてナパーム油脂爆弾による攻撃をうけたのも、ルメイ司令官による命令であった。

小山仁志は、堺空襲の様子を、要約すると、つぎのように述べている。(5)

堺空襲には第七三航空団の四航空群がサイパン島のアイズレイ飛行場から先導機一二機、主力部隊一一二機の合計一二四機のB29が発進し、高知県の東の夜須付近から淡路島の雁子岬にいたり、ここを進入点として投弾航程に入って堺を爆撃するコースが指定されていた。搭載していた油脂爆弾はM四七　一〇〇ポンド（四五キロ）炸裂型油脂爆弾と、M六九　六ポンド（二・七キロ）六角筒油脂爆弾を、二段に三八発集束したE三六とE四六　五〇〇ポンド（二三〇キロ）油脂爆弾、これを一五〇〇メートルでばらけるようにセットし、堺に到達した一一六機が一〇日午前一時三三分から三時六分にかけ、高度三〇〇〇メートルから三四六〇メートルで七七八・九トン投弾し爆撃した。堺爆撃後のB29は右旋回して南東方向に飛行し、熊野灘から南方洋上に脱去した。搭乗員の報告では「火災の真っ赤な輝きがほぼ三二〇キロの遠くから見え、煙の柱が五二〇〇メートルに達した」という。

この時の私の空襲体験は、九日午後一一時五九分頃から和歌山市が空襲され、大阪南部の和泉山脈の向こうの空が赤く染まっているのを目撃した。大人たちは「気の毒に、今夜は和歌山がヤラレタなぁ」、「今夜は、もうこっちには来んやろ」と話していた。

いつまでも警戒警報が解除されないまま一〇日未明になり、一階の座敷で寝床に入ってウトウトした直後に、パパーンという油脂爆弾の炸裂音で目が覚め飛び起きた。夏の夜であったが、私はズボンにゲートル（脚絆）を巻いたまま寝ていたので、上着を着てすぐ靴を履いたのだが、ただ家の中を土足でウロウロするだけだった。頭の中では、土足のまま家の中を歩きまわったから後で拭き掃除がたいへんだなどと考えていても、二階の自分の部屋に非常持ち出しで用意してあったズックの鞄のことはまったく失念してしまっていた。その中には、私にとって大切な『大和の古墳墓』や『先史時代の考古学』『太平記物語』『海底二万哩』『十五少年漂流記』などが入っていた。

油脂爆弾が落ちてから、わが家から直線距離で二〇〇メートルほどのところにある堺消防署の高い火の見櫓のサイレンが空襲警報を鳴らすとともに、カン、カン、カンという半鐘を叩く音が入りまじって聞こえていた。その時にはわが家の数軒左向かいの家の塗り籠め格子の窓から炎が吹き出していた。

「早く、にげろ！」という父の叱咤で、母と幼い弟を背負ったすぐ上の姉と、当座のものを積んだ乳母車を引き出して、堺の古い町中を東に向かって逃げた。家の近くの天神さんの南門は、紅蓮の炎を上げて燃えていた。その前をすり抜けるように東に向かったが、まだあちらこちらで火の手が見える程度で、早く通り抜けられたのが幸いだった。

後で知ることになるが、米軍は堺の最初の弾着点を大小路電車停留所（熊野町東一丁）を目標としていた。大小路筋は堺の町の中央を東西に通る目抜き通りで、南北に通る大道（紀州街道）と交差し、大道には南海電鉄阪堺線の路面電車が走り、その停留所があった。寝入りばなにパパーンという炸裂音で目が覚めたのは、私の家（熊野町東一丁）から七〇メートルほどのところで、堺に最初に投弾された油脂爆弾の爆発音だったのだ。

「反正陵」の前を通り、国鉄阪和線の金岡駅《かなおか》（現・ＪＲ堺市駅）の南の踏切まで逃げた。今は家が建て込んでしまっているが、当時は田圃と畑ばかりだった。向こうに金岡輜重聯隊のコンクリート塀が見えるから、あそこが目標になったらあまり近づくと危ない、などと軍国少年ぶったが、米空軍は聯隊などには目もくれず、市民の家ばかり焼き尽くす絨緞爆撃をしていたのだった。

避難していた地点が「仁徳陵」後円部墳頂まで一三〇〇メートルほどの距離だったので、「仁徳陵」の墳丘は夜目にもよく見えた。小高い畑の畦に腰を下ろして堺の町の方角を見ていると、つぎからつぎへとB29が飛来して油脂爆弾を投下し頭上をゆうゆうと飛び去っていく。サーチライトの明るい光芒が何列もB29を交差してとらえ、ギラギラ輝くジュラルミンの巨大な機体は圧倒するように美しかった。垂直尾翼に書かれたアルファベットの大文字や米軍の星形マークもよく見えた。迎撃の高射砲は、複数のサーチライトの光が高差した点に照準を絞って射撃すると少年雑誌にも書いてあるのに、高射砲から弾は発射されず、歯ぎしりをしながら飛び去っていくB29を見送るばかりだった。

飛び去る前に投下した油脂爆弾は「仁徳陵」の墳丘にも、容赦なく降り注ぐ様子が見えた。私は「御陵が焼ける！　御陵が焼ける！」と叫んでいた。赤い炎と煙に包まれても、墳丘の森が燃え上がることはなかった。しかし、その火の中の一発の一〇〇ポンド炸裂油脂爆弾が、「仁徳陵」西側外堤の傍の農学校寄宿舎生徒が避難している防空壕を直撃し、凄惨な被害を出していたことなどは、私が避難していたところからはわからなかった。

束になった油脂爆弾がばらけて、ザアーッと激しい夕立のような音を立てて落ちてくる。落ちたところでは無数の真っ赤な火のボールが、よく弾むスーパーボールが数珠つなぎになって飛び上がるように舞い上がる。舞い上がっては落ち、落ちては舞い上がりながら、落ちたところから炎が燃え上がる。真っ赤でなく青い火だったら狐火だ、と頭の隅で考えながら幻想的な美しさと、その下で起こっている焦熱地獄を思った。

空襲が終わった一〇日の夜明けは、妙に爽やかな朝だった。ただ西の堺の空にはヘドロのような真っ黒の煙が大きな舌のように夏の空いっぱいに広がり、東の金剛や葛城の峰々に向かって流れていく。黒い煙のところどころは、まだ燃えている堺の炎を照り返して赤黒く光っていた。

まわりの田圃には、幅二センチほどのキラキラ光る薄いアルミ箔の何十メートルもあるテープが何十本も束になって、伸びはじめた稲の上に落ちていた。はじめて見るものだったが、これは日本軍の電波探知機（レーダー）を攪乱するもので、一機のB29が引き流して空を飛ぶと、探知機の電波が大編隊が飛んできているように反射して混乱させる効果があることを後で知った。戦争が終わってから、このアルミ箔のテープは、農家が収穫前の田圃の上に縦横に張りめぐらせ、スズメ威しに使い、それは数年間もつづいた。

「仁徳陵」畔の惨状

空襲で罹災した堺市民は、前もって決められていた郊外の小学校に避難した。私の家族は金岡小学校で避難生活をし、教室の板敷きの上で一週間ほど寝泊まりした。今はこの小学校のまわりも市街地化してしまったが、当時は田圃で、学校から遠望できる「仁徳陵」の向こうに、燃え続ける堺の町の煙が見え、夜は炎々と燃えさかる赤い夜空をバックに、田圃のカエルがケロケロのんびり鳴いていた。

大阪府警察局の七月一二日付「空襲被害状況に関する件」の報告書には、トップに「宮内省関係」として、つぎのように記述されている(6)。

1　仁徳天皇御陵
被弾数　焼夷弾約三百個
被害状況
見張所　全焼（社務所）約二坪、哨舎　全焼　約一坪、船小屋　全焼　約一坪、松　五本燃焼、御墳墓には異状あらせられず。

2　反正天皇御陵
被弾数　焼夷弾七個　御墳墓には異状あらせられず。
松　十本燃焼（西部中央）、松　二本燃焼（後部）

「御墳墓には異状あらせられず」と、古墳があたかも皇族としての人格をもっているかのような異様な敬語遣いである。

これにたいして堺市全域では、被災家屋一万四七九七戸、罹災者五万四八九二名、死者一三七〇名（戦後資料）、重軽傷者一四七二名、行方不明三名と

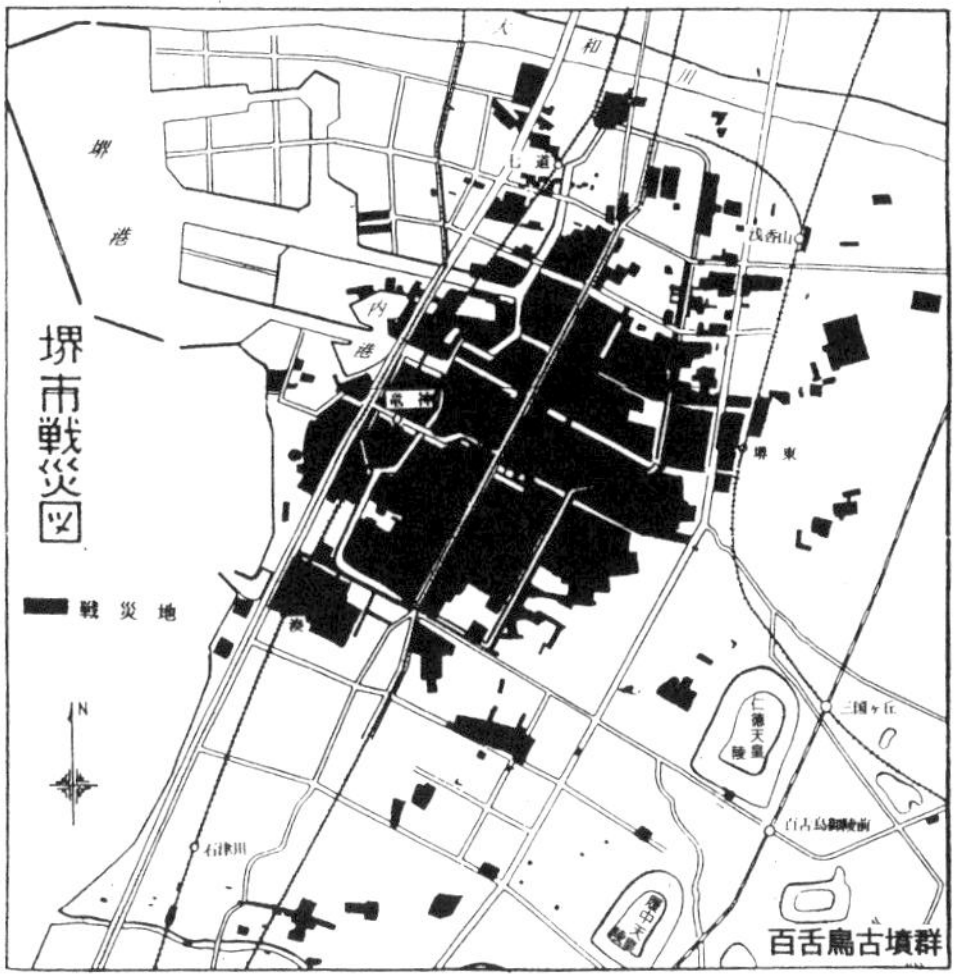

図5　1945年7月10日の堺市戦災
黒く塗りつぶした部分が空襲で焼失した地域

なっている。

空襲から三日目、私はやっと自宅の焼け跡へ行くことができた。そして、焼けてしまったことを確認してから、焼けた市内を横断して農学校へ報告に行った。焼けた市内からは、東の百舌鳥野の台地にある「反正陵」が、えっと驚くほどの近くに見えることにビックリした。焼けるまでは町の家々が邪魔になっていたのが、焼け野原になって、遮るものがなくなったからだった。

私が園児だった市立第一幼稚園のあった大寺さん（開口神社の通称、かつて神宮寺である念仏寺があったことに由来する）の境内を横切ると、三重塔が焼け落ちていた。そして、塔の先に聳えていた相輪が西北のほうに投げ出されるように倒れて、九輪の輪がバラバラになって転がっていた。なかには髪の毛を編んだ太い綱が納められていて、ところどころ経文を書いた布切れや和紙で括られていた。

上棟式の時、この綱で引いた後に奉納したんだ、そう思ってもっと見て調べたかったが、焼け出されたことを学校に届ける途中で何も持っていなかったことから、後ろ髪を引かれるような思いで後にした。

私が第一幼稚園に入園したのは一九三八年（昭和一三）、日中戦争開始直後のことで、その時の私の絵の作品が残っている。「夜の空襲」という題で、サーチライトが交叉する夜空に貼り絵の飛行機が空中戦をしている切り絵である。唱歌の時間には、「鳴った／鳴った／ポッポ。鳴った／鳴った／ポッポ。鳴るよサイレン／夜中の街に／敵の飛行機やって来た／撃ち落とせ／撃ち落とせ」という歌で、今でも歌える。お遊戯感覚で歌っていたのが、七年後にはこんなすさまじい現実となって街中を焼き尽くすとは、夢にも思わなかった。

堺にはもう一つ三重塔が妙国寺に立っていた。明治に改元される慶応四年三月八日、天領だった堺は堺奉行が逃亡して無政府状態になり、土佐藩が警備していた。そこにフランス軍艦デュプレクス号の水兵が堺港に上陸してきて、警備の土佐藩兵と衝突する、いわゆる「堺事件」がおこった。フランス水兵を殺傷した土佐藩兵二〇名が妙国寺で切腹することになり、殺されたフランス水兵と同数の一一名が腹を切ったところで、日没が迫り不測の事態が起こることをおそれて中止された。この切腹に立会ったフランス軍艦の艦長ベルガス・プティ・トゥアール艦長の覚え書きには、「舟着き場から一マイル以上離れたところにある大きな塔に着いた」とある。(7) 堺事件の後始末で土佐藩兵一一人が切腹をした現場を見下ろしていた妙国寺の三重塔も、この空襲で焼失した。

学校に着くと級友たちが「宮川、お前とこも焼けたんか。上田や神沢も焼け死んだで」と教えてくれた。担任の先生はどこかと聞くと、寄宿舎の焼け跡のほうに行っているという。そちらに向かって行く途中で、先生に出会った。担任は梨原という英語の先生で、和泉府中にあるお寺の住職でもあった。梨原先生に空襲で被災したこと、明日から登校することを報告した。そうかと聞いていた先生は、「上田が死んだ。今そこで、お経読んできたとこや」と沈痛な表情で言った。

寄宿舎の焼け跡には、焼けトタンの上に真っ黒焦げになった七人の焼死体がならべられたままになっていた。鼻をつくナパームの焼けた臭いは、現場の悲惨な光景の記憶と重なり、鼻の中で臭いの記憶が何年もぶり返した。生きたまま焼け死ぬと曲げる筋肉の方が強く収縮し、ボクサーが身構えたようなファイティング・ポーズになる、というのは後年法医学の講義で知るが無惨である。

「兵隊が来て、防空壕から焼死した七人を掘り出したんや」と級友たちは言う。その焼死者の一人に上田君がいた。上田君は上田トシアキと言ったと思う。七〇年もたつと名前もあやふやになってくる。お父さんは大阪市の消防署に勤め、六月の大阪空襲で罹災して寄宿舎に入ったと記憶している。当時中学生になると、通学時も防空頭巾だけでなく鉄兜を携行して通った。上田君がもっていたのはお父さんからもらった大阪市消防署のヘルメットで、農村の悪ガキはドイツ軍のヘルメットやとからかっていたが、五月八日、ドイツ降伏とともに、そのヘルメットがいじめの種になった。空襲の前日の九日の午後、元気なくトボトボ歩いていたので「元気出せよ」と声をかけようとしながら、そのままになってしまったのが、今思い出しても心残りだ。

この防空壕を直撃したのはM四七　一〇〇ポンド炸裂型油脂爆弾で、木造建物には絶対的な威力を発揮する。即死した七名のほかにも、防空壕を脱出する時に燃えさかるナパームを浴びて火傷を負い、一〇名前後の生徒がその後死亡した。また、農学校構内の実習用の建物数棟と、「仁徳陵」の樋の谷の傍にあった弓道場と安土（的山）も焼失した。

「仁徳陵」西側外堤から一〇〇メートルほどのところで、十数名の農学校生徒がナパーム油脂爆弾で被爆死するという惨事は、現在、世界のどこかの都市で起こっているのと変わらない戦場の悲惨さが、この「仁徳陵」畔でもあったということである。

空爆から少したった、おそらく七月下旬頃だったと思う、私もふくめて数人の班長が職員室によばれた。職員室の一角が広く片付けられていて、そこに焼け焦げた衣服や帽子、ゲートルなどが積み上げられていた。梨原先生が「お前方、この中から名前の書かれたもの、選別して分けるように」と言った。お寺の住職の先生は、「君たち」とか「お前たち」とは言わない。ちょっと重々しく、「お前方」と言う。檀家の人たちを相手に説教しているからだろうか。

名前のわかるものがあると、ああ、あいつもか、こいつもヤラレタか、と顔を思い出しながら整理したが、私は、その時数えで一四歳であるが、満では一二歳七カ月である。そんな子どもに焼死者の遺品整理をさせるような苛烈な軍国主義教育が、「仁徳陵」の外堤から三〇メートルほどの鉄筋校舎内でおこなわれていた。

防空壕を直撃し多くの犠牲者を出したM四七　一〇〇ポンド油脂爆弾も、水田に落ちると大した威力はなかった。農学校の実習用水田に二発落ちたのを見たが、落ちたところを中心として直径六、七メートルの円形に田植え後の育ちはじめた稲をなぎ倒し、その真ん中に破裂した油脂爆弾の殻が赤茶色に焼け焦げて、分が悪そうにうずくまっている。水田のもつ緩衝力はスゴイと思った。ただ鼻をつくナパームの臭いだけは何日も残った。

不発弾といえば、敗戦直後、まだ残っていた勤労奉仕ということで、農学校から「履中陵」の西側の外堤を「御陵の草刈り」に行った。当時は今のようにフェンスがなく外堤の上に自由に入れたが、堤の上にはB29から落とされたE四六集束油脂爆弾からばらけて落ちた六角形の筒状の六ポンド油脂爆弾の不発弾や爆発して空になった弾殻《たまがら》が薪を積むように置かれていた。

不発弾に触らないように口頭で注意されただけで、草刈り作業はつづけられたが、突如パーンと乾いた炸裂音がした。その音の方向を見ると、濠の真ん中当たりの水草の上でナパームが燃えている。引率してきた上級生の一人が不発弾のナパーム弾の噴出孔を濠に向けて、信管を叩いたらしいが、誰も驚かなかった。

「履中陵」の後円部側の濠は、幅が七〇メートルを越す。その真ん中あたりまで、距離にして三〇メートルぐらいは、水平にした六角筒から爆発し燃えたナパームが噴出して飛ぶことがわかった。不発弾の暴発で大やけどをしたり、死傷をするのは、信管を叩いた本人でなく、傍で見ていてナパームの噴出孔の前にいた子どもたちに多い。戦争が終わってからも百舌鳥古墳群内では、こんな危険な戦争の落とし物がゴロゴロ残されていた。

大阪湾上空で撃墜されたB29

七月二四日、農学校本校舎で授業中に空襲警報が出たので、生徒は校舎の外に出た。「仁徳陵」の西外堤に接している校舎の北側にある校庭の西端に立つと、標高が一五、六メートルあるので堺市街を見下ろすことができ、大阪湾をへだてて六甲山の山並みや神戸から西宮あたりまでの市街地も遠望される。

この日の爆撃は、午前一〇時四四分から一一時一分にかけて三五機のB29が二〇〇〇ポンド通常爆弾二一六トンを大阪陸軍造兵廠に投下した。(8) 私は、この爆撃に向かうB29の編隊を校庭から見ていた。先にも紹介した六月二六日に単機で飛来し、「仁徳陵」で被弾したB29のコースよりやや西側寄りのコースをとっているが、空を圧する爆音とともに「仁徳陵」を右下に見てなぞるように飛行していく。

この日、大阪陸軍造兵敞を爆撃したB29はレーダー目標とせず、有視界目標として爆撃したという。周辺部がすでに焼き払われていて、投弾ミスがあると焼け跡に爆弾が落ちるだけという理由である。命がけで投弾するとしても、ムダ爆弾が出るのを避けるという、なんという合理主義か。

この空襲に引きつづいて八二機のB29が午前一一時五一分から一二時二二分にかけて、有視界目標で高度六〇〇〇から六七〇〇メートルで住友金属工業を爆撃するのも目撃した。B29の編隊は造兵敞コー

1945年7月24日、住友金属工業爆撃のため堺市上空で投弾を開始したB29編隊。写真右下に見える「仁徳陵」脇の大阪農学校の校庭で、宮川少年はこの編隊を見上げていた

スの編隊よりやや海側を飛行していた。

この第七三航空団の編隊飛行の写真があることを、文化財保存全国協議会常任委員の十菱駿武さんから教えていただいた。三重県四日市市の山本達也さんが入手したもので、住友金属工業を爆撃する第七三航空団のＢ29の編隊が堺市上空で四〇〇〇ポンド通常爆弾の投弾を開始した直後の写真である。北を向いて飛行するＢ29の編隊をやや西側寄りのＢ29が右側から撮影したもので、画面右下に百舌鳥古墳群と中央下に大和川河口付近が写っている。

先にも述べたが、当時、空襲警報が出ても農学校には生徒を避難させる防空壕などはなかった。空襲警報が鳴ると教室から出て、広い構内のところどころに勝手に散開して、飛来するB29の編隊を見ていることがしばしばあった。この日も農学校の校舎の北側にある運動場の西端から、このB29の編隊を見ていたことになる。この写真の「仁徳陵」の下に白い部分がある。これが農学校の運動場で、この写真を撮影したB29のカメラマンと宮川少年の視線は空中のどこかで絡み合っていた可能性がある。

さて、堺上空を飛び去ってすぐに、一機が高射砲弾の直撃をうけて片側の主翼がちぎれ、胴体がきりもみ状態で大阪湾に墜落していった。ちぎれたジュラルミンの主翼は、ヒラリヒラリと太陽の光を反射させながら、銀紙のように舞い落ちていった。

撃墜された瞬間、見ていた農学校の生徒たちから「ヤッタァーッ」と大きな喚声が起こった。きりもみ状態で堕ちていった胴体の後から、一つの白いパラシュートがゆっくり降りていくのが見えた。「落下傘、一個だけやったな」「他に脱出できなかったんやな」と見ていた少年たちは、あんな状態の中でも一人脱出できたと言うべきか、一人しか脱出できなかったと言うべきか、考えていたのである。

撃墜されたのが憎むべきB29であっても、墜落していく爆撃機の機体の中で起こっていたであろう搭乗員たちの断末魔の阿鼻叫喚を思うと、たとえ鬼畜米英だとしても「ザマアミロ！」と言うことにはならない。そこには声にならない悲哀を感じる空気が広がっていた。たとえ敵であっても斃《たお》された相手の屍体を踏みにじるようなことをしないのが人間である、と誰も口に出して教えなくても、こんな凄まじい人間の倫理教育を「仁徳陵」畔の一角で戦争という愚かしい現実を通して、私たちは実地に学んでいたわけである。

グラマンにつぶされた国民義勇報国隊結成式

堺空襲以降、B29の空襲に加えて日本近海を航行する米海軍の航空母艦から発進する艦載機・グラマンF6Fや、硫黄島から飛来するムスタングP51などの戦闘機による空襲が激しくなってきた。日時はハッキリしないが、「仁徳陵」の近くで作業していた時、南から狙いをつけたように後円部直上まで飛来すると、そこで右斜め(二時の方向)に旋回し、しばらくすると翼から二筋炎が噴出した。「ヤッタァー!」と思ったが、これは違っていた。二筋の炎は黒煙を引いて東北方向に見えなくなって、しばらくすると黒煙が上がるのが見えた。

対空砲が当たったと勘違いしたのは、はじめて見たロケット弾であった。黒煙が上がったのが大正飛行場(現・八尾空港)で、この戦闘機はグラマンではなく、白っぽい色をしていたのでムスタングP51のようだった。堺市の一番大きなカギ穴形の森の直上まで飛行し、そこで二時の方向に旋回してロケット弾を発射すれば、目標である大正飛行場にあたるという、こんな作戦指導マニュアルがあったのではないだろうか。大阪で目撃されていないというロッキードP38双胴戦闘機も、「履中陵」の近くから国鉄阪和線の鳳《おおとり》車庫か車両工場を空襲するのを目撃した。

沖縄が陥落した六月二三日、本土決戦に備えて一五歳以上六〇歳以下の男子と、一七歳以上四〇歳以下の女子を国民義勇隊に編成する義勇兵役法が制定された。本土決戦・一億玉砕がいよいよ現実のものになってきたように思えてきた八月、日時は忘れたが農学校で国民義勇報国隊の結成式があった。私は七月の空襲で家を焼かれ、本土決戦がどのようなものかわからないまま、何か大きなイベントがあるようだというような、その程度の認識しかない一二歳七カ月の子どもだっただけでなく、沖縄戦の悲惨な実態が知らされていないこともあった。男子は一五歳以上と言いながら、数え年で年齢を決めた当時とはいえ、こんな子どもも十把一絡げにしてしまういい加減さもあった。

農学校の講堂は鉄筋三階建て校舎の西端の二階にあり、堺市街地の南側が見下ろせる。隊結成の式次第が進んできた時、講堂の二階の窓のすぐそば、手の届くような至近距離を一機のグラマンF6Fが爆音もすさまじく北から南へ低空で飛び去った。操縦席の天蓋は後ろに引かれて開け放したままで、ゴーグルをした操縦士が首を左に向けてこちらを凝視しているのがハッキリ見えた。とたんに講堂の中の全員は誰が号令をかけるのでもなく、いっせいにガバッと椅子の下に身を伏せた。見事であった。

戦闘機が低空で機銃掃射など戦闘行動に入る時は、被弾してもすぐ脱出できるように天蓋を開けたままにしておくと聞いていたが、このグラマンの操縦士は建物内にたくさん人間がいるのを目撃したので、すぐに反転して機銃掃射しに来ると、誰もがそう考えたのだ。

しばらくそのままシーンと静まりかえっていたが、グラマンは引き返してこなかった。作戦行動が終わって母艦に還る途中であったのだろう。それにしても、「仁徳陵」の西側を超低空で飛行していくのは、機動性の高い戦闘機の操縦士が自分の機の位置を的確に判断するのに、大きなカギ穴形の森をランドマークにしていたことをうかがわせる。

機銃掃射される恐怖から解放され、みんなゴソゴソと立ち上がり、椅子に座り直した。ガバッといっせいに身を伏せた素早さにくらべて、なんとも締まりのない動作だった。私の記憶はここでまったく途絶えてしまっている。その後の国民義勇報国隊の結成式がどうなったか、いくら思い出そうとしても思い出せない。

窓の外を一瞬に飛び去ったグラマンのショックは、それほど大きかったのだろう。ここでは本土決戦に備えるという実態のともなわない国民義勇報国隊の虚構など腰砕けになり、白けてしまったのだと思う。敗戦の八月一五日まで、もう幾日もない頃のことだった。

今は農学校の三階建ての校舎も取り壊されてしまってないが、その跡地に立つと巨大古墳のすぐそばのこんな歴史的な場所で、本土決戦などという、まともな思考からかけ離れた狂気が学校をあげて進められていた当時を思い出し、日本の敗戦で本土決戦などにならずにすんでよかった、とつくづく思う。

アメリカ占領軍進駐と「仁徳陵」

八月一五日の敗戦から一カ月半、九月二六日にアメリカ占領軍第六軍が大阪に進駐してくることになった。大阪湾内はB29が投下した機雷がまだ掃海されていないため、米軍艦艇が大阪湾内に入れず、和歌山県御坊に上陸し、そこから陸路北上して大阪に進駐してくることになった。神州不滅を信じてきた軍国少年にとっては、他国の軍隊に占領されるということがどんなことになるのか、まったく想像もつかなかった。一カ月半前までは本土決戦・一億玉砕を叫んでいたではないか、という思いである。

その頃、堺で焼け出されて、浜寺公園の近くの季父のところに世話になっていた。米軍は国道二六号線を通ってくるというので、学校を早退して阪堺電車が高架で南海本線をこえる海道畑という停留所（今はない）のところで待ち構えていた。

昼前頃か、シャーマン戦車を先頭にし、風防ガラスを前に倒して重機関銃を構えたジープが続き、日本では見たこともない大形のトラックにヘルメットを被り、銃を持った完全武装のアメリカ兵を満載した後輪四輪（タイヤはダブルで八輪になる）が何十台も切れ目なく後から後から走ってくる。歩兵だというのに、歩いている兵隊など一人もいない。はじめて見るジープとトラックの大きいのに、「これでは日本はかなわない」、銀色に輝くB29ともども「ニッポンが負けるのは当たり前だ」と思った。

トラックはときどきパパーンと弾けたような大きな音を立てる。米兵が発砲したのかと思わず頸をすくめたが、トラックのマフラーの中で生ガスが爆発するバックファイアだということは、後年自動車学校に行った時に知ることになる。進駐したその日に「ジャップのヤツらを脅かしてやれ」というヤンキーのいたずら心だったのだろう。

進駐軍（アメリカ占領軍を日本人はこうよんでいた）が来てしばらくし、担任の梨原先生が英語の授業中に得意げに話した。「きのう、学校に進駐軍が来て、この辺にニッポン軍の陣地があったら案内してくれというので、先生はジープに乗って御陵の西にあった探照灯の陣地の跡に案内してきた。お前方、アメリカ兵に何か聞かれたりしたときは、最後にイエス・サーと言うたらアメリカ兵は喜ぶで。サーは尊敬をあらわす言い方や。覚えときなさい」。オイオイ、二カ月ほど前まで本土決戦、国民義勇報国隊結成、一億玉砕を指導してきたではないか。今日は嬉しそうにジープに乗った話に、イエス・サーかよ！　黒焦げになってトタンの上にならべられていた上田トシアキを思い出して、心の中でお前なんのために死んだンや！と情けなくなった。

アメリカ占領軍の進駐の日をインターネットで調べていたら、この九月二六日に占領軍の別働隊の二〇名の米軍兵士がアメリカ人考古学者をともなってやって来て、「仁徳天皇陵」を発掘しているというブログがあった。その発掘の目的や成果については、私の理解を超えているのでおくとして、フィクションであるとしても、「仁徳陵」前方部正面から五〇〇メートルほどの距離に毎日いた私にとって、進駐したその日に米軍の大形トラックで乗り着け、二〇名もの兵隊で中に入り発掘するなど、あの日の雰囲気からはありえないと言わざるをえない。

浜寺で進駐してくる米兵を見ていた時でも、かなりピリピリした緊張感が日米双方にあったし、もし極秘で「仁徳陵」を発掘するとしても、シャーマン戦車一両ぐらいを張りつけて、厳重な哨戒線を設定する必要があっただろう。ムキになることもないが、あの日の現実を知る一人としては、フィクションであっても設定にムリがあると思う。むしろ一カ月ぐらい後のある日に設定したほうが、現実味があったかもしれない。

第3章

荒廃と破壊の中の百舌鳥古墳群

1　七観古墳の破壊

土壁に滲む鉄銹

日本が敗戦になって一年あまりたった一九四六年の晩秋、私は大阪府立農学校の二年生で、数人の同級生と七観古墳（地元では七観山とよんでいた）に向かった。

七観古墳はイタスケ古墳の西側一帯に広がる農学校の実習農場から四、五百メートルのところにある。遠目にも古墳表面が掘り起こされていたように見えたが、帰り道と反対の方向になることから、つい行きそびれたままになっていた。

この時期に七観古墳に行く気になったのは、戦時中の、毎朝、軍人勅諭の斉唱ではじまる朝礼や頭から押さえつけるような軍国主義教育、本土決戦を呼号するヒステリーのような緊迫感から解放された心の自由からだった。けれども、堺空襲で被災してきびしい窮乏生活がつづき、古墳好きの好奇心が行動にうつるゆとりが生まれてくるまでに、一年あまりかかっていた。

七観古墳は、石津ヶ丘古墳の北側にあり、二段築成の大きな円墳と見られ、敗戦当時、木は一本も生えていなかった。古墳のまわりを歩いて登り口をさがし墳丘に上がってみると、墳頂の真ん中には、直径五メートルはあろうかという垂直に掘られた大きな縦穴が口を開けていた。その大坑に向けて、墳丘裾の北側から三本、南側から一本の横穴が掘られていて、そのうち二本が大坑に貫通していることがわかった。

二本の横穴は、素掘りであったうえに、低いところには水が溜まり落盤しそうなので、怖くてなかなか中へは入れないでいた。しばらくためらっていたが、みんなで頭を低くして思い切ってくぐり抜け、大坑の中に入った。

井戸のように垂直に掘り込まれた墳頂の土壁は、圧倒するように切り立っているうえに、大坑の中はなんとなく薄気味悪かった。それでも中に入ったからには何かがあるだろうという思いで土壁を見わたしていると、西南方向の土壁の、墳頂から一メートルくらいの深さのところに、鉄錆が滲み出ているのを見つけた。大坑の下から三メートルぐらいの高さになろうか。

大坑の中の薄気味悪さも忘れて、なんとかよじ登ってあの鉄錆を調べようと夢中になっていた。しかし、鉄錆のことなどまったく関心がなかった同行の級友たちは、浮き足だって「早よ出よ、早よ出よ」とうるさくせき立てるので、私も諦めて横穴をくぐり一緒に外へ出た。

家に帰ってからも鉄錆のことが気になって仕方がない。だが、友人と一緒では思うように調べられない。気がすむまで調べるには一人であの大坑の中へ入るしかないと思いながらも、落盤しそうな横穴を一人でくぐり抜けるのはさすがに怖かった。さんざん考えた末に、つぎの休日に出かけることに決めた。現地に着いてから、いざ横穴をのぞくと落盤しそうで、怖くて足が前へ出ない。何度も逡巡しながらも、「ここで引き返したら、あの鉄錆のことはズッと気になるまま、ほっとくことになるんやで」と自分に言い聞かせるようにし、勇を鼓して横穴をくぐり抜けた。深い縦穴の底に立って鉄錆の出ているところを見上げた。

小さなスコップで土壁に手と足をかけるところを掘って、何度も失敗しながらよじ登った。そして、鉄錆の左側に出ている伐り倒された灌木の根を左手でつかみ、それを手がかりにして、右手だけで鉄錆のところをスコップで掘り、やっとのことで長さ十数センチ前後の槍先のような錆びついた五、六本の鉄の塊を掘り出した。

滲み出てきた鉄錆の原因はこれかと納得したが、掘り出すのに夢中になっているあいだに、頭の上から「お前、そこで何してるンや」と声をかけられた。見上げると、私と同年配の少年が墳頂にしゃがんで見下ろしている。そばにはその弟らしい小学生もならんでいた。

「ここに鉄錆が出てたから、何があるんかと思もて調べてたんや」と答えると、「お前の左手に持ってるの、何や知ってるか？」と言う。「木の根やろ」と答えると、「この前、その根ぇに縄かけて首吊ってカラスに目玉突かれてたんやで」とびっくりするようなことを言う。思わず「げぇーっ」と叫んで、あわててつかんでいた木の根を放し、大坑の底に飛び降りた。それでも、右手には掘りとったばかりの鉄錆の塊はしっかりと握っていた。

首吊りの話で急に暗転し、寒々とした不気味な大坑の底から、どのようにして脱出したかは憶えていない。敗戦直後に百舌鳥古墳群で最初の学術調査となった七観古墳の発掘のきっかけは、こんなことからはじまった。

敗戦後最初の学術調査

一人で再度出かけた七観古墳で思いがけない遺物を手に入れ、それを農学校に持っていき、歴史の福島雅蔵先生に見せた。福島先生は京都大学国史科を出ていたので、遺物を京都大学考古学教室の梅原末治教授に届けた。そして、梅原教授の指導で考古学教室の発掘調査がはじまることが知らされた。

発掘調査がはじまるということで、私はスコップやツルハシだけでなく、大坑に入るハシゴまで用意して現地まで運ばなければならなかった。戦災をうけた直後で、そうした道具類を借りるのもたいへんだったが、母の協力でなんとかかき集めることができた。スコップ、ツルハシ、ハシゴなどを全部自転車に括りつけ、一キロあまりある七観古墳まで押して運ぶのは、一四歳の中学生の体格ではかなりきつい運搬作業であった。しかし、皇国史観から解放され、国定の『国史』教科書よりも、わが歴史観のほうが正しかったという少年の気負いと、はじめて体験することになる考古学の発掘調査への期待感が支えになった。

七観古墳の調査には、梅原教授の指示で、考古学教室から樋口隆康以下、岡崎敬、坪井清足、横山浩一、楢崎彰一という、後に日本考古学界を牽引することになるそうそうたる人たちが派遣され、常時は樋口、岡崎、横山の三人が来た。この人たちの若き日の人格に接することができたことは、終生の得が

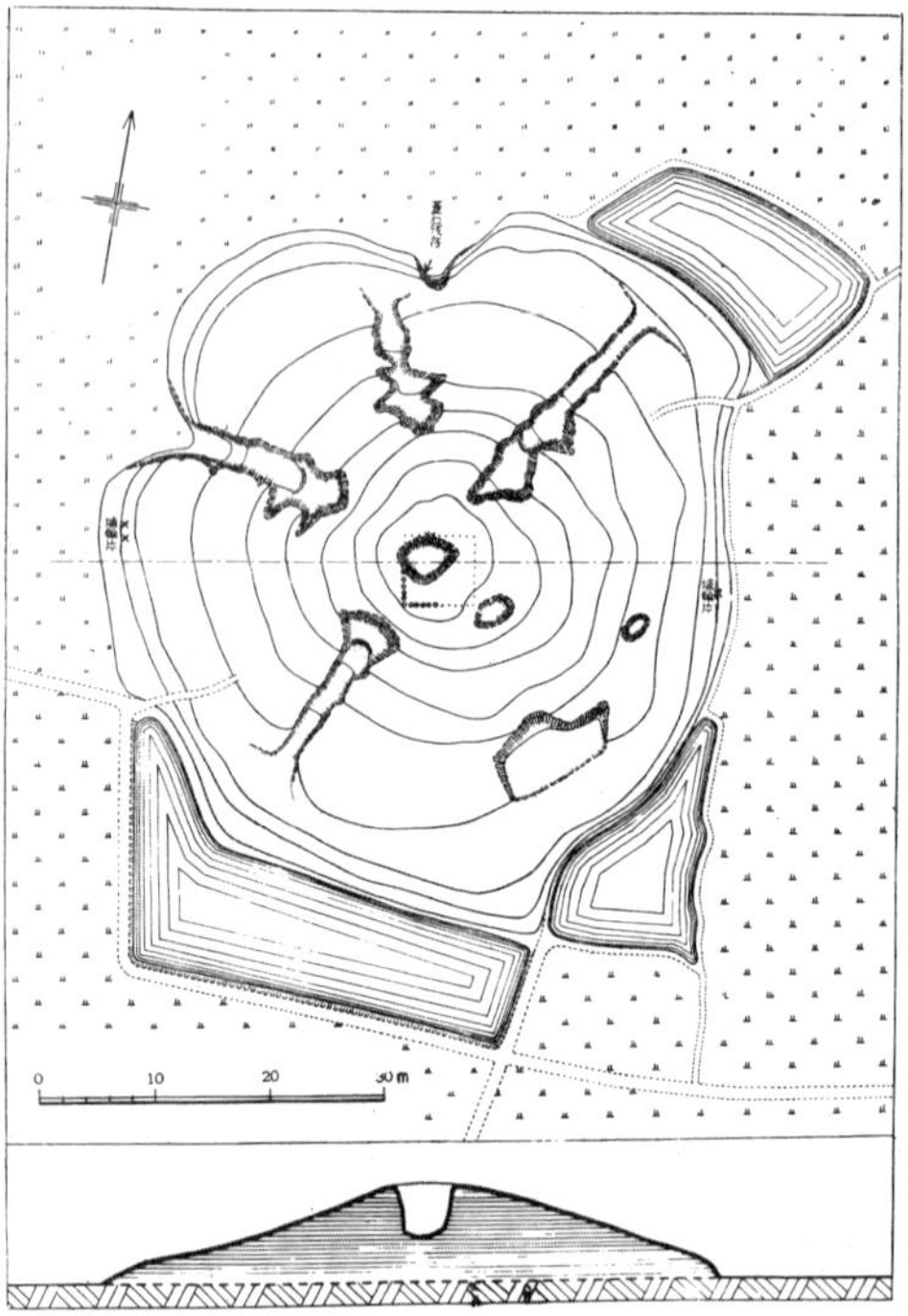

図6　七観古墳の外形

たい心の財産となった（文中では親しみをこめて「さん」づけでよばしていただく）。

樋口さんは、海軍中尉で復員し、襟章をはずした海軍将校の軍服を着ていた。「海軍でどうされていたんですか？」と聞くと、「予科練で数学を教えていたよ」ということだった。岡崎さんは、陸軍少尉で、やはり襟章をとった陸軍の将校服だった。横山さんは、敗戦直前に学徒兵で徴兵されたが、すぐ敗戦になり復学し、学生服と角帽だった。

調査は一九四七年二月一六日にはじまった。大坑にハシゴを下ろして、樋口さんが鉄錆の滲み出た部分を調べてから、その直上の墳頂を掘りはじめると、埴輪列が直線にならんで出てきた。埴輪を発掘していると、ソフト帽を被り、着物に黒いマントを羽織って、長い杖を持った老人が「あんたら、他人の地所を断りもなしに、なに勝手に掘ってるんや！」とえらい剣幕で怒鳴り込んできた。それが七観古墳の所有者のKさんだった。

みんなスコップを持った手を休めて、Kさんのまわりに集まった。福島先生が七観山の遺物を梅原先生まで届けたことで今回の調査がはじまることになった責任を感じてか、Ｋさんに向かって、「ここがあんたの地所だという証拠が、どこにあるんですか！」と逆に食ってかかった。私は「あ、やめといたらええのに」と慌てた。老人は「そんなこと言うヤツは、こっからすぐ出ていってくれ！」と火に油を注いだように、よけいいきり立って険悪な空気になった。

福島先生は、少年の私から見ても駆け引きからおよそ無縁の純真な人柄で、京都大学から陸軍幹部候補生をへて陸軍中尉に任官されて、堺の石津川河口の高射砲陣地や大阪南港の高射砲陣地に配属された経歴があると聞いていたが、この人が本当に陸軍将校だったのかと思うほど真面目一点ばりの学究肌の先生であった。

樋口さんが二人のあいだに割って入り「まあ、まあ」となだめて、Ｋさんに名刺を出した。樋口さんは、京都大学考古学教室による発掘調査である旨を説明し、土地の所有者に了解をとらずに発掘をはじめたことを詫びた。Ｋさんは、事情が呑みこめたのでやっと矛先を収めて、以後発掘は自由にしてよい、出土した遺物は京大に持っていってもらって結構だという寛大な態度をとった。

当時は文化財という概念はまだなく、文化財保護法ももちろんなかった。遺跡ではあっても、調査する古墳がどこに帰属するか、所有者は誰かも調べずに、ましてや発掘の事前了解や手続きも飛ばしていきなり掘り出すのである。敗戦後の混乱期とはいえ、こんなムチャなやり方でよく発掘調査ができたものだと、今になってみると冷や汗の出る思いがする。

Ｋさんは校長をされていたそうで、七観山（七観古墳）に図書館を建てるのが夢だと話していた。墳丘に掘られた大坑は、旧日本軍が高射砲陣地を構築するために掘ったものであることも教えてくれた。

七観古墳での記念写真
眼鏡をかけているのが岡崎敬さん、右の角帽姿が横山浩一さん、
横山さんの下が著者、ほかの二人は大阪農学校の同級生

ところで、この時代は極端な食糧難で、パン一個を手に入れるのも闇ルートでなければ買えなかった時代である。樋口さんは、私物のローライコードの二眼レフを持ってきたが、当時はまだ市販用のフィルムの生産が再開されていなかった。「この辺にフィルムを売っているところはありませんか?」と言うので、私が家の近くのマツヤ写真機店に聞いてくることになった。マツヤに行って尋ねると、ローライコード用のブローニーのフィルムは一本六〇〇円すると言う。それを聞いてたまげてしまった。敗戦直後の物資欠乏時代、配給以外はみんな闇値段であったが、品物によって値段の不均衡は現在の想像をこえたはげしいものだった。

政府はインフレ抑制と安定のためとして、一九四六年二月二六日に、一世帯一カ月の預金引き出しを五〇〇円に制限し、旧円を新円に切り替える政策をとるなどして、経済に混乱を招いていた。紙の金はあてにならず、物が一番モノを言う世相だった。フィルム一本六〇〇円を今の物価にすぐに換算しにくいが、強いてすれば一〇万円前後というところか。たかが白黒フィルム一本がである。それも六〇〇円の闇のフィルムは、正規の市販用フィルムではなく、旧日本陸軍航空隊の航空撮影のフィルムをブローニーサイズに裁断して巻いたものだという。

樋口さんは、私の報告を聞いて、意を決したように「それでいいから、買ってきて下さい」と財布を開け、私は六〇〇円を預かりマツヤへ買いに行った。前ページの写真は、第一槨の発掘現場にならんだ記念写真で、この時のべらぼうな値段のフィルムで撮ったものだ。

一五〇〇年前の光が目に

さて、発掘調査のくわしい内容は報告書[1]によるとして、ここでは報告書に出てこない当時の現場の様子を書いてみたい。

調査は二月一六日から六月一五日まで四回に分けておこなわれた。私が見つけた鉄錆の塊は鉄鏃が錆び付いたものであることがわかり、その遺構は最初に掘った埴輪列の直下に位置することが確認された。第二回目の発掘は、この遺構を掘り出すことで、農学校の友人のM君とT君を誘って参加してもらった。

図7に大坑のまわりの遺構の配置を示した。最初に発掘をはじめた遺構が第一槨（西槨）で、ゆるく舟底形に凹んだ粘土層の上に、幅約五〇センチ、長さは大坑で削り取られたところまで約二メートルの板状の痕跡が残っていた。その上に切っ先を北に向けた三群の矢の束が置かれていた。私が掘り出したのは、大坑に一番近い北側に束ねて置かれた鉄鏃であることがわかった。この矢の束を載せていた舟底形の遺構が切れた南端は、一段と方形に高くなり、鞍金具《くらかなぐ》とともに電車の吊り手のように木を輪形にし

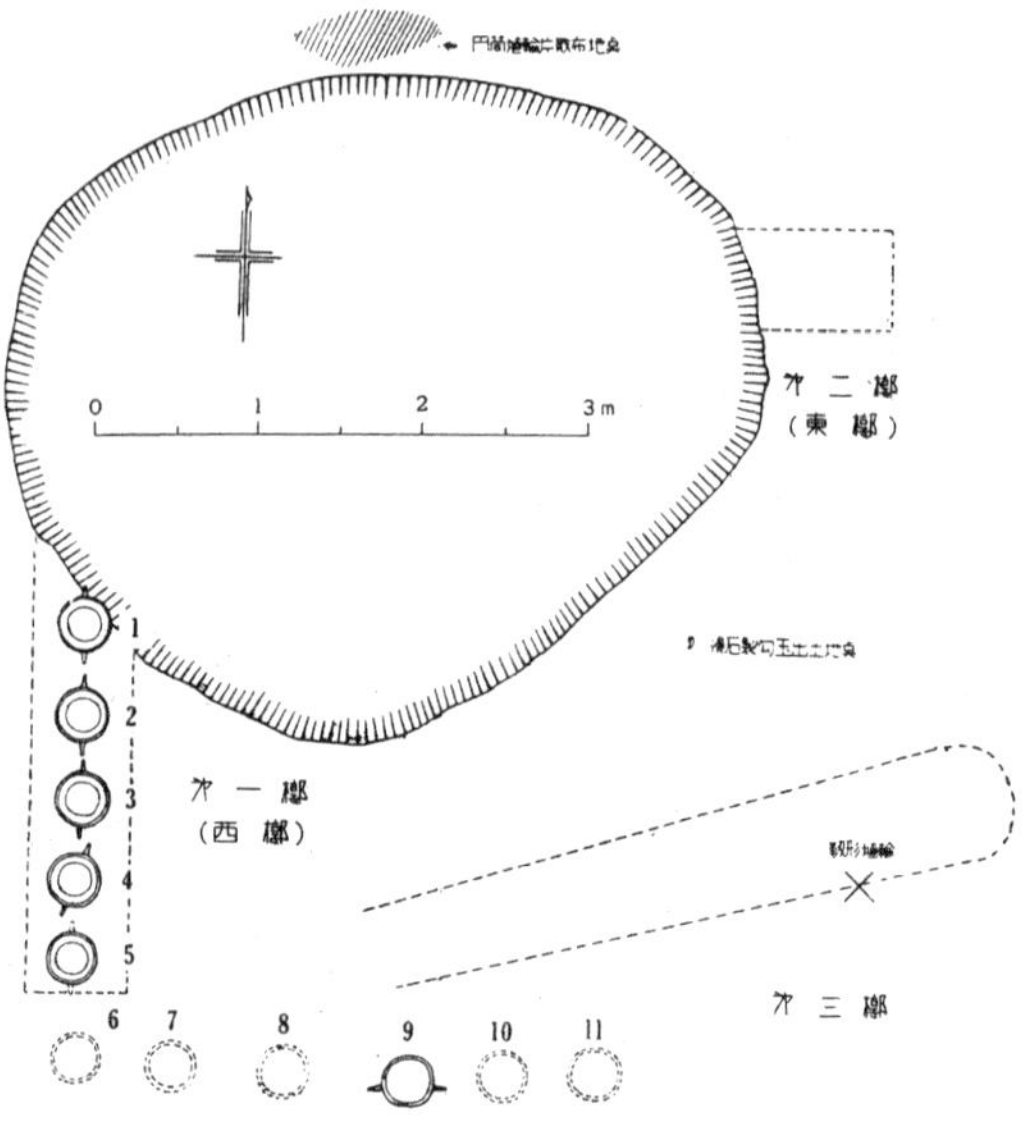

図7　七観古墳の遺構の配置

て鉄板と鋲で補強した一対の輪鐙《わあぶみ》が、鈴の三つついた青銅の三環鈴《さんかんれい》などとともに置かれていた。

この第一槨の発掘がほぼ終わりに近づいた時、大坑をはさんで対角線の位置になる東北側の土の中に何か見えると見学者が言い出した。樋口さんがハシゴから土壁の凹みを調べ、急遽ここも発掘することになり、鉄製の短甲《たんこう》が二領残っていることがわかった。

発掘された短甲は、鉄の板を革紐で綴じて胸と腹部、それと背中を一体で覆い防御する胴甲である。古墳に埋納された時は、木製の箱かよろい櫃のような容器に収めていたのかもしれないが、鉄板を綴じていた革が腐り、容器も朽ち果て、封土の土圧で鉄板が提灯を押し潰したようにバラバラになっていた。この短甲が埋まっていた遺構を第二槨（東槨）としたが、実測図上で位置を見ると、第一槨と直交するような配置であることがわかる。

七観古墳は、一九一三年（大正二）に発掘（学術調査ではない）され、その時、短甲四領が直立していたという。そのほかに衝角付冑《しょうかくつきかぶと》五点が取り出され、末永雅雄先生が『考古学雑誌』に報告し(2)、『日本上代の甲冑』（岡書院、一九三四年）にも記録している。この第二槨は、この大正時代の発掘の時の直立していた四領の短甲につづく残存部分ではないかと考えられる。

その後の調査・研究で、この時出土したのは冑六点、短甲五点にのぼることが指摘されている。また、この大正時代に出土した衝角付冑一領が日本画家前田青邨《せいそん》の旧蔵品であった。青邨画伯は日本画壇の泰斗で、作品「洞窟の頼朝」に見られるように甲冑描写にすぐれ、甲冑絵画研究のため自身も武具を蒐集していた中に七観古墳の衝角付冑があったとみられる。青邨画伯が所蔵することになったくわしい経緯はわからないが、末永先生が青邨画伯と親しかったことから、上代甲冑描写の絵画資料としてやりとりがあったのだろう。

ちなみに末永先生の自宅玄関には、青邨画伯の石舞台古墳のスケッチが額装して飾ってあった。また、大著『古墳の航空大観』（学生社、一九七五年）本文の表紙裏の内装に、青邨画伯のスケッチ画が装丁されている。先生宅を訪問した時、「画家の描写力てたいしたもんやなぁ。こんな絵を見てるあいだに、チャッチャッと描いてしまう。それで出来上がったもんは、立派な絵になってるんやからなぁ」と話していた。また、「私が冑の実測図書いてるのを、前田さんがそばで見てて、考古学者は器用に絵を描くな、て感心してたよ」とも言っていた。

短甲の上には頸と肩を防御する頸甲《あかべよろい》や肩甲が乗り、短甲の胴の中に冑が収められていた。ただし、東端になる短甲の中の冑は、二枚の鉄の錣《しころ》だけで、衝角付の冑の鉢はなかった。発掘当時は類例が知られていなかったが、その後の調査事例から鉢を革でつくった革冑が存在し、それに鉄板の錣をつける例があることがわかった。第二槨の錣だけの場合も、革の鉢部分が完全に腐朽してしまっていたために、錣だけが残っていたことになる。また、二本の鉄の柄つき手斧《ちょうな》が胴の中に収められていた。

この短甲でもう一つの重要な発見は、胴の部分に金銅の帯金具が巻かれた状態で出てきたことである。幅五センチ、高さ三・八センチの銅板に左向きの唐草模様化した竜文をタガネ彫りで透彫りし、ハート形の同じく透彫りした垂飾りをつけたものが六個と、バックルになる金具、帯金具の先端になる金具とともども出土した。銅板は緑青で真っ青に錆びていたが、金メッキの部分は折からの冬の西日があたり、ピカッと金色に輝き光って眼の中に飛び込んできた。一五〇〇年前の光がよみがえったんだと感動したことを、今もはっきり覚えている。

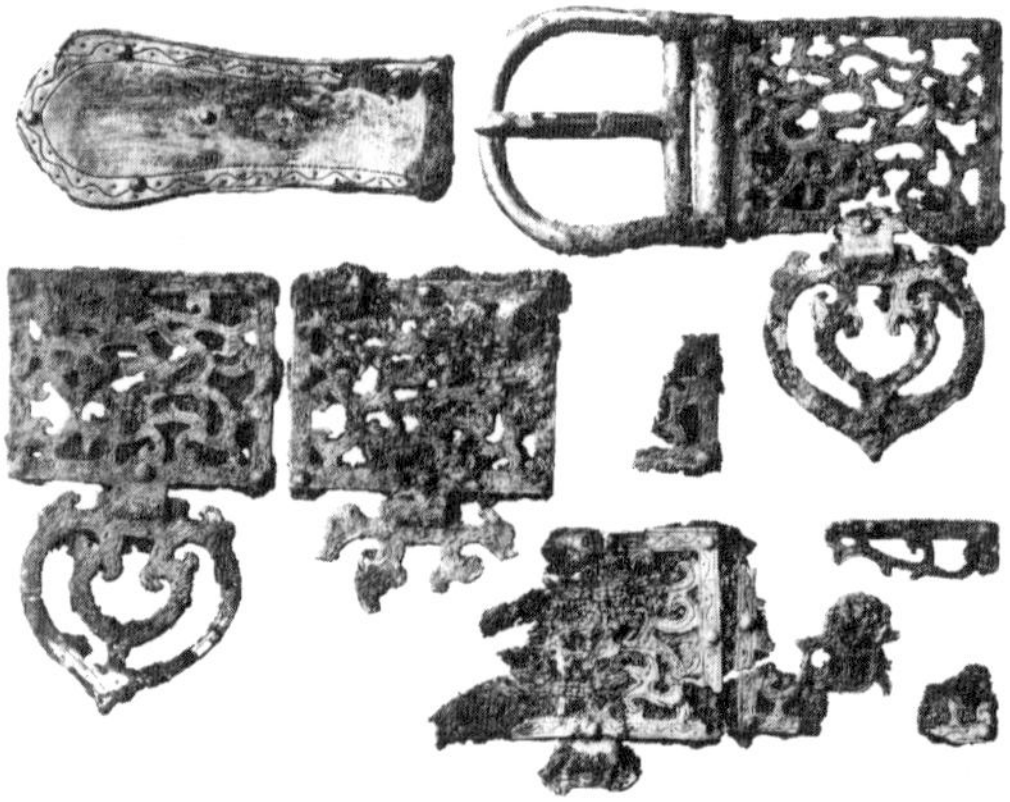

七観古墳出土の金銅装帯金具

陣地構築の大坑の掘削がもう一メートル広げられていたら、この金銅装の帯金具を巻きつけた短甲のところも削り取られてなくなってしまうところだった。この大坑の西南二〇メートルほどの墳丘一段目のテラス付近に、細片化した鉄錆の破片がかなりの範囲に散乱していたので、推測をまじえて言えば、大坑を掘った時、掘削に引っかかった第二槨の西に延長した部分にあった甲冑や刀剣などの遺物が掘り出され、邪魔なゴミとして廃棄されたものではないかと思われる。

発掘が終わり、出土した遺物を京都まで運ぶのがまたたいへんだった。運搬用の手軽な容器など身の

破壊される前の七観古墳（手前、後方は石津ヶ丘古墳の墳丘。1949 年、著者撮影）

まわりを見わたしてもまったくない時代だった。馬具の青銅の三環鈴は木製の弁当箱に、金銅装の帯金具を巻いた短甲は家の古いトランクに入れた。戦災で窮乏生活の真っただ中であったが、疎開用の荷物を入れて知人宅に預けたおかげで戦災を免れた古トランクが、一五〇〇年前のよろい櫃代わりになった。

第三回の調査では墳丘の測量を手伝った。平板測量器具は農学校のものを使い、樋口さんがアリダード（視方規）を覗き、岡崎さんと横山さんの指導で、赤と白の段だらのポールと巻尺を持って墳丘の上を走りまわった。測量結果によると、七観古墳は直径約五〇メートル、高さ約八メートルの二段築成の円墳と見られているが、墳丘の南側に短小な前方部をつけた帆立貝形古墳である可能性を、私は古墳外形研究の立場から考えている。石津ヶ丘古墳との関連から見ると、後円部側にならぶ三基の陪冢の一つと考えられる。

上の写真は私が一九四九年にオンボロカメラで撮

った、今のところ唯一のありし日の七観古墳をしのぶ「遺影」である。その頃になると富士フィルムがフィルムを市販するようになっていたが、小遣いで買うにはまだまだ高かった。この写真は、ブローニー版のカメラの中にプラスチックの板を貼って、ブローニーフィルムの撮影枚数を二倍にするように手製で改変して撮影した。それもフィルムの端を使ってギリギリ写したので、洩れた光が入り現像の時にシミが入ってしまった。

末永・森グループとの出会い

七観古墳の調査を経験した冬、南河内郡黒山村（現・堺市美原区黒山）にある黒姫山古墳を森浩一さんが主導して発掘し、末永雅雄先生が指導していた。発掘の噂を聞き、一九四八年一月に現地を訪ね、森浩一さんにはじめて会った。

その頃、黒姫山古墳まで行くのはたいへんだった。南海電鉄高野線の初芝駅からバスで最寄りの黒山まで三キロほど乗り、そこから歩くか、堺からだと自宅から九キロ前後、自転車で行くしか方法はなかった。未舗装の道ばかりで、雨が降ったらぬかるみと水たまりの凸凹道でたいへんだった。今は自動車道が発達して、車でアッという間に着くが、現地で発掘作業を手伝ってから、空き腹で堺まで帰るのは、道の悪さも加わり難行苦行だった。

黒姫山古墳では、前方部の平坦面にある川原石を積んだ細長い竪穴式石室から鉄製短甲と冑が二四領も発掘され、調査者の森さんらが意気揚々としているところに行きあたった。そこで自己紹介し、七観古墳の調査のことなどを話し、黒姫山古墳の状況などの説明を聞いているうちに、森さんの人柄に魅了されて密かに兄事しようと心に決めた。

数回の黒姫山訪問で末永先生とも面識ができ、これが機会になって末永先生の門下生になり、橿原考古学研究所への出入りも許されるようになった。その頃は、関西どころか全国的にも知れわたっていた梅原末治先生と末永雅雄先生の学界での確執、いわゆる梅原派と末永派の反目というようなことはまったく知らなかったし、私は七観古墳で京大関係の人たちと人間関係ができ、黒姫山で末永・森グループとの接触ができたことで、そうしたことを意識せずに両方の門戸を出入りしていた。

当時、私は農学校の福島先生の強い薦めもあって、六・三・三の教育制度改革の機会に府立農学校から府立堺中学校に転校することができた。その後、男女共学の実施で、堺では堺中学校と堺高等女学校に市立高等女学校の三校を足して二で割るという乱暴なやり方で三国ヶ丘高校と泉陽《せんよう》高校に分かれ、私は泉陽高校に進学した。福島先生は考古学をやるよう勧めてくれたが、専門でやる自信がなかったこと、戦災後から戦後の社会的激変を体験してきたので、生活の安定を考えて歯科大学に進学し、一方で考古学をやるという二足のわらじを履くズルイ選択をした。

一九五〇年九月三日、近畿地方を襲ったジェーン台風で堺は大きな被害をうけ、戦災復興に加えて台風被害の復旧が百舌鳥古墳群にさらなる破壊の脅威となる。

堺市三宝地区は江戸時代には海だったところで、一七〇四年（宝永元）に大和川が堺の浜に向けて付け替えられ、川が運ぶ土砂でできた附洲である。ジェーン台風では死者は九名に止まったものの、三宝地区全体が高潮の被害をうけた。その三宝地区の道路補修用の土砂採取の土取り場として七観古墳の墳丘があてられ、日進建設株式会社が一九五二年五月頃から採土をはじめていた。六月一日に現場に行くと、垂直に削り取られた墳丘の近くに多数の鉄刀剣類の切っ先が露出していた。

一九五〇年に、法隆寺壁画の焼失を契機に文化財保護法が制定されたが、建造物などの保護を主体としていて、古墳や埋蔵文化財の保護には無力であった。私は採土現場で工事責任者に緊急調査をするまで工事の中止を申し入れたが、一日にトラック二、三十台分の土砂を採取するという業者は、まったく聞く耳をもたないという態度であった。ダメ元で文化財保護法の話をし、相手がややたじろいだところで緊急調査をすることだけは了解をとりつけた。とにかく時間がなかった。

森浩一さんのもとで大塚山古墳の緊急調査に一緒に参加した中西弘光君に至急連絡して協力を依頼した。私は当時、大阪歯科大学二回生であったが、講義を休んででもやらざるをえないと腹をくくった。医科系の大学は出席をきちんととるので、サボりにくいが仕方がなかった。

七観古墳の鉄と朝鮮戦争

この緊急調査で発掘した遺構を「第三槨」とよんだ。第三槨の位置は図7に記入したが、調査した時には墳丘の西側大半は削平されていて、最初の調査時点での起点となるポイントも残っていないために、正確な位置づけはできなかった。

それでも強いて推定すると、第三槨はこの図より一から二メートル南に位置し、方形にめぐる埴輪列の南列の直下になる可能性も考えられる。第三槨の東端に近いところから靫《ゆき》形埴輪の基底部分の破片が槨の中に落ち込むように入っていたので、南側の埴輪列の直下にあって刀剣類を埋納した木箱か木櫃が腐朽して、埴輪片が落ち込んだ可能性も捨てきれない。

私たちが必死で調査しているあいだにも、墳丘を崩し削り取る工事はつづいていた。第三槨の概要は、墳丘の地表から五〇センチほどの深さのところに残存部の長さ四メートル、幅七〇センチから五〇センチの主軸をほぼ東西におく粘土床があり、粘土床の底は半円形に墳頂から八〇センチの深さまで掘りくぼめられていた。

この細長い粘土床の長さ三・三メートルの範囲に、いずれも切っ先を西に向けた直刀およそ一三〇本、剣約三〇本などが整然と埋納されていた。鉄剣の中には剣身を蛇行状にしたものが二点あった。これら鉄製遺物は重くてすぐには運べないので、蛇行状剣など重要なものは持ち帰り、残りは七観古墳のすぐ西にある二階建ての民家の庭の片隅に一時保管してもらったが、私たちが回収に行くまでに工事関係者が何点か直刀、剣を持ち出したらしい。

後日、リヤカーを借りて、預けていた鉄剣類を運んでいると、「兄ちゃん、その鉄買うで！」と威勢のいい声を掛けられた。オッサンというには若く、三〇代前半ぐらいの抜け目のなさそうな男だった。これは古墳から発掘した古代の遺物で売り物ではないと説明したが、「いったい、なんぼやったら売るね

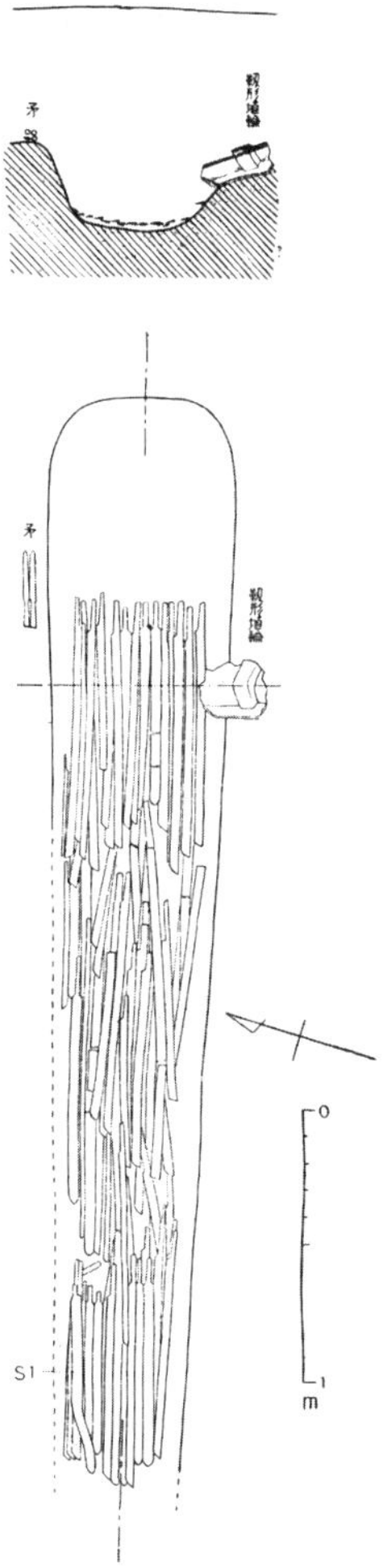

図8　七観古墳の第三槨

ん！」とたたみかけてくる。一九五二年当時はまだ朝鮮戦争が熾烈をきわめ、日本国中、朝鮮特需で潤っていた。とくに金偏景気で金属類は引っ張りだこだった。

私は一本の錆びた直刀を手にとって、「これは一五〇〇年も土の中に埋まっていたから、ほら、芯まで錆びてしもてるやろ。鉄の材料としては使い物になれへんで」と見せた。そうすると「ホンマや。そやったら、しゃあないなあ」とやっと諦めて引き下がってくれた。

百舌鳥古墳群から発掘される鉄の甲冑や刀剣などは、倭ではまだ自前の鉄生産にいたっていないと考えられる時期なので、朝鮮半島からもたらされた鉄でつくったものであろう。もしあの時運んでいた七観古墳の錆びた刀剣が鉄素材として再利用可能だったとして、あの男に売っていたら、朝鮮特需の武器の部品にでも加工されて、朝鮮半島の戦場に投入されることになっていたかもしれない。五世紀の朝鮮半島の鉄が、二〇世紀の戦場に里帰りするという、とんでもない循環が起こってしまうところだった。

さて、この第三槨の遺物を京都まで運ぶのが、また一苦労だった。近所の材木屋で杉板を買い、一番長い直刀にあわせて、長さ一五〇センチ、幅と厚さ三〇センチほどの木箱を作り、両端には縄の取手もつけた。比較的遺存状態のいい直刀二一本、蛇行状剣二本、剣一五本、矛四本、環頭一本などを箱に詰めた。かなりの重量になるこの木箱を抱きかかえるようにして、家から一・三キロほどある国鉄の百舌鳥駅まで、途中何度も休憩しながら運んだ。

やっとの思いでたどり着いた百舌鳥駅で木箱を担いで改札を入ろうとしたら、駅員から待ったがかかった。「そんな大きな箱を持って電車に乗ってもらっては困る。半分の長さに切ってくれ」と言って改札を通してくれない。箱の中身がどんなものかを説明をしても、「半分に切れ」の一点張りで取り付く島もない。当時は古墳の遺物だ、文化財だと言ってもまだ無関心な時代で、子どもの棺桶みたいな木箱を持って電車に乗せることはできない、という駅の責任から譲れなかったのだろう。

それにしてもこちらも今さらこんな重い木箱を持って引き返すわけにもいかないし、他の方法で送る算段も思いつかないから、ここを先途と必死になってかなりの時間押し問答をした。

どのくらいすったもんだしてからだろうか。「しかたがない。乗車してください。京都駅で降りる時に改札で何か言われたら、百舌鳥駅で、乗車してもよい、と改札を通してくれたからと言って下さい」と折れてくれた。この大岡裁きで改札を通してもらって電車に乗り、百舌鳥の駅を出て行く時のホッとした気分は忘れられない。

京都駅で改札を出る時は、まったくなにもとがめられなかった。当時は京都駅前から京都市電が東山通り経由で百万遍まで走っていたので助かった。

ところで、やっとの思いで運んだ「仁徳陵」の前の道を、その頃、完全武装した一〇〇名ほどの米軍兵士が行軍しているのによく出会った。米軍の朝鮮戦線に派遣する兵士の徒歩訓練のコースが百舌鳥古墳群を通過していたのである。

当時の道路は舗装されているのは市内の一部だけで、それ以外はほとんど穴ぼこだらけだった。その道を、先頭に指揮官が長いアンテナを立てた箱形の大きな無線機を背負った通信兵を従えて道の真ん中を歩き、道の両側を一列縦隊になって五〇人ほどの兵士が黙々と行軍していく。攻撃されたら道の両側に散開して直ちに反撃態勢をとる実戦さながらの隊形である。

完全武装で行軍するのはまだ二〇歳代と思われる若いＧＩばかりで、すれ違う時に、角帽を被り黒い詰め襟金ボタンの学生服の私を、ヘルメットの眉庇の下からいっせいにギョロリと見る。「けったいな格好のジャップの若僧め、負けたおまえらがノウノウとしてやがるのに、俺たちゃあこれから、地獄の朝鮮戦線へ行くんだぜ！」という目つきで見すえながら通りすぎていく。

茅渟ノ海を船に乗って渡り、西海から朝鮮半島に向かった倭の兵士が通ったであろう百舌鳥野の土を、一五〇〇年後に米軍兵士が軍靴で踏みしだいていく。日を置かず、その足で朝鮮半島の戦場の土を踏みしだくことになる。一五〇〇年の時を超えて、倭の兵士と米軍のＧＩの物語が百舌鳥野に重なり合って染みついている。

未知の第四槨

一九五二年、七観古墳の墳丘は完全に消滅した。が、緊急調査した後で、「笙の笛みたいなものが出た」という情報のあることを知った。また、森浩一さんは、『天皇陵古墳への招待』（筑摩書房、二〇一一年）の「百舌鳥古墳群の形成と陵山古墳」の章で、年月は書いていないが、七観古墳で土取り工事が進行していて、土取り業者がフルイで選別して捨てたらしい鉄の刀剣の破片がうずたかく積んであり、一〇〇本に近い数の刀剣が出土し、捨てられたのであろうといったことを書いている。

一九五二年の緊急調査当時は、発掘・実測図の作成・遺物の回収を一日でやってしまわなければならなかった。しかし、現場には遺物を残すようなことをしていないので、「笙の笛のようなものが出た」という情報や森さんの一〇〇本にも近い数の刀剣が出土し、捨てられていたという目撃情報は、第三槨の調査後に、さらに刀剣類を埋納した未知の第四槨が土取り工事で出てきた可能性を示唆している。

当時、私は森浩一さんに兄事し、森グループの一人して調査に参加していた。しかし、調査主体が変わると、同じ古墳や遺跡でも調査成果が分断され、遺物の帰属や報告書の作成も別々になってしまう弊害を避けるため、一九四七年に継続する京都大学考古学教室の調査として、首尾一貫させるのが最善だと考えた。そこで、あえて森さんには連絡せずに緊急調査と遺物の回収をして、遺物を京大へ搬送したのだった。

ある時、森さんから「そこまで京大に義理立てせんでもええやろ」と強くなじられたことがあった。百舌鳥古墳群は、堺に所在したこともあり、直近の堺中学校出身の森さんにとっては庭先の考古学フィールドである。そのお膝元を誰ともわからない農学校の生徒に掘られ、それがもとで京都大学考古学教室に発掘調査されてしまったことは、七観古墳の考古学的資料価値の高さも加わってずっと悔しい思いをしていたのではないかと感じられることがあった。最初の調査はともかく、二度までも七観古墳の調査資料を京大に持っていかれる、それもグループの一員である宮川が主導でやっているのは許せない、という感情があったのだと思う。

森さんは、敗戦後に破壊されていく古墳や遺跡を緊急調査して、資料として残すのが研究者としての責務だとする立場をとってきた。それだけに「鉄の刀剣の断片がうずたかく積んである信じられない光景を見て、怒りと絶望感の入りまじった感想をもった」と書いて、この七観古墳の二回の調査をした人たちを批判したわけだ。

この森さんが指摘した遺物は、未発掘の新たな遺構であろう第四槨から出土した可能性があり、第三槨の掘り残したものではないと、私は確信をもって言える。しかし、戦後のきびしい制約の中で精一杯、緊急調査をしたとはいえ、全面発掘にいたらず、画竜点睛を欠く結果になってしまったことは、森さんの批判をふくめ謙虚に反省しなければならない。

この未知の第四槨の位置をあえて推定すると、図7の第三槨の位置を二メートルほど南側にずらし、第二槨とずらした第三槨のあいだに第二槨と直交するように配置すれば復元できる。この推定が妥当だとすると、七観古墳は、武器、武具、馬具などを埋納した四つの槨施設を方形に配列していた可能性が浮かび上がってくる。

七観古墳の中心主体部は？

七観古墳は、これまで人体を埋葬した施設はない古墳と理解されてきたが、これは、あくまでも発掘調査した範囲で確認した遺構の状況から言えることで、第四槨の存在していた可能性が浮かび上がってきた今、もう一度七観古墳の「中心主体部」を検討しなければならない。

四つの槨施設がほぼ方形に配置されていたとする復元が正しいとすると、旧日本軍が高射砲陣地構築で掘った大坑は、この方形に配置された槨施設の西北コーナーに偏って掘られていたもので、中心部分全体を掘りつくしたものではなかった。そうすると、第一槨、第二槨、第三槨と、新たな第四槨をつなぐ南東部分は、ほぼ南北三・五メートル、東西三・五メートルの直角に東北から南東に斜線が走る三角形になる。この三角形の中は発掘調査されていないので、ここに中心主体部があったとすれば、大坑で西北部が削り取られたとしても、南東部分の大半は遺構が残っていた可能性がある。

調査に入った当時、垂直に掘られた大坑の地層観察では、この南東部分に遺構らしいものが存在する兆候は確認できなかったので、発掘はおこなわなかった。今になって、大慌ての緊急調査で全体を完全に発掘調査できなかったのは、時代の制約とはいえ残念でならないが、復元された埴輪の方形区画列内に中心主体部が存在した可能性については、今後も検討課題としていかなければならない。ただし、未知の中心主体部があったとしても、即人体埋葬施設であるとは限らない。主墳の石津ヶ丘古墳の一連の喪葬儀礼が終わり、周辺の陪冢に古墳祭祀に関連する器物、武器、甲冑などを埋納し、あるいは陪葬（殉死者とは限らない）が終了するまでの期間は、数十年を要したと思われる。

巨大古墳にともなう壮大な古墳祭祀は、短期間で終了するものでない。七観古墳から出土した甲冑には、革綴じと鋲留めという製作技法にかなりの時間差（年月差）を示すものがある。冑にしても短甲にしても、一枚ないしは数枚の鉄板を打ち出して製作する技術はなく、いくつかのパーツに分けて鍛造した鉄板を組み合わせ、その重なる部分に穴を穿ち、古い段階では、その穴に革紐を通して綴じ合わせて縫合するようにして甲冑を作り上げた。

五世紀中葉になってくると、革紐に変わり、鋲を叩きかしめて鉄板どうしを固定する鋲留め技法（リベット）に変わってくる。このほうが堅牢な甲冑ができるが、鉄板の穴と穴が正確に重なり合わないと鋲が通らないし、全体の形が歪まないように鉄板のパーツを整え構成するのには、高度の鍛冶技術と分業が要求される。

七観古墳に埋納されていた甲冑の中に、革綴じと鋲留めの二種類の技法で製作されたものが混在していたということは、そこに時間差があったことを示している。ただし、これらの短甲は、ごわごわして屈曲しないので、馬に騎乗して弓矢を射る騎射や、矛、大刀、剣を振りまわす騎乗戦には不向きで、こうした武器を操作するには、徒立《かちだ》ちで戦うためのヨロイである。

七観古墳の初期的な馬具、ことに木に鉄板を鋲留めにして補強した輪鐙が出土しているが、この時期、馬具は威儀ないしは儀仗用の乗馬に使われたもので、朝鮮半島の騎馬に熟達した騎馬兵と直接戦うためのものではなかったと見たほうがよい。百舌鳥古墳群では、騎馬戦に対応する屈曲して動きやすい小札(小さくカルタ状に裁断した鉄板)を革紐で綴じ合わせた挂甲《けいこう》が古墳に副葬されるのは、五世紀中頃すぎの城ノ山古墳からである。

2 カトンボ山古墳の破壊

偶然の発見

七観古墳の最初の発掘から二年たった一九四九年のことである。二月の春休みに入って、森浩一さんから堺市の土塔の近くで須恵器の窯跡が出てきたという情報が入ったので見てきてほしいという連絡があった。

たぶん一三日の日曜日だったと思うが、自転車で大山古墳の前を通り、阪和線の百舌鳥駅の踏切を越えて、土塔まで約五キロあまりの道のりである。百舌鳥古墳群の真ん中を通るので、ついでに古墳をパトロールするつもりで陵墓参考地の御廟山古墳の東側のバス道を走った。すると百舌鳥八幡宮の参道の手前で案の定、道の右側にあった古墳が壁土取りで破壊されているところに行きあたった。その頃は、とくに古墳の名前などつけるひまもないほど破壊されていたので、それほど気にもとめていなかったが、自転車を道ばたに止めて壁土取りの現場に足を踏み入れたとたんに、飛び上がるような光景が目に飛び込んできた。

現場には、古墳の墳丘を切り崩して土をふるい分けるために大きな四角い篩が丸太を組んだ枠につり下げられ、ふるい分けた粘土質の良い土と、小石などの〝邪魔もの〟がかたわらに捨てられて、円錐形の山になっている。なんとその捨てられた邪魔ものが、祭祀遺物の石製模造品の山なのである。石製模造品の山の向こうには、大形の鉄斧がいくつも礫石と一緒に放置されている。喉から心臓が飛び出しそうというたとえは、こんなことなのかという思いが頭の中を駆けめぐった。

幸いその日は日曜日だったので、現場の作業は休んでいた。ちょうど持っていた木綿の風呂敷に石製模造品を両手でわしづかみにして放り込んだ。割れた小形の青銅鏡や子持勾玉《こもちまがたま》など、発掘調査でも簡単に手にすることなどあり得ないような遺物が、潮干狩りで大量のアサリを両手ですくうように、風呂敷の中にザクザクと掻き入れた。なかでも、子持勾玉の一つは、それまで考古学の図録でも見たこともない小鯛のような丸い形のもので、手の平の中にスッポリ収まる感触がたまらないほど素晴らしいものだった。

道路のコンクリートの上では、幼稚園から小学校低学年くらいの子どもが拾った勾玉や刀子《とうす》で絵を描いて遊んでいる。石製模造品は、材質が滑石や蠟石なので格好のオモチャになるのである。私は、ポケットに手を入れて少し小遣いの持ち合わせがあるのを確かめて、子どもたちに言葉を選びながら声をかけた。

「君たち、そんなんで描いて遊ぶより、ホンマの蠟石のほうがよう描けるで。そこの店で売ってるから、

宮川少年を魅了した子持勾玉

君たち持ってるのと、これと替えてくれへんか」とお金を渡してゆずってもらった。頭からそれを売ってちょうだいと言うと、子どもたちにここで拾ったモノがお金になるンやという気持ちを植え付けてしまうのではないかと心配したからだった。

後日談になるが、二〇一五年の九月、NHKの記者から電話があり、イタスケ古墳史跡指定六〇周年を取り上げるから取材協力してほしいと依頼があった。担当の記者と百舌鳥古墳群をまわり、カトンボ山古墳のあった場所に来たが、今は家が建てこんでしまってどこかよくわからない。古墳があったと思われる場所の向かいの家で聞いてみると、七〇すぎの男性が出てきて、「カトンボ山なら、家の前です。ホラ、そこの駐車場になってるとこがそうです」と言う。また、「あの時、ぎょうさん遺物が出て、勾玉で道路に絵ぇ描いて遊びましたで。幼稚園か小学校一年生ぐらいやったかなぁ。もう、うんと昔のことですわ」と話してくれた。

その男性は、私が小遣い銭と遺物を交換した子どもの一人だったかもしれない。曖昧な記憶のやりとりで行き違いが出てもと考えて、それ以上は踏み込んでは聞かなかったが、拾った勾玉で道路に絵を描いて遊んだという子どもに会えたことに驚くとともに、懐かしかった。

それにしても、壁土取りの現場が休みだったことを幸いに、声もかけず了解も得ないままに、廃棄されていたとはいえ、勝手に遺物を収拾して持ち帰ったことには、今も忸怩たる思いが残っている。ただ気持ちのうえで救いになるのは、収拾した遺物は一点もポケットの中に〝わたくし〟しなかったことである。あの魅力的な丸っぽい子持勾玉も、後ろ髪を引かれる思いで風呂敷の中に戻した。そして、重くて持ち帰れない鉄斧類は、工事現場の隣りの家に後日取りに来ることで預かってもらい現場を離れた。

その日予定していた土塔近くの須恵器窯跡探索は取り止め、石製模造品でズッシリ重くなった風呂敷包みを持ち帰ってから、森グループの田中英夫、杉本憲司さんらに連絡をとり、事情を話して、その日の夕刻、当時、狭山にいた森浩一さんの家に集まった。

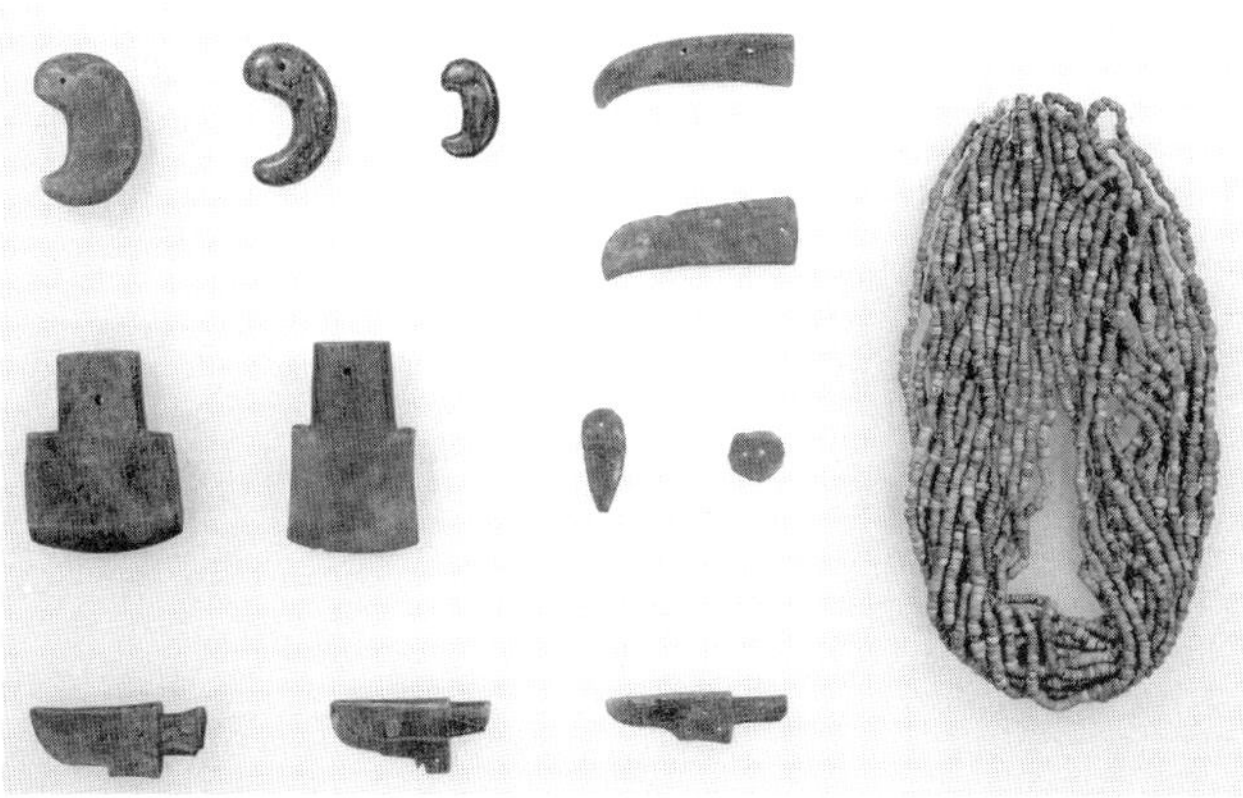

カトンボ山古墳の滑石製遺物

森さんは、当時、同志社大学英文科の学生で、三人は京都から帰ってくる森さんを待った。日が暮れてから帰ってきた森さんは、書斎のテーブルの上に広げられている遺物を見るなり、「お前ら、これどこで盗掘してきたんや！」というのが第一声であった。手短に今日のパトロール中の出来事を話し、緊急調査を至急する手はずを相談した。話をしながらも石製模造品を仕分けて、勾玉、刀子、斧、剣形、臼玉と整理して概数を数えた。臼玉を目の子勘定で「ざっと見て約五〇〇〇個か？」と言っていたら、後日たこ糸に通して束にして数えたら、約二万個になることがわかった。

古墳の名称は、いろんな文献や絵図を調べて「カトンボ山古墳」としたが、堺の旧家、高林家にある一九一五年（大正四）に写した「百舌鳥耳原三陵図」では、「ウシロ坊」と書かれていて、もとの原形は直径五〇メートル、二段築成の円墳であった。しかし、調査当時は破壊されて、直径二四メートル、高さ六メートル程度の残骸になってしまっていた。もとの古墳の規模からすると、七観古墳に匹敵する大きさだったと考えられる。

墳頂部の調査と埋葬主体

調査は末永雅雄先生の指導のもとに、二月二一日の一日でおこなわれたが、実働部隊は森グループの〝少年隊〟が主力になって働いた。壁土取りの業者や現場とどんな折衝がおこなわれたかは、高校生だった私の埒外のことなので記憶にない。

古墳の主体部は、かろうじて残っていた墳頂部の一部に、粘土床の上に置かれた木板状の遺構に若干の鉄の刀剣、鉾、斧が残っていた程度で、調査した範囲からは人体埋葬があった痕跡はさだかでなかった。注目される遺物としては、長い柄の部分に四本の曲線で放射状に開き刺を持ち、さらに先端が三つ叉になった蜘蛛手形の特異な鉄器が二本、柄を西に向けて埋められていた。用途は今のところまったくわからない。森さんは、かなりの私費を使ってカトンボ山古墳の報告書を、森・宮川の連名にして刊行した(3)。

私が先に収拾しておいた鉄斧類を運ぶのがたいへんだった。当時、天王寺公園内の大阪市立美術館の小さな一室が考古学研究室に提供されていた。堺からそこまでリンゴの木箱に鉄斧類を詰めて自転車で運んだが、美術館まであと一歩という阿倍野斎場前の交差点まで来た時、自転車の荷台の鉄の支柱が折れて自転車ごと転覆しそうになった。やっとのことで体勢を立て直したが、支柱の折れた自転車では、そのまま乗ってはいけない。重いリンゴ箱を片手で抱きかかえ、片手でハンドルを握ってバランスをとり、美術館まで何とかたどり着いたが、泣くに泣けない気持ちとはこんな時のことかと、七観古墳の発掘の裏方の日々を思い出しながら、なんとか運び込んだ。

風呂敷包みで収集した石製模造品は、それ以外に拾われたものを加えて、末永先生と森さんが主体となって処理が検討され、結果的には上野の東京国立博物館に引き渡されることになった。「それでいいな」と言われた時、第一発見者であり、主要遺物の大半を収集した立場であっても、一介の高校生では否応は言えなかった。ただ、一番公的で安全なところに収まるのだという安堵感とともに、地元には残らない、とくにあの丸っぽい子持勾玉にはもう触れることもないだろうという寂寥感が残った。その頃の堺には、そうした遺物を受け入れる態勢や保管する機構がまったくなかったことが悔やまれる。

ただ森さんが主宰する古代学研究会に東博から平板測量器材一式が贈られた。私が手づかみにするようにして収集した魅力ある石製模造品の遺物を〝欲しい〟という好古趣味的な私情を持ち込まずに乗り切れたのは、七観古墳の時に学術調査の基本理念の洗礼をうけていたことや、末永先生に師事して橿原考古学研究所にも出入りし、奈良県内の調査にも参加する機会があって、考古学研究と遺物との関係を厳格に考える躾が身についていたからであった。

カトンボ山古墳は、主墳とされる御廟山古墳が五世紀前半とされるのに対して、五世紀中頃前後とされるところから、陪冢ではないという見解もある。しかし、こうした大形前方後円墳の築造とその埋葬儀礼、古墳祭祀は、いっせいにはじまり終わるものではなく、主墳喪葬儀礼から周辺部の陪冢にいたるまでの祭祀が終わるまでには、かなりの年月のかかる壮大なイベントであったと考えたほうがいいのではないか。

とすれば、カトンボ山古墳は御廟山古墳の陪冢の可能性は残されていると思う。また、緊急調査した範囲では、直径五〇メートルにもおよぶ大円墳の埋葬主体がもう一つ明確でないことも、独立墳であるという見解に対する疑問として残る。次章の御廟山古墳のところで述べるように、カトンボ山古墳の大形鉄斧群は、造船用の木工具と見れば、主墳の御廟山古墳被葬者の水軍的性格の可能性と相まって、ヤマト王権の覇権遂行の負託を受けた有力首長という属性が浮き彫りにされてくるのではないだろうか。

石製模造品との再会

一九五〇年夏、修学旅行は東京と鎌倉・江ノ島・日光と決まっていたが、私はそれには参加せず、末永先生にお願いして、名刺に紹介状を書いていただき東博に向かった。応対したのは学芸員の増田精一さんだった。増田さんは、カトンボ山古墳の遺物台帳を出してきて見せてくれた。分厚い綴りの台帳に石製模造品一点一点が克明に記載されているのを見て、「これでよかったんだ」としみじみ思った。

増田さんは、本館地下の収蔵庫にも案内してくれた。今は教育普及スペースになっているところだったと思うが、収蔵庫の入り口近くに今は国宝の挂甲着用武人埴輪立像（群馬県太田市飯塚町出土）があった。「いやあぁ、この埴輪がこんな身近に見られる！」と声をあげたら、増田さんは「いや、それは複製品なんです」と素っ気ない。しかし、一介の高校生が末永先生の名刺に書かれた紹介状で東博の収蔵庫を垣間見られたのは、カトンボ山古墳のおかげだった。

増田さんは、その後、筑波大学名誉教授にまでなったが、先年、筑波大学で日本考古学協会の総会があった際、久しぶりでお目にかかり東博時代のことを尋ねたら、「あの時のことはよく覚えていますよ」と話された。その日本考古学協会総会の記念公演は馬の文化史的研究の話で、ローマとたびたび戦ったパルチアがヨーロッパにおける鐙発祥の源になったという内容だった。

東博では、以前は表慶館にカトンボ山古墳の石製模造品を一括して展示していたが、今は平成館の日本考古学の常設展示場に大形鉄斧などを展示している。東博へ行ってその展示を見るたびに、展示ケースのガラス越しに「よかったなあ、ここに終の棲家ができて。それにしても重かったで、君たちは」と阿倍野斎場前の出来事を思い出して声をかけることにしている。しかし、地元堺の市民としては、所蔵は東博のままでも、堺市博物館に永久貸与のような形で地元に展示する方法を考えてほしいと思う。東博ではワン・ノブ・ゼムであっても、百舌鳥古墳群ではオンリー・ワンのかけがえのない文化財なのである。

3　目の前で崩されていく大塚山古墳

百舌鳥古墳群で五番目に大きい古墳

七観古墳やカトンボ山古墳で遺物の山に出会うような体験をつづけざまにして、はじめは百舌鳥古墳群が宝の山のように思えたものの、こんなことばかりがいつまでもあっていいものだろうかと、破壊されていく古墳に危機感を持ちはじめた矢先に、阪和線上野芝駅の西にある大塚山古墳の土取りが本格的

破壊される前の大塚山古墳（南西から、1950年）

にはじまった。

大塚山古墳は、石津ヶ丘古墳の前方部側の南、上町台地が石津川の支流の百済川の浸蝕で崖状地形になった百舌鳥野台地の南縁辺に、前方部を西に向けた大形の前方後円墳である。三段築成で、後円部直径約一〇三メートル、後円部高さ約一四・五メートル、墳丘長約一六七メートル、前方部幅約一一六メートルで、百舌鳥古墳群では五番目の大きさを示し、五世紀初頭の古墳と想定される。茅渟ノ海の沿岸の低位の段丘上に分布する茅渟古墳群の乳ノ岡古墳との関連が考えられるとともに、百舌鳥野台地上にはじめて築造された大形前方後円墳として、百舌鳥古墳群成立の背景を検証する重要な古墳であった。

しかし、民有地であったために、戦時中は松根油採取で松の根が掘られたり、戦後の食糧難時代には墳丘が畑に開墾されて荒廃していた。元は墳丘の周囲に盾形の周濠がめぐっていたが、昭和のはじめに阪和線が開通し上野芝駅ができて、周辺が高級住宅地に開発された時、濠は埋め立てられて墳丘だけになっていた。

古墳の破壊は、墳丘の南側（墳丘左）から小規模な蚕食がはじまり、一九五〇年になると後円部が大きく削られてきた。この頃はまだ土木用の重機は使われず、手掘りで掘り崩した土砂を馬力（荷馬車）に積み込んで運んでいたので、その年の春休みに森浩一さんをリーダーにして、堺の高校二年生を主体にした森グループの考古少年たちが、土取り工事に追い立てられるように発掘調査した。

大塚山古墳の森浩一さんと学生
後列中央が森浩一さん（1950年3月、著者撮影）

後円部の四カ所の遺構はどうにか発掘を完了することができたが、前方部は新学期がはじまったこともあり、十分な調査ができないまま破壊されてしまった。さらに、この年の九月三日に近畿地方を襲ったジェーン台風の災害復旧のための土砂採取で、一九五二年には前方部の一部と墳丘基底部だけを残して、大塚山古墳は七観古墳ともどもほとんど削平されてしまった。

地域では王クラスの規模を示す大きさの前方後円墳が完全に破壊されてしまったというのは、前例がないほどの痛ましい文化財の喪失であった。大塚山古墳の悲劇は、超巨大古墳が主体の百舌鳥古墳群の中にあったために相対的に小さく見られ、遺跡としては評価が低く考えられていたという不幸もあった。

大塚山古墳に中心的埋葬主体はあったのか

調査の内容については、森さんの「失われた時を求めて――百舌鳥大塚山古墳の調査を回顧して」(『堺市博物館報』二二号、二〇〇三年)などによるとして、調査を主導した森さんもあまり書いていない大塚山古墳の側面を、調査に参加した私の立場から記録しておきたい。

後円部では、一号から四号までの四つの遺構を発掘し、一号だけが人体埋葬があったとみられる粘土槨で、残りは甲冑、武器、工具類を副葬した粘土槨(森さんは人体埋葬のないものを「施設」と表現している)であった。前方部からも五号から八号までの遺構を確認したが、武器類だけを埋納した五号槨を調査できただけで、残りは遺構の位置と遺物を収容するだけの不本意な調査で終わった。

この中でも二号槨の二号短甲を掘り出した時、親指の先ほどの小形の櫛(竹ヒゴをUの字形に曲げて綴じた櫛で、その根元に塗られた漆の膜だけが残った)が短甲のまわりに何百となくにばら撒いたように出てきたことや、衝角付冑につけられていた羽根飾り(山鳥の尾羽、おそらくはキジか)が鉄錆となった三号短甲の胴の中一面に残っていた瞬間に出合った。羽根飾りをつけたままの衝角付冑を短甲の中に納める時、フサフサした羽根飾りを冑に巻きつけるようにして折り曲げ収納した、その様子が目の前に再現されたようで感激だった。

後円部の人体埋葬が考えられる一号粘土槨は、後円部中心点より四メートルほど墳丘左側(南側)に位置しているだけでなく、大塚山古墳の中心的埋葬主体部の副葬品としては、青銅仿製鏡一、鉄鏡一、勾玉三、その他の玉類多数、刀剣一六、鉾・槍四、襟付短甲・衝角付冑各一、鉄鏃一群、刀子三、鉄製手斧一三、大形櫛一などと、森さんも指摘しているように、「墳丘の大きさに比較したらちょっと遺物

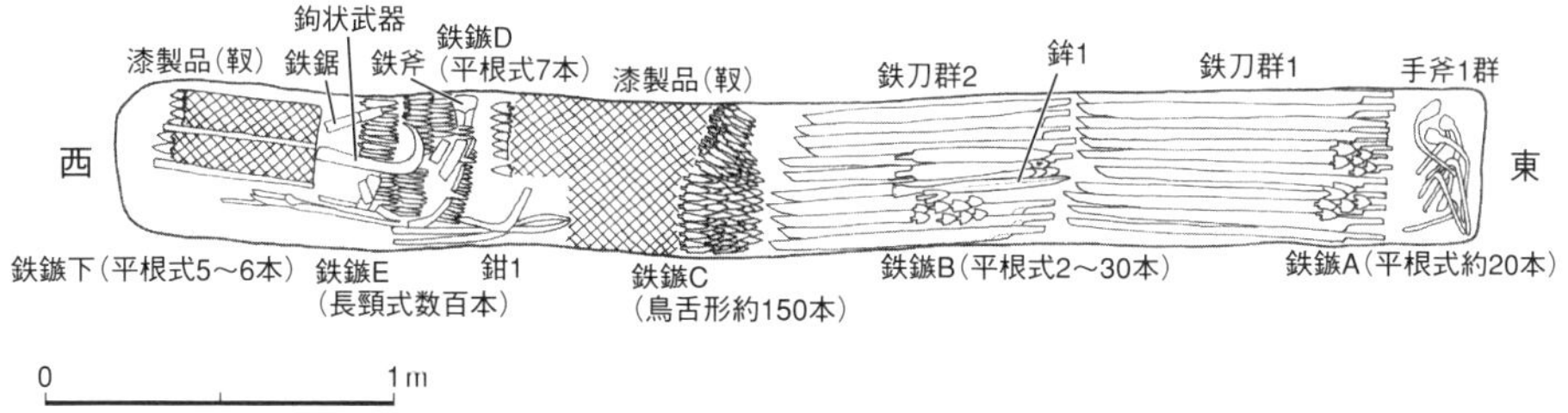

4号施設（中央礫敷き穴の北側約5mにある）

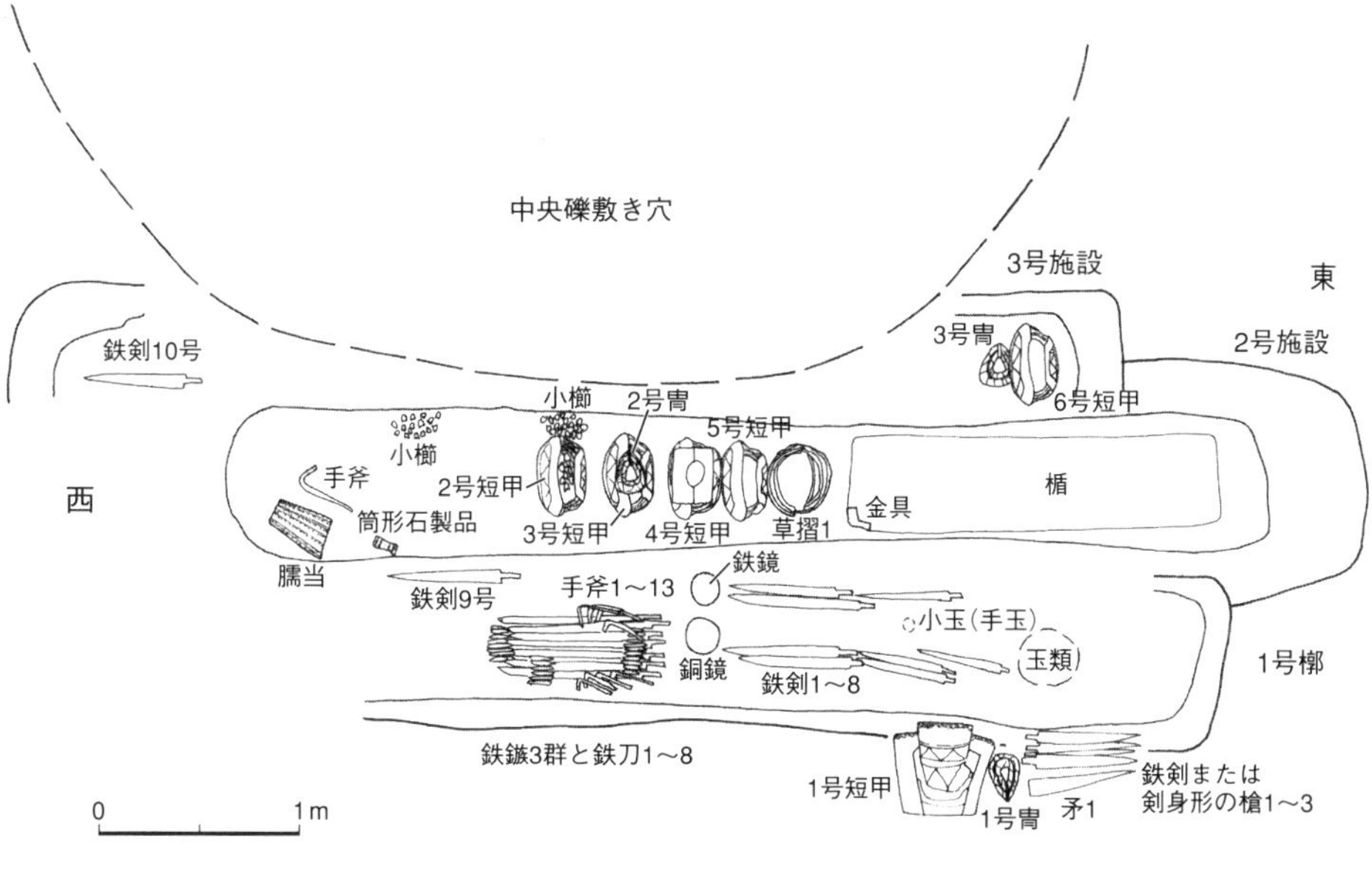

1号槨、2・3号施設

図9　大塚山古墳後円部の遺構

が貧弱」である。(4)

墳丘規模が地域の王クラスの前方後円墳であるということは、階層的身分秩序を墳丘にあらわすかぎり、埋葬主体もそれにともなうものでなければならない。至近の距離にあり大塚山古墳との系譜的つながりの考えられる乳ノ岡古墳の埋葬主体が、竪穴式石室をともなわない和泉砂岩製の組合式長持形石棺を墳丘に直葬した主体部であるところから、本来はほぼこれと同じ主体部であってもおかしくはない。

では、なぜ大塚山古墳は、墳丘規模にふさわしい埋葬主体部をともなっていないのだろうか。後円部中心部には、深く掘られたすり鉢状の空間があるだけである。直径五メートルほどの円形で、底は人体埋葬のあった一号槨の床面より一メートル以上も深く掘り込まれていて、斜面には拳大の川原石の栗石が一面に貼り付けられていた。

この遺構を掘り出し、清掃して、明日実測図をとると予定していたら、土取り業者が朝一番に来て、礫石をみんな外し取って墳丘の崖下に止めてある荷馬車の荷台に積んでしまっていた。オッサン曰く「これくらいのグリ石はコンクリートを打つ基礎に敷いたらもってこいや。高こう売れるんやで。馬力いっぱいで五〇〇円にはなる」と、石を剝がされて呆然としている森さんはじめ高校生たちの気持ちものかは、一儲けできるので機嫌よく馬力を牽いていった。土取り工事の間隙を縫って、業者の好意にすがってやる調査なので文句も言えず、大塚山古墳の主体部をめぐる重要な考古学的資料が十分な記録保存もできずに失われてしまった。

このすり鉢状の遺構は、盗掘によってできたものではなく、内部から攪乱された地層や遺物、石棺の破片などはいっさいなかった。現場では中心主体部になるべき遺構の排水用の施設ではないかとも話していたが、三号槨を切って掘っているというナゾは解けていない。中心主体部の埋葬儀礼とその周辺の副葬または陪葬に関連する古墳喪葬の実態を検証する資料であったが、工事にせき立てられる不十分な調査に終わってしまったことが残念でならない。

大塚山古墳の遺物は、大阪市立美術館に運んだ。四号槨の鉄刀群は現場では解体せず、塊のまま四人の高校生が木の丸太を運ぶように担いで墳丘の下まで下ろし、阪和線の電車に乗せて天王寺まで運んだ。

森さんは、一号槨の埋葬主体以外に中心的埋葬主体があったか否かについては明確な見解を示していないので、以下、調査に参加してその当時を知る者として独自に所見を補足して、大塚山古墳の被葬者について考えておこう。

鉤状武器と茅渟の海士族

後円部四カ所、前方部四カ所の遺構からは、甲冑六組、刀剣百数十本、鉾に槍先と見られる「短剣状武器」約九〇本、鉤状武器一、小札一一四枚、鏃（各タイプ）数百本、その中には朝鮮半島の捩《ねじ》りのある鏃四一本、蒙古鉢形受鉢一、手斧三一本などが出土している。この中で鉤状武器や捩りのある鏃、蒙古鉢と推定させる受鉢、小札などは朝鮮半島の甲冑や鏃との関連が考えられる。

ただし、現在資料として残っていない小札一一四枚が、挂甲の小札なのか、前期古墳時代にも存在した小札を綴じ合わせた冑なのか不明である。挂甲用の小札であれば、乗馬の風習がまだ確定していないこの時期の倭で、騎馬用の挂甲が大塚山古墳に埋納されていたことになり、朝鮮半島での「分捕り品」ではないかとみられ、鉤状武器とともに朝鮮半島での戦闘の実態と、倭がどのように戦ったかを知る資

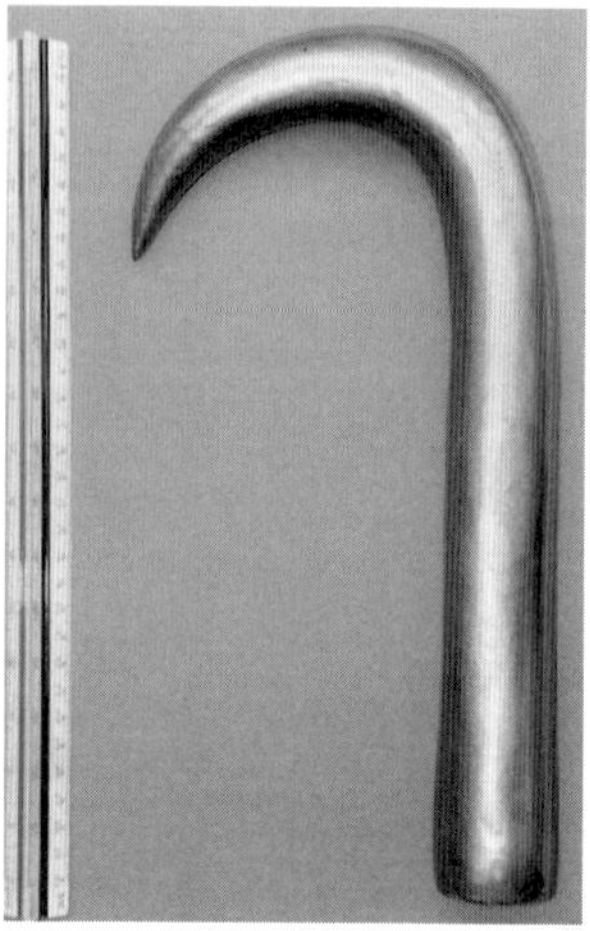

大塚山古墳4号槨出土の
鉤状武器の復元模型
(2015年3月、著者作成)

料となるだけに惜しまれる。また、三一本の手斧は、日本全国で一三の古墳から出土した手斧数五〇本の六割を占め、[5] 準構造船の造船用の丸木を刳り抜く木工具である可能性を示し、大塚山古墳の被葬者の役割や性格を具体的に考える手がかりとなる。

　鉤状武器とよんだ特異な武器は、現状では鉄銹が進行して原形をとどめないほど崩壊している。発掘当時の写真も残されていない。発掘当時に手に持った感触を記憶している私は、二〇一五年春に歯科用硬石膏を使った実大の模式的復元模型を作成した。[6]

　復元した鉤状武器は全長三二センチ、曲げた鉤と袋部を含めた幅一六センチ、袋部の最大外形四・五センチの大きさとなる。この大きさを鉄に換算すると約一七二九グラムになる。なお、堺市博物館に残されている遺物には太い目釘が残っているが、袋部が錆で壊れ、正確な位置が確定できないので省略した。

　四号槨では、柄をつけず単独で収められていたが、これに長柄を装着すれば頑丈な鉤状武器となる。国内で発掘調査によって出土した遺物は膨大な量にのぼり、武器だけでもかなりの点数を数えるが、大塚山古墳の鉤状武器に類似したものはいまだに見当たらない。

　この鉤状武器は、堺市博物館にX線撮影されたフィルムが残っていて、鉤状部分を鍛造で造り、別に造った袋部分と鍛接して接合したとみられるが、当時の倭にこれだけものを一体で造りうる鍛造技術があったかどうかは、今後の検討課題である。それと、この時代の倭国内での戦いに、こうした武器が必要であったとは考えにくい。

発掘当時から私は、現地でこの鉤状武器を手にしながら、①船戦さの時に舷側の水主や兵士を鉤で引っ掛け引き落とす武器、②騎馬兵に対して歩兵が鉤で引っ掛け引き落とす武器、という二つの使用方法を考えていた。しかし、長柄に装着した重量感からは、波に揺れる足下の不安定な船上で使いこなせないのではないかと思い、②の対騎馬兵用武器に特化したものではないかと考えた。韓国の山城遺跡からよく似た武器が出土しているが、鉤部が細手であることや時期が七世紀前後で、五世紀前半代とみられる大塚山古墳のものより新しいことなど、まったく同一性格の武器と考えることはできないようである。

私は、こうした状況証拠から、発掘出土品から馬具がまったく見当たらない大塚山古墳に鉤状武器が埋納されていたのは、この時期、まだ乗馬の風習が定着する以前の倭が、それより先に馬に騎乗した騎馬兵と戦う武器を手に入れたのではないかと想定している。また、二号槨からは、四点の短甲と羽根飾りを装着した衝角付冑のほかに、逆U字状の鉄製の枠をはめた長さ約一・八メートルの盾が出土している。この大盾は、頑丈なつくりから見て、儀仗用の盾ではなく、実戦用の盾と考えられる。とすれば、騎馬文化に習熟していない倭の徒立ちの兵士が、大盾で馬上からの剣や斧の斬撃を防ぎ、鉤状武器で騎馬兵を引っ掛け引きずり下ろす戦いをしていたと推測できる。それは倭国内での戦闘ではなく、あくまでも朝鮮半島での戦闘ということになる。

もう一点、大塚山古墳から出土した遺物で注目されるのが手斧である。鉄製柄付手斧とよばれ、斧部分と柄の部分が鉄製の一体造りになっていて、斧部分は柄と直角になっている。長さが三〇センチ前後、

「へ」の字形に曲がった鉄製の柄がつき、曲がった柄の先に幅五センチ前後、長さ一二センチ前後の薄い斧部分が刃を柄に直角にして造りづけにしている。この手斧が後円部の四つの粘土槨から三〇本、前方部の一施設から一本と全体で三一本出土している。前述したように、二〇〇八年現在で日本の古墳から出土したのは一三基の古墳から五〇本なので、大塚古墳だけで全体の六割になる。

この手斧の用途は、片手で木材をはつって削り、刳り抜いていくのに最適の構造をした木工具である。後世に使われる両手で使うチョンナ（漢字で釿、手斧とも表記する）よりは小型である。私は、この大量に出土した手斧は、造船用に特化した木工具ではないかと考えている。大木を伐り倒し、縦半分に切り割り、それをこの手斧ではつって刳り抜いて丸木舟状に形成し、船首、船尾と側板を取りつけて準構造船を造船する集団を、大塚山古墳の被葬者は統括・管掌していた族長ではなかったかと考えている。

その場所と集団は、大塚山古墳の築造されている百舌鳥野台地の西の下方に広がる、茅渟ノ海沿岸を本拠とする海士族であろう。この造船とともに、茅渟の海士族集団を軍事的な性格をもたせて組織する、つまり武器をあたえ武装させることで水軍的集団として編成し統括する職能も、ヤマト王権から負託されていたのではないだろうか。

四世紀末に茅渟ノ海に近い低位段丘に築造された乳ノ岡古墳に引きつづいて百舌鳥野台地にはじめて築造された大塚山古墳は、倭王の覇権が瀬戸内から西海に向け遂行される尖兵として、大塚山古墳の被葬者に地域首長に匹敵する前方後円墳の造営を許すとともに、造船・水軍の編成、西海から先の朝鮮半島への進攻という責務も負わせたことを示しているのである。

大塚山古墳の被葬者は、茅渟ノ海沿岸の海士族を造船にかり出し船団をつくるとともに、武器をあたえて水軍として武装させ、朝鮮半島に進攻する倭兵軍団を編成し、倭王の覇権を代行する負託をうけて朝鮮半島に出向したが、朝鮮半島での高句麗の騎馬兵との戦闘か対馬海峡で海難のためかで行方不明になり、大塚山古墳に埋葬される機会を失った「将軍」ではなかったかと推測する。そのため、大塚山古墳は中心埋葬主体に葬られるべき被葬者を欠く空墓に終わり、生還した配下が朝鮮半島で騎馬兵と戦った証しとして鉤状武器を持ち帰り、空墓ながら亡き首長の名誉のために他の武器類と共に埋納したのではないか。

破壊された大塚山古墳
上は石津ヶ丘古墳（1955年10月、朝日新聞大阪本社撮影）

これは破壊され消滅してしまった大塚山古墳への鎮魂もかねた私の史的幻想である。

このように大塚山古墳は、百舌鳥古墳群成立の露払い的な存在だけではなく、ヤマト王権が百舌鳥に巨大古墳を造営し朝鮮半島とどのようにかかわりあってきたかを如実に示す資料を秘めた古墳であった。そうした重要な古墳なのに、十分な調査もできずに破壊されてしまったことは、倭と朝鮮半島の歴史を検証していくうえからも大きな損失になったと悔やまれる。

百舌鳥古墳群ではこの前後にも、城ノ山古墳、原山古墳、鳶塚《とびづか》古墳、尼塚古墳、コウジ山古墳、平塚（平井塚）古墳が土砂採取で破壊された。

4　イタスケ古墳を護れ！

イタスケ古墳が潰される

一九五〇年代、末永雅雄先生をはじめ先生の薫陶をうけた若い研究者たちが、週末になると大阪市立美術館から提供されていた一室に集まり、そこに運び込まれていた和泉黄金塚古墳や黒姫山古墳、大塚山古墳などの遺物を整理したり、情報交換をしていた。そこでは現在、東京国立博物館に所蔵されている和泉黄金塚古墳の重要文化財の画文帯神獣鏡、いわゆる景初三年銘の鏡も保管されていて、寒天で型をとって石膏模型を作ったりしていた。

私の手帳のメモによると、一九五五年九月一七日、森さんをはじめ百舌鳥古墳群をフィールドワークにする若手研究者が五、六名集まっていた。そこに森さんから「今度イタスケ古墳が潰されるらしいで」という話が出されてきた。その頃、森さんは同志社大学を卒業して、大阪府立泉大津高校の教諭になっていた。その同僚の一人がイタスケ古墳(7)の近くに住んでいて、イタスケ古墳の濠に橋を架ける工事をはじめているのを目撃して、森さんに情報提供したものであった。

集まっていた若い研究者のあいだに憤激と戦慄に似たどよめきが走った。大塚山古墳の破壊からしばらくは大きな古墳の破壊はなかったが、「またもやるのか！」という許しがたい気持ちが湧き上がってきた。「イタスケが潰されたら、あとまともな前方後円墳は陵墓しか残らへん。今度はなんとかせなあかん！」

土取り作業用の橋（手前）を建設中のイタスケ古墳
（1955年10月、朝日新聞大阪本社撮影）

その場に居合わせた若い研究者たちは、それまでにさんざん百舌鳥で破壊された古墳の惨状を見てきたので、乾いた枯れ草に火がついたように燃え上がった。しかし、憤激したものの若い彼らには、具体的にどうしたらイタスケ古墳を破壊から守れるのか、皆目見当もつかなかった。

今では「文化財」という言葉も日本の風土に根づいて抵抗なく使えるが、その頃はユネスコから入ってきた用語で、ちょうど明治開明期に外国語を日本語に翻訳して使った時のように、ぎごちないよそよそしい言葉に感じられた。今ならさしずめ「イタスケ古墳保存運動」とか、「〇〇文化財保存運動」という簡潔な整理された用語になるが、運動をはじめた頃は、そうした用語さえも未成熟で、「イタスケ古墳を護れ！」というメーデーのスローガンのような言葉が合言葉になった。具体的な運動方針とか運動組織をどうつくるとかなどは、まったく経験のないことだったので、「それぞれが最善と思われる方法と考え方でイタスケ古墳を護る手立てを取ろう」という大ざっぱな申し合わせをしただけで保存運動は動き出した。(8)

手さぐりの保存運動

文化財という概念がまだ十分定着していなかった当時、遺跡（古墳）を保存するということが今のように素直に理解される時代ではなかった。考古学者の中にも、発掘して立派な遺物が出土すれば残せばいいし、大した遺物がなかったり、すでに盗掘されているような古墳は潰されても仕方がないという、いわゆる遺物中心主義の考え方が強かった。

そうした風潮の中で、古墳の中身もわからない、実測図もなくて古墳の正確な形や大きさを示すデータもない、まったく何もわからない中での手さぐりの保存運動だった。〝イタスケを護れ！〟という熱情に駆り立てたのは、戦後見てきた七観、カトンボ山、大塚山などの古墳の無惨な破壊をどうすることもできなかった負い目と、それを止めようともしない公的な機関の無策への憤りもあった。それと、これ以上、古墳を潰させてなるものかという、弔い合戦のような気持ちだけが遮二無二突き進むエネルギーだった。

まったくなんの見通しもなくはじめた運動であったが、二万五〇〇〇分の一の地形図に戦後破壊された古墳を記入した資料を新聞記者や知り合いの考古学研究者に送り支援を要請したり、堺市議会の議員にも陳情して議会で取り上げるようお願いした。

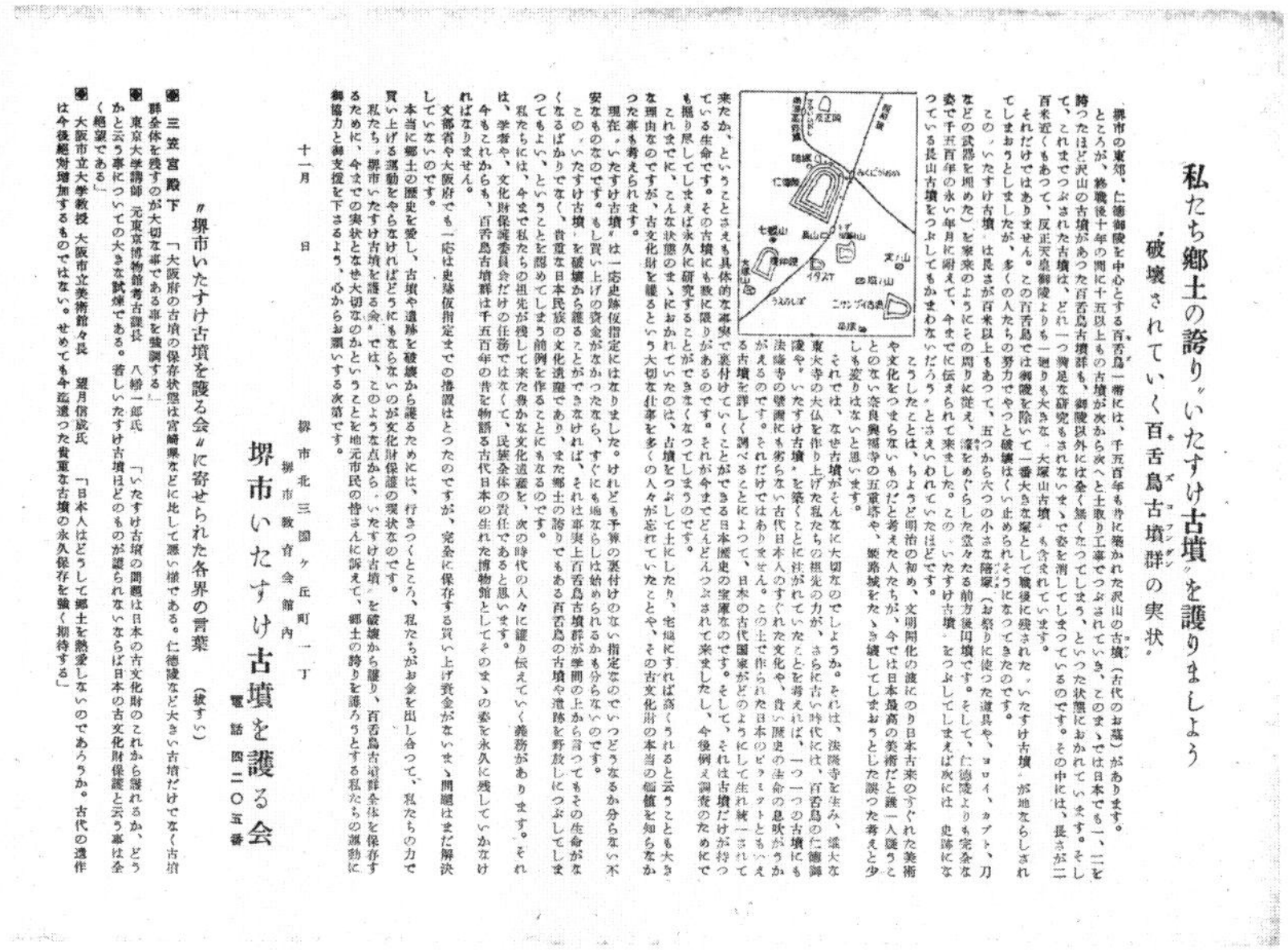
私たち郷土の誇り〃いたすけ古墳〃を護りましょう
〃破壊されていく百舌鳥《モズ》古墳《コフン》群の実状〃

堺市の東郊、仁徳御陵を中心とする百舌鳥一帯には、千五百年も昔に築かれた沢山の古墳《コフン》（古代のお墓）があります。

ところが、終戦後十年の間に十五以上もの古墳が次から次へと土取り工事でつぶされていき、このまゝでは日本でも一、二を誇ったほど沢山の古墳があつた百舌鳥古墳群も、御陵以外には全く無くなつてしまう、といつた状態におかれています。そして、これまでつぶされた古墳は、どれ一つ満足な研究もされないまゝで姿を消してしまつているのです。その中には、長さが二百米近くもあつて、反正天皇御陵よりも一廻りも大きな〃大塚山古墳〃も含まれています。

それだけではありません。この百舌鳥では御陵を除いて一番大きな塚として戦後に残された〃いたすけ古墳〃が地ならしされてしまおうとしましたが、多くの人たちの努力でやつと破壊はくい止められそうになつてきたのです。

この〃いたすけ古墳〃は長さが百米以上もあつて、五つから六つの小さな陪塚（お祭りに使つた道具や、ヨロイ、カブト、刀などの武器を埋めた）を家来のようにその周りに従え、濠をめぐらした堂々たる前方後円墳です。そして、仁徳陵よりも完全な姿で千五百年の永い年月に耐えて、今までに伝えられて来ました。この〃いたすけ古墳〃をつぶしてしまえば次には史跡になつている長山古墳をつぶしてもかまわないだろう〃とさえいわれていたほどです。

こうしたことは、ちようど明治の初め、文明開化の波にのり日本古来のすぐれた美術や文化をつまらないものだと考えた人たちが、今では日本最高の美術だと誰一人疑うことのない奈良興福寺の五重塔や、姫路城をたゝき壊してしまおうとした誤つた考えと少しも変りはないと思います。

それでは、なぜ古墳がそんなに大切なのでしょうか。それは、法隆寺を生み、壮大な東大寺の大仏を作り上げた私たちの祖先の力が、さらに古い時代には、百舌鳥の仁徳御陵や〃いたすけ古墳〃を築くことに注がれていたことを考えれば、一つ一つの古墳にも法隆寺の壁画にも劣らない古代日本人のすぐれた文化や、貴い歴史の生命の息吹がうかがえるのです。それだけではありません。この土で作られた日本のピラミットともいえる古墳を詳しく調べることによつて、日本の古代国家がどのようにして生れ統一されて来たか、ということさえも具体的な事実で裏付けていくことができる日本歴史の宝庫なのです。そして、それは古墳だけが持つている生命です。その古墳にも数に限りがあるのです。それが今までどんどんつぶされて来ましたし、今後例え調査のためにでも掘り尽してしまえば永久に研究することができなくなつてしまうのです。

これまでに、こんな状態のまゝにおかれていたのは、古墳をつぶして土にしたり、宅地にすれば高くうれると云うことも大きな理由なのですが、古文化財を護るという大切な仕事を多くの人々が忘れていたことや、その古文化財の本当の価値を知らなかつた事も考えられます。

現在〃いたすけ古墳〃は一応史跡仮指定にはなりました。けれども予算の裏付けのない指定なのでいつどうなるか分らない不安なものなのです。もし買い上げの資金がなかつたなら、すぐにも地ならしは始められるかも分らないのです。

この〃いたすけ古墳〃を破壊から護ることができなければ、それは事実上百舌鳥古墳群が学問の上から言つてもその生命がなくなるばかりでなく、貴重な日本民族の文化遺産であり、また郷土の誇りでもある百舌鳥の古墳や遺跡を野放しにつぶしてしまつてもよい、ということを認めてしまう前例を作ることにもなるのです。

私たちには、今まで私たちの祖先が残して来た豊かな文化遺産を、次の時代の人々に護り伝えていく義務があります。それは、学者や、文化財保護委員会だけの任務ではなくて、民族全体の責任であると思います。

今もこれからも、百舌鳥古墳群は千五百年の昔を物語る古代日本の生れた博物館としてそのまゝの姿を永久に残していかなければなりません。

文部省や大阪府でも一応は史跡仮指定までの措置はとつたのですが、完全に保存する買い上げ資金がないまゝ問題はまだ解決していないのです。

本当に郷土の歴史を愛し、古墳や遺跡を破壊から護るためには、行きつくところ、私たちがお金を出し合つて、私たちの力で買い上げる運動をやらなければどうにもならないのが文化財保護の現状なのです。

私たち〃堺市いたすけ古墳を護る会〃では、このような点から〃いたすけ古墳〃を破壊から護り、百舌鳥古墳群全体を保存するために、今までの実状となぜ大切なのかということを地元市民の皆さんに訴えて、郷土の誇りを護ろうとする私たちの運動に御協力と御支援を下さるよう、心からお願いする次第です。

十一月　日

堺市北三国ヶ丘町一丁
堺市教育会館内
堺市いたすけ古墳を護る会
電話 四二〇五番

〃堺市いたすけ古墳を護る会〃に寄せられた各界の言葉　（抜すい）

◉三笠宮殿下　「大阪府の古墳の保存状態は宮崎県などに比して悪い様である。仁徳陵など大きい古墳だけでなく古墳群全体を残すのが大切な事である事を強調する」

◉東京大学講師 元東京博物館考古課長 八幡一郎氏　「いたすけ古墳の問題は日本の古文化財のこれから護れるか、どうかと云う事についての大きな試煉である。若しいたすけ古墳ほどのものが護られないならば日本の古文化財保護と云う事は全く絶望である」

◉大阪市立大学教授 大阪市立美術館々長 望月信成氏　「日本人はどうして郷土を熱愛しないのであろうか。古代の遺作は今後絶対増加するものではない。せめても今迄遺つた貴重な古墳の永久保存を強く期待する」

保存運動のチラシ
堺市いたすけ古墳を護る会、1955年11月

そうした中、率先して衝に当たるべき〝有識者〟の中に、地域では王の古墳にも匹敵するイタスケ古墳が破壊されるかもしれないにもかかわらず、文化財としてのまっとうな評価もしようとしないで、どんな発言をしていたのか、それを直接聞いた私には書きとめておく責務があると思う。

京都大学考古学教室の梅原末治教授は、一九四七年春の考古学教室陳列館で、七観古墳発掘のきっかけをつくり、調査を裏方で支えた私に「中学生にしてはよくやるな」とお褒めの言葉をかけてくださった方で、私にとって忘れがたい方だった。イタスケ古墳が問題になった一九五五年一一月はじめ、橿原市橿原公苑で日本考古学協会の秋季総会が開かれていた。私は当時、大阪歯科大学の学生であった

著者が作成し新聞記者などに配布した、戦後破壊された古墳地図
番号を記入してあるのが破壊されたか破壊の危機にある古墳

が、会場の入り口でイタスケ古墳保存のための署名を集めていた。そこへ会場から梅原先生が出てきた。

私が「先生、署名をお願いします」と署名簿を梅原先生に差し出すと、先生はとんでもないという風に両手を前に差し出して押しとどめるように拒否され、「君ィ、前方後円墳の一つや二つ潰れるくらいで、そんな大騒ぎすることないよ」と言われた。私は七観古墳のことがあったので、梅原先生とは面識があるつもりだった。ただし、あれから八年もたつし、中学生だった私も青年になっているので、先生は見忘れていたかもしれない。梅原先生は、国の文化財審議委員をしている立場でもあるので、せめて「立場上、署名はできないが頑張りたまえ」ぐらい言ってくれるかと思ったのが甘かった。砂を噛むような索漠たる想いとともに、「梅原先生には遺物学はあるが、遺跡学はないなぁ」と思った。

もう一人は、堺市文化財保護委員長をしていた岡村平兵衛さんである。イタスケ古墳に架けられた橋がだいぶ出来上がって、その上を渡って間近に古墳を見た時のことである。岡村さんは、目の前にイタスケ古墳を見ながら「百舌鳥には『仁徳陵』や『履中陵』みたいに大きな古墳がぎょうさんおまっせ。それにくらべたら、イタスケ古墳みたいなモンは、相撲取りとヤヤコみたいなもんや。潰れてしもても大したことおまへんで」と大きな声で言う。またか、と私は思った。その古墳にとって生死の分かれ目にある時に、それに一番かかわらなければならない立場にある人が、「前方後円墳の一つや二つ」と言ったり、「潰れてしもても大したことおまへんで」と平気で言うのには、驚くというよりも呆れてしまった。

保存運動の理念は

さて、ひと月もすると、新聞社に資料を送った効果が出はじめてきた。いち早く報道したのは、当時の大阪の夕刊紙『国際新聞』が一〇月二八日付で「くずれ去る千五百年の遺産」という見出しをつけて、一一月一日からはじまる文化財保護週間に向け「百舌鳥古墳群に無情のシャベル」として最初の記事を報じた。

翌二九日には『朝日新聞』泉州版に「つぶされる重要な古墳群　売られて壁土採取場　手も足も出ぬ「保護委」」との記事が出た。さらに一〇月三一日の『朝日新聞』全国版が「荒れ放題……堺の古墳群

三学会保護に立つ　まずイタスケ古墳を史跡に」でイタスケ古墳の航空写真を載せて報道した。まだテレビがなかった当時、紙面を飾るイタスケ古墳の航空写真は、視覚的にも大きなインパクトをあたえた。
以後、各紙が競うように「古墳を護ろう　イタスケ古墳の焦点」（朝日）、「百舌鳥古墳群を護れ　その意義と保存運動の現状」（読売）、「売られたイタスケ古墳　くずされて住宅地化の怖れ」（東京毎日夕刊）と、堰を切ったようにプレスキャンペーンをおこなった。

この問題が起こった時、大きな力になったのが青年考古学協議会（青考協）で、イタスケ古墳の問題が起こる前年の一九五四年に、大学、研究機関、地方で孤立しがちな若い考古学学徒が、たがいに手を取り合って考古学研究を進められるようにと結成した全国組織である。この青考協が橿原公苑で開かれた日本考古学協会秋季総会を機会に、全国的にイタスケ古墳の保存問題を取り上げ支援する力になった。同じ頃、青年法律家協会が結成されていて、一つの時代的思潮が共有されていたことがわかる。

このイタスケ古墳保存運動の中で得がたい友人を得ることができたのも、〝イタスケ〟の引き合わせかなと思うことがある。高校時代の友人の紹介で、大阪市立大学に赴任していた見田石介先生にお会いすることができ、イタスケ古墳のことを話した。

すると見田先生が「僕の甥が東大の考古学にいるから紹介しましょう。東京でも力になってくれると思いますよ」と東京大学大学院生の甘粕健さんを教えてくれた。さっそく資料や地元の情報を甘粕さんに送って、独自の人間関係と情報網を構築していった。

先にもふれた橿原公苑の日本考古学協会の秋季総会に出席する甘粕さんと、その前に京都で会うことになり、一〇月二八日の午後四時二一分京都駅着のツバメに乗るという連絡をうけた。お互いに面識がないので、甘粕さんはその頃出たばかりの河出書房の『日本考古学講座』の本を手に持っているので、それを目印にして会うことになった。

しかし私は、九月から大阪天満橋にある歯科大学の付属病院で臨床実習がはじまっていて、そのための用意などに費用がかかり、『日本考古学講座』を買うところまで手がまわらなかった。「行ったら何とかなるワイ」と見たこともない本を目印に京都駅まで行った。当時は東海道線もまだ蒸気機関車で、京都で下車した乗客が次第にまばらになっていく中に、考古学らしい土器の絵を装丁した本を抱えたやせ形の育ちのよさそうな青年がたたずんでいた。甘粕さんとの出会いは、オーソンウェルズの『第三の男』のウイーン公園の一場面みたいなことではじまり、文化財保存運動をともに歩いて行く生涯の友人を得た。

森浩一さんや関西で文化財保存運動を指導してきた藤沢長治さんが所属する大阪府高等学校教職員組合が、イタスケ古墳を買い戻すための資金カンパを決議し、大阪府教職員組合も一〇円カンパをはじめるなど、破壊に直面した遺跡を市民が買い戻そうとするナショナルトラスト的な運動が生まれてきたことも注目された。

ただし、地元堺からはじまった「イタスケ古墳を護れ！」という戦後最初の文化財保存運動が、必ずしも保存の理念で一枚岩にまとまっていたとは言いがたい弱さももっていた。運動のさなか、私は立命館大学で日本史を専攻するある学生から詰問されたことがある。「宮川さん、イタスケ古墳の今度の運動について、京都では発掘の主導権争いのためにやっているだけで、純粋に保存のための運動かどうか疑わしい、と見てる人もいるのですが、本当はどうなんですか？」と。これには直ちに否定して、地元では発掘のことはいっさい考えていない、ただ残すことに全力を挙げて取り組んでいると答えたが、京都でイタスケ古墳の発掘の話が出ていることに驚いた。

一一月一二日に甘粕さんから速達が届いた。甘粕さんからの情報では、文化財保護委員会の斎藤忠委員と梅原会談で、いざというとき末永派を除いて、梅原・小林行雄で発掘する計画ができたのではないか、という観測が東京で出ていることを伝えてきた。

この情報を森さんに、そのまま伝えることにはためらいがあったが、その日、堺東駅近くのコモナという喫茶店で森グループがイタスケ古墳の運動の進め方や情報交換する会合をもつことになっていたので、東京からの最新情報として報告した。

この話を聞いた森さんは、案の定「梅原に掘られるくらいなら、俺たちで掘ろう！」と激昂して、険悪な空気になった。私は、予期していたこととはいえ、この情報を出したことを悔やみながら、「今、われわれのほうから発掘を絶対言い出すべきでない」と京都での噂や東京との信頼関係などをあげて必死に発掘に反対し、保存に徹するべきだと、グループの離脱も覚悟して森さんに食い下がった。最後には、森さんも「発掘のことは、これ以上言わん」と撤回してくれたので、地元の保存運動グループの分裂は避けられた。

森さんには、敗戦直後から遺跡の破壊に直面しつづけ、破壊に瀕する遺跡の緊急調査に明け暮れて、破壊される遺跡があれば最後は研究者が調査して記録に残さざるをえない、それが研究者の使命だという強い想いがあった。「発掘するなら誰にも渡せない。俺が資料化するんだ」というのが保存運動の理念になっていた。

一方で、この時の甘粕さんの手紙には、保存運動のもう一つの理念が書かれていた。それは「国民の心の内にある自分たちの歴史に対する情熱を呼び醒まし、これを完全に保存する正しい要求」を理念とすることが保存運動の方向性だということである。私もこれに共鳴するところがあるから、兄事してきた森さんに一歩も引かずに対峙することができたのである。この理念はその後、文化財保存全国協議会（文全協）の保存運動理念ともなっている。

イタスケ古墳の保存運動は、一つの前方後円墳の保存をめぐる運動であったが、文化財保存とはどのような理念をもって取り組むべきかという闘いでもあったことに歴史的な意義を見ることができる。

イタスケ古墳が国史跡に

喫茶店コモナで発掘をめぐって激論していた同じ日、大阪府教育委員会は、文部省文化財保護委員会とイタスケ古墳の史跡仮指定のうち合わせをし、一三日に仮指定を決定した。一四日付各紙夕刊は「イタスケ古墳史跡仮指定が決まる」と報じているので、保存運動が途中で破綻する危機がまさに間一髪のところで回避できた。

ところで、この時の保存運動にはさまざまな人がかかわっていた。見田石介先生の友人で、当時、東京女子大学の講師をしていた和島誠一さんが精力的に堺を訪れ、見田家を宿所として運動の指導や助言をした。当時四六歳だったが、進歩的な研究姿勢と人柄で若い研究者にも強い人望があった。

ある日の見田家の会合で、和島さんは「三笠宮が現地に来られたら、保存運動に効果があるでしょうか」と切り出した。和島さんは、東京女子大学の講師仲間で友人でもある三笠宮がイタスケ古墳の視察

イタスケ古墳の墳丘に向かう左から三笠宮、梅原、和島
（1955年11月16日、朝日新聞大阪本社撮影）

に訪れたら、少しでも保存運動が進展するのではないかと考えての提案であった。

私は、三笠宮が戦時中参謀将校として軍役につき、敗戦後歴史を学ぶ必要性を悟り東大で学生として歴史を学んだことや、紀元節に反対していることも知っていた。昭和天皇四兄弟の中ではもっとも開明的な方だと思っていた。和島さんのこの提案に私は、思わず「イタスケ古墳が残るのであれば、悪魔の手でも借りたい！」と言ってしまった。二〇一六年秋、三笠宮が亡くなった時、ある新聞社から取材をうけてこの話をしたら、「「悪魔の手まで」というのはそのまま載せられない」と削られたが、当時は本当に悪魔の手でもという切羽詰まった気持ちだったので、ここでは私の責任として吐露しておきたい。

三笠宮は、一一月一五日、九州で開催された全国レクリエーション大会に妃殿下と出席し、宮崎県の西都原古墳群を見た帰途、寝台列車で大阪に着いた。妃殿下は、そのまま帰京したので、翌一六日、三笠宮だけが降りしきる雨の中を大塚山古墳の残骸の跡をめぐりイタスケ古墳を視察した。その夜は、朝日新聞大阪本社で開かれた「いたすけ古墳を護る講演と映画の会」で、日本オリエント学会会長として講演し、保存に向けて大きく後押しする役割を果たした。「悪魔」どころか「天使」さながらの働きをされたのである。

この現地視察と朝日新聞社での講演会までのあいだには、堺市役所で三笠宮隣席の「古墳を護る懇談会」として、堺市内の町内会長らを集めてのお目見え会に出席し、講演会の後も倉敷レーヨンの大原総一郎、地主の柴田辰之進らと「現代に生きる古文化財」の座談会に出席して、夜行列車で帰京している。かなりのハードスケジュールであるが、三笠宮はこの時四〇歳、まだまだ若かった。

この現地視察やお目見え会には、保存署名を拒否した梅原末治博士がずっと同行し案内役をつとめている。降りしきる雨の中でイタスケ古墳の現場に立ち、「一つや二つ」にすぎない古墳の何を宮様に説明したのだろうか。

保存運動は成就したのか

一二月、河盛安之介堺市長は、宅地造成と架橋工事を委託された大丸土地建物会社と交渉し、六〇〇万円という提示を四〇〇万円に値切り墳丘と橋を買収することで、赤字財政の中ではあるが立替え払いすることで仮契約し、国および府の補助金による買収を待つことになった。九月の市議会では、反市長派の議員から寝耳に水のイタスケ古墳の質問と百舌鳥古墳群破壊の指摘をうけた市長であったが、三笠宮が直接イタスケ古墳の現場を視察するという予期せぬ出来事に、自他ともに認める保守の権化の市長にとっては、イタスケ古墳をこのまま見殺しにしてしまうことは到底できなかったと思われる。

イタスケ古墳を買い戻すためにはじめられたカンパは、一九五六年二月当時の新聞報道によって金額に多少の差があるが、約五〇万円から六〇万円あまりと報道されていて、ごく短時日のうちに買収金額の一割を超す金額が集められた。しかし、このカンパは、買収費用に加えられることもないまま堺市庶務課の金庫に保管され、一九六二年、六三万五六三五円が口座から解約されて市の歳入に組み入れられている。

私が一九八九年に堺市に確認した段階では、イタスケ古墳で活用される使途が明確になれば、一般会計から同額を支出すると当時の担当課長から約束を取りつけてはいるが、せっかくのカンパが活用できないままになっている点でも、イタスケ古墳の運動は、まだ完全に終わってはいない。

また、堺市の文化財のシンボルマークになっているイタスケ古墳から出土した衝角付冑の埴輪は、保存運動が展開しているさなか、考古マニアの少年たちによって盗掘されたために、当時の文化財保護委員長が「事故者を出さない」という意向で秘匿され、市民に公開されたのは一〇年あまりたってからになるという蔭を落とす結果になったことも残念である。

翌年三月二七日、国の文化財保護委員会はイタスケ古墳の史跡指定を決定した。そして、五月一五日に正式に国史跡になった。

破壊に直面した一古墳が、九月一七日に古墳を護ろうと運動をはじめる申し合わせをしてから、一一月一四日に史跡仮指定が決まるまで二カ月足らずのあいだに、ここまで成功するとは誰も考えていなかった。しかし、「古墳を護れ！」というスローガンではじまった運動が、市民運動に発展して、濠をめぐらせた前方後円墳を国史跡にすることに成功したと爽やかに言えるほど、この時代は平和だったのだろうか。

一九五二年、朝鮮戦争はまだ終わらず、皇居前の「血のメーデー」事件や吹田事件があり、一九五三年の朝鮮戦争休戦とともに朝鮮特需が終わり、急速な不況と就職難が生まれた。一九五四年にはアメリカのビキニ環礁水爆実験で第五福竜丸被曝事件が起こり、一九五五年には立川基地拡張に反対する砂川闘争がはじまるなど、緊迫した世界情勢と先鋭化した政治対立が毎年つづいていたことを見落としては、その時代的背景が見えなくなってしまう。

甘粕健さんの手紙をもう一度見よう。文部省と文化財保護委員会は「月の輪（一九五三年に地元住民と研究者により学術的、教育的、地域運動として発掘がおこなわれた）の再現を恐れ、今度の運動が、民科（民主主義科学者協会）の一派が、計画的に森らを扇動し、あすこで月の輪式の発掘をやろうとしているのだ」（括弧内は著者記）という見方をしているという情報を書いてきている。

百舌鳥野で古墳の相次ぐ虐殺ともいうべき破壊を体験してきて、止むに止まれずはじめた保存運動を、東京の中央官庁では大げさな見方をしていたものだと笑ってしまうが、運動が長引いて政治性を帯びてくる前に史跡にする手を打って、早ばやと沈静化をはかったと見れば、運動がはじまって二カ月足らずの期間で史跡の仮指定までいったことに納得がいく。市民運動が火をつけたことになるが、本当に文化財の重要性を考えて文部省も対処したとみるのは理想主義的な見方だろう。一九五五年頃の社会は、こうした時代相をもっていたのだ。

イタスケ古墳の保存が決まった一九五五年一二月、ある新聞社社会部記者座談会の「大阪今年の十大ニュース」の中では、「狭い国土の中で保存をやかましく言うと、産業の発展の妨げになる」とか、「本当に貴重なものを選び出して保存する」といった文化財迷惑論や選別保存論が話されていて、この時期のマスコミもまだ文化財保存の基本的な理念に対する理解が十分でなかったことを露呈している。

イタスケ古墳の南側の濠には、今も崩れ落ちた橋がそのまま放置されている。この橋の廃墟は、かつてこの古墳を破壊しようとした愚挙にたいして市民たちが護ったシンボルとして、文全協が堺市に残すように要望したものである。

イタスケ古墳本体は保存されたが、墳丘の東北部にあった一辺二五メートル、高さ三メートルで、周囲に濠をめぐらせた方形墳の吾呂茂塚《ごろもづか》古墳は、イタスケ古墳の陪冢とみられるので、イタスケ古墳とともに史跡指定するよう要望していたにもかかわらず、都市計画道路にかかっていたために、一九六八年、調査もされずにブルドーザーで破壊されてしまった。また、イタスケ古墳の北側の濠に接して、播磨塚という地名があり、墳丘状の遺構はなかったが周辺の水田から一段高く

イタスケ古墳の壕に残る橋の残骸（2015年）

なった直径一〇〇メートルを超す半円形状の張り出しがあった。これを私は、イタスケ古墳を北側から祭祀するような「別区」的性格をもった遺構ではないかとみていたが、この部分も調査もされずに区画整理され、宅地化されてしまった。イタスケ古墳本体の晴れ晴れしい史跡指定の一方で、周辺部ではこうした残念な事態が起こっていたこともあわせて知ってほしい。

世界遺産にふさわしい活用を

みんなが納得するような保存の姿が示された時には、イタスケ古墳の橋の廃墟は撤去されて古墳は生

き返ることになるだろう。古墳を残してよかった、古墳の元の姿はこんなにスゴイものなのだというように、見る人の心を一六〇〇年前にタイムスリップさせることができるような整備と活用がなされたなら、百舌鳥古墳群が世界遺産にふさわしい価値のある文化財であることを世界の人たちに誇りをもって示すことができるだろう。

第4章　巨大古墳を造ったチエとワザ

1　前方後円墳設計のナゾを解き明かす

カギ穴形図形を「円」と「台形」に分解する

百舌鳥古墳群の中核をなす百舌鳥耳原古墳群の東南に、前方部を西に向けた二基の古墳がならんでいる。左下にあるのがイタスケ古墳で、右上にあるのが御廟山古墳である。

この二つの前方後円墳を見ると、後円部はよく似た大きさだが、カギ穴形に微妙な「形の違い」のあることに目が止まる。イタスケ古墳のほうはズングリした感じで、御廟山古墳のほうはスラリとした感じに見える。この二つの前方後円墳の外観がズングリとした、スラリとしたというような、見た目の違う印象の理由を突き止めれば、そこに前方後円墳設計のナゾが隠されていることがわかるはずである。

そこでもう一歩踏み込んで、前方後円墳のカギ穴形図形をよく観察すると、それは後円部の円部分と

イタスケ古墳（左）と御廟山古墳（右）

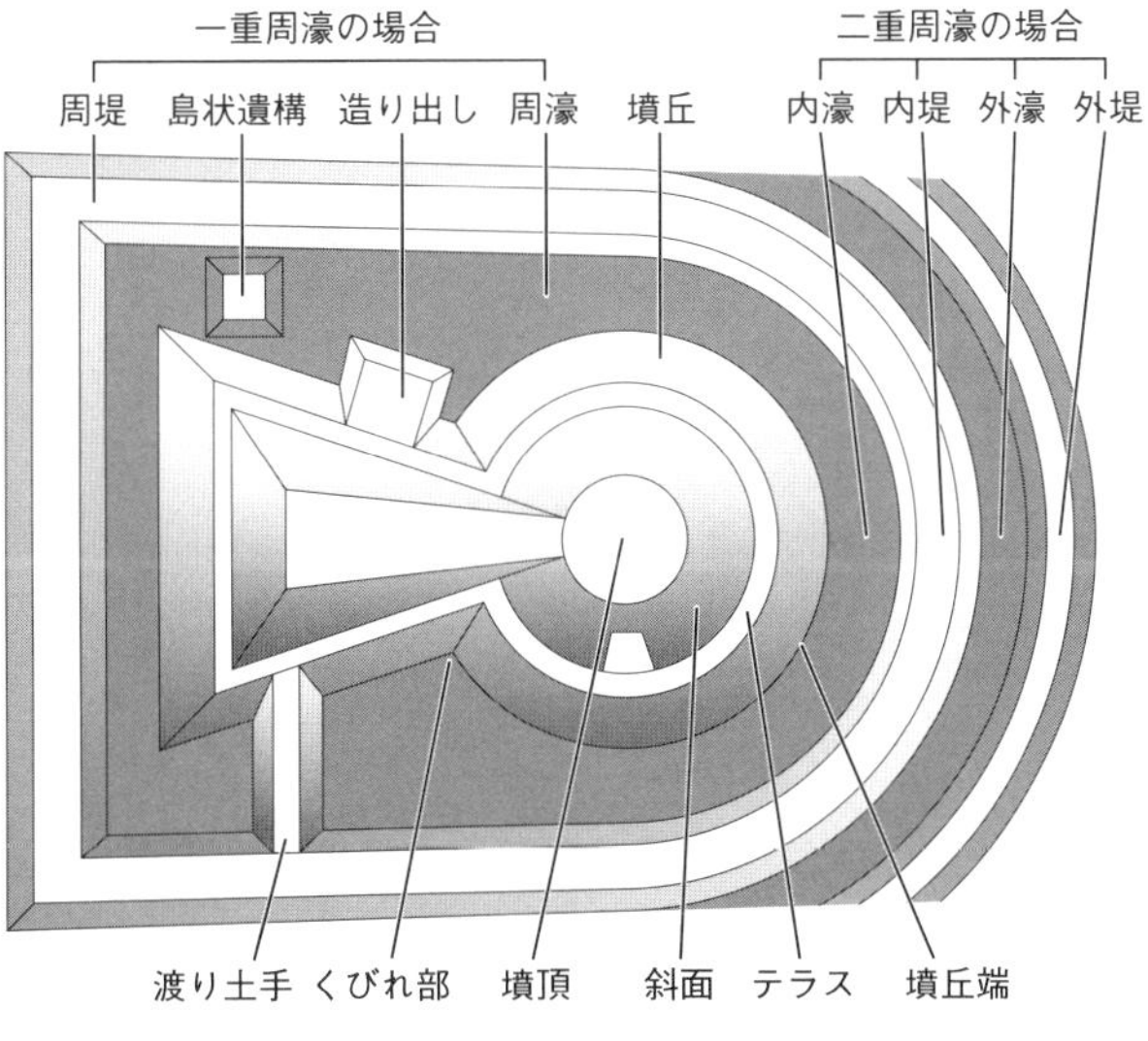

図 10　前方後円墳の各部の名称

前方部の台形部分とが組み合わさってできた複合図形であることがわかる。この複合図形を分解することができれば、どうしてカギ穴形に複合してこしらえたのか、その秘密がわかるはずだ(1)。

後円部直径を八等分したヒトマスの「区」が基本単位

後円部を「正円」と見なすと、円は一〇円玉でも、直径一〇〇メートルの円でも、完全な相似図形である。そこで、大小さまざまな前方後円墳の後円部を、任意の大きさの円の上に投影して重ね合わせてみると、前方部の先端(前端線)が長短さまざまな位置にくる。

これを整理していくと、前方後円墳は、前方部のきわめて短いものから後円部直径と同じ長さをもつものまで八つの類型があり、前方部の長さを決めているのは後円部直径を八等分した単位であることが見えてくる。これを「区」としよう。つまり、前方後円墳の形の違いは、後円部の円にたいして、「区」を単位に、前方部をどんな比率の長さにするかという設計の違いからきている。これによってさまざまな前方後円墳の系譜が決まってくる。

実際にさまざまな前方後円墳の後円部を重ね合わせるのに、机上で縮尺も大きさもさまざまな実測図を比較して検討するのは困難さがつきまとう。そこで、古墳の実測図をスライドフィルムにして、ズームレンズのあるスライドプロジェクターを使い、壁に貼った任意の「円」の上に投影するという方法をとると効率よく比較できる。

このように後円部は、前方後円墳設計の要として古墳全体を割りつける基準であり、前方部はあくまでも後円部に規制され、後円部に付随する部分であることがわかる。カギ穴形の前方後円図形は、幾何学的には、後円部は絶対条件、前方部は必要条件、後で述べる前方部幅は十分条件といえる。前方後円図形を描く各部分の重要度に差があることを理解しておくと、前方後円墳が築造時期によって形が変わっていく状況がよくわかる。

前方後円墳の設計の基本的原理を整理したのが「前方後円墳設計の方形区画図」（図11）である。これを使えば、どのような前方後円墳でも設計することができる。

前方後円墳の設計で後円部が基準になっているのは、後円部の「円」が日輪を象徴しているからだと考えられる。そのために後円部はかぎりなく「正円」に地割りされ、墳丘も立体的に築造される。そして、この円の直径を八等分して、八×八＝六四の方形区画が後円部を構成している。

この八という数詞は、倭人が、大きいとか多いということをあらわすほかに、親指を折って片手を前に出した指四本が「片」の数、両手をそろえて前に出した指八本が「全き数」と考えていたという指摘もある。[2]

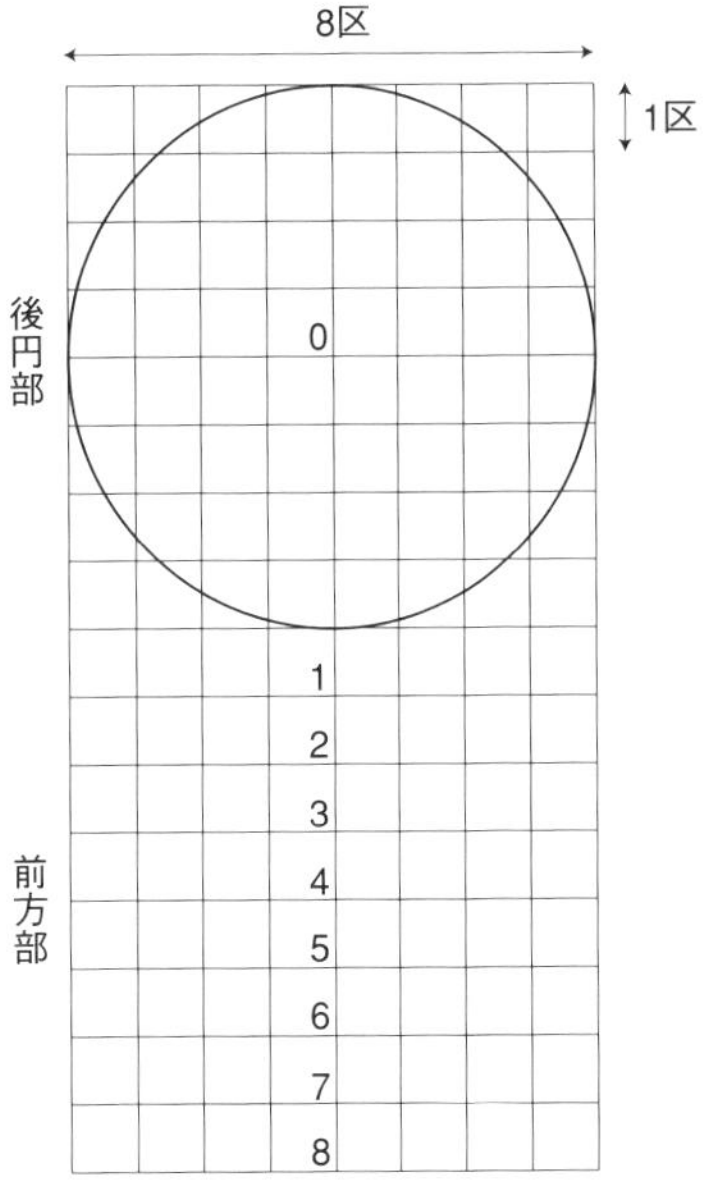

図11　前方後円墳設計の方形区画

それと後円部を八等分する思想的背景として参考になるのは、古代中国の舞楽の八《や》佾《つら》の舞がある。八人が八列の方形に六四人ならび、文舞《ぶんのまい》では右手にキジの尾羽を持ち、左手に三孔の竹の縦笛を持って舞う。武舞《ぶのまい》では右手に木製の斧、左手に木製の楯を持って舞う祖霊祭祀の舞楽で、八佾の舞は天子に限られた。諸侯は六佾（六人六列、三六人）、大夫は四佾（四人四列、一六人）、士は二佾（二人二列、四人）と定められていた。

倭の時代、仮に祖霊祭祀の方式として八佾の舞の影響をうけていたとして、中国のように身分による人数の規制はきびしくとられず、大王から地域首長まで八佾の舞に相当する八×八＝六四区画に分ける地割りを、おおらかに取り入れていたのかもしれない。つまり、古墳時代の倭では、中国のような厳密な制度的な身分秩序がまだ整っていなかったことを示している。

前方部の長さは「区」の比率で設計

さて、前方部は、「区」を単位にして、一区から八区の八タイプに分類できる（図12）。そのうちの五区から八区の比率の長さの前方部をもつのが大王墳の系列の設計で、これ以外の設計では大王墳は築造されない。

一方、後円部の半径である四区で設計された前方後円墳はズングリした墳丘になり、ヤマト王権に従属する立場を墳丘にあらわしたと考えられる。先のイタスケ古墳がこれに該当する。

さらに、一区から三区の短小な前方部を付随させたのは、形が帆立貝に似ていることから帆立貝形古墳とよばれているが、ヤマト王権の大王や王、地域の有力首長（地域の王）に従属する立場を墳丘にあらわしたと考えられる。

日輪を象徴した後円部にたいして、前方部は、本来は水田稲作農耕の水の祭祀にかかわる場所で、五区から八区の前方部をもつ王統の前方後円墳は、それぞれの王統の独自性をもった水の祭祀のために、

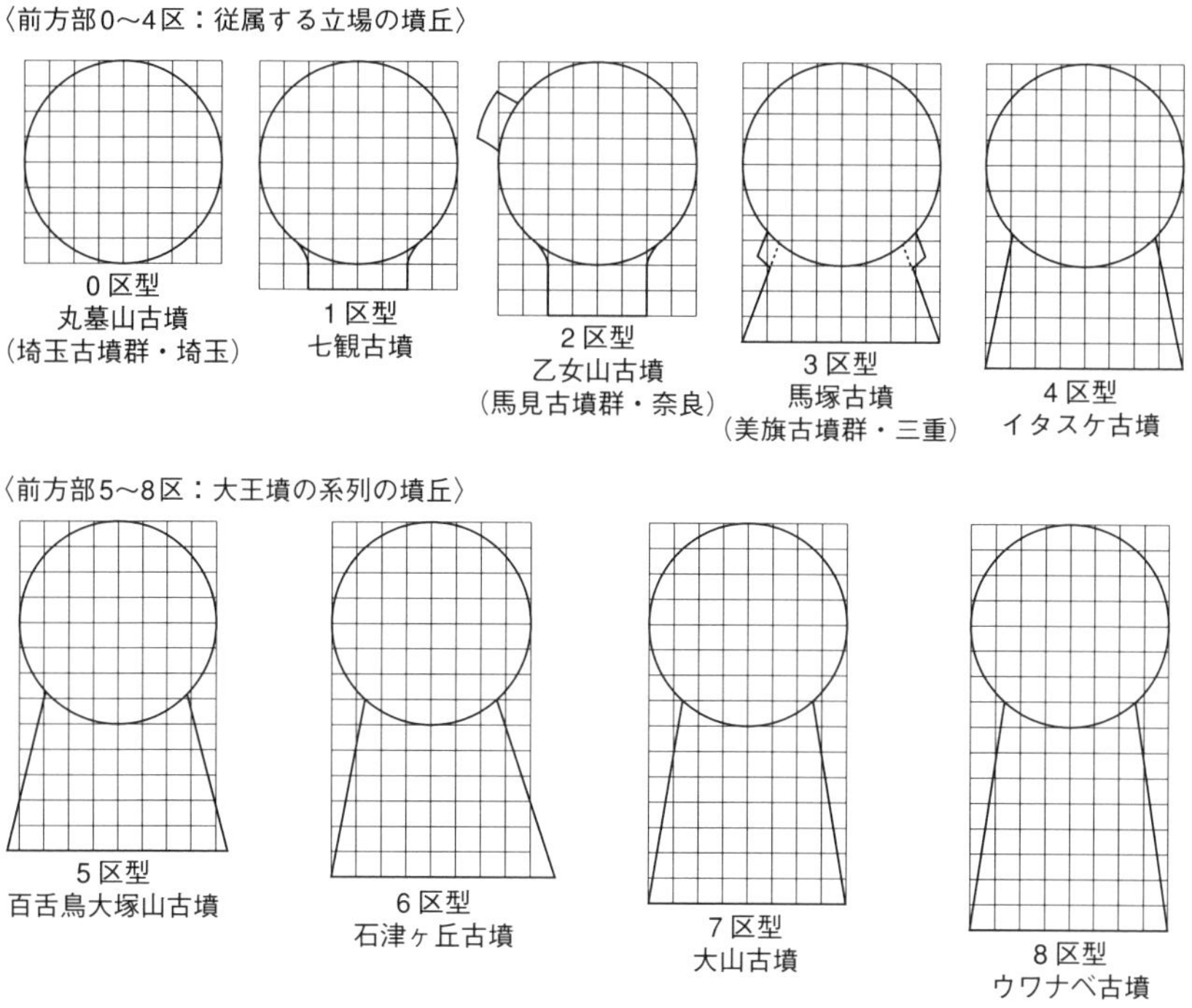

図12　前方後円墳の８つのタイプ

前方部の設計が分かれたとみられる。この前方部の設計の違いが王統系譜を示す「形」として固定され、古墳からさまざまな情報を引き出す手がかりがえられる。

前方部正面の幅も「区」で設計し意図的に非対称に造る

前方部正面の幅は、前方部正面の前端線を後円部中心点と前方部を結ぶ中軸線（中心線）と直交させ、その中軸線の左右に「区」を単位にして割り振ることで決まる。この時、注意しなければならないのは、ほとんどの前方後円墳は、この前端線を意図的に左右平均に地割りせず、どちらかに偏る非対称にしていることである。古墳は埋葬されるべき被葬者が生前時から造営をはじめる「寿陵」と考えられるところから、死や喪葬儀礼にかかわることには全き性を欠いて、不完全さをわざと残しておくという、倭人の精神世界が反映している、と私は考えている。

本来は左右対称に造るべく作業したが、作業上のさまざまな誤差の集積で左右非対称になったという前方後円墳左右対称論が根強くあるが、後で述べるように、いままで古墳地割り実験をおこなってきた経験から言うと、「区」による造成で驚くほど精度の高い地割りができる。倭人の古墳造りを誤差の累積で考えようとする技術論的な対応ですましてしまっていては、前方後円墳にこめた倭人の精神世界を見落としてしまうことになる。

それでも中には、一見しただけでは、墳丘が左右対称で、非対称部分などないような古墳もある。百舌鳥古墳群では、大山古墳や土師ニサンザイ古墳がそれにあたるが、大山古墳の場合は、二重濠の前方部側の外堤の幅が東と西で違うなどの墳丘外で非対称部分を象徴的にあらわしている。また土師ニサンザイ古墳の場合は、二〇一二年の堺市による墳丘基底部の調査では、前方部右側（北側）で一二六メートル、左側（南側）で一二二メートルの非対称になる可能性が出てきた。(3)

「墳丘長」とは

前方後円墳では「くびれ部」という墳丘部位の名称が出てくる。このくびれ部が後円部と前方部の境界になり、前方後円墳は後円部と前方部に分けることができると考えられてきたし、今も古墳研究者の大多数がそう考えているはずだ。本当にそう言って間違いないのか、というのが私の疑問である。

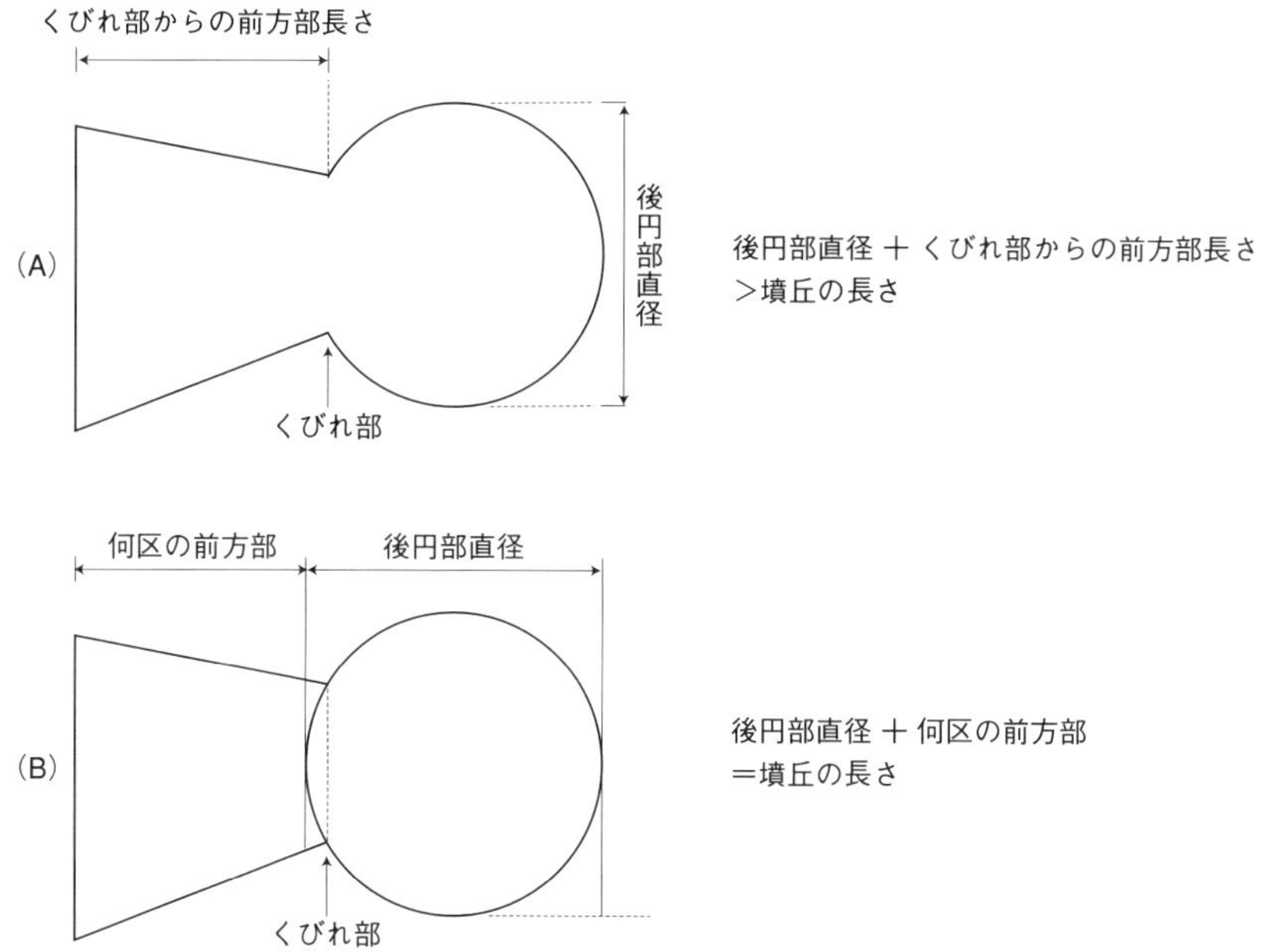

図13　前方後円墳の墳丘長の考え方

図13に前方後円墳の墳丘長の考え方を示した。前方後円墳は「後円部直径」＋「前方部長さ」＝「墳丘の長さ」になるはずであるが、この図を見ると、「後円部直径」＋「くびれ部からの前方部長さ」は「墳丘の長さ」より長くなってしまう。

これは、くびれ部というカギ穴形図形をつくる上では副次的に決まってくる線引きの位置を、後円部と前方部とを決定する基準かのように錯覚してしまってきた前方後円墳研究史上の大きな落とし穴の結果である。古墳地割りからすると、くびれ部は後円部に前方部をつないだ後、両側のつなぎ目を格好よく破綻なくつなぐ場所にすぎない。

前方後円墳の外形を正確に表記し、墳丘の大きさを客観的な数値であらわす場合には、後円部直径（八区、これは各タイプ共通）に何区の前方部（一区から八区）がついているかを表記して、墳丘長を示す必要がある。整理すると、八区の後円部に何区（X）の前方部が付随して、全体で八区＋X区＝墳丘の長さでできているのが前方後円墳である。

さらに、墳丘の高さも、原則的には墳丘築造の整地面より一区の高さ、周濠の幅、外堤なども「区」を単位に設計されている。

このように倭人は、前方後円墳を、後円部直径を基準として「区」単位に組み合わせて全体を構成する地割りの方法で古墳を造営した。この方形区画を使うやり方は、弥生時代以来、小区画の水田を連接して稲作農耕を発展させてきた農業土木の経験と、土地区画の地割り方式を古墳造営にまとめ上げたものと考えられる。

この方法は、「区」という方形のマス目を、比例図法的に大きくしたり小さくしたりすることで、全体をズームレンズで大きくしたり小さくするのと同じ原理である。「区」というマス目の大きさを加減することで、墳丘各部分の数値の換算や計算などしなくても、前方後円墳の設計を直接大地に地割りすることができる倭人のすぐれたチエを示しているのである。

「区」の大きさを決めるモノサシは？

ここまで、前方後円墳は後円部直径を八等分した方形区画のマス目＝「区」で設計されていることを明らかにした。では、「区」の大きさを決めるモノサシはどんなものを使ったのだろうか。

現在、多くの研究者が考えているモノサシ＝尺度は古代中国の尺度で、前方後円墳の墳丘長を整数で

小ヒロ(約150cm)　大ヒロ(約162cm)

図14　ヒロ（尋）の長さ

割り切れる尺度を求めようとしている。

日本の前方後円墳に中国の尺度が使われていると考えられる根拠の一つが「魏志倭人伝」である。「卑弥呼以て死す。大いに冢をつくる。径百余歩」とあるので、倭人は古墳造営に「歩」を使ったという先入観が生まれたのではないかと思う。もう一点は、すぐれた中国古代史の研究者である西嶋定生の、前方後円墳は中国皇帝が倭の有力首長たちを中国皇帝の冊封体制（中国皇帝が封爵を授ける）のもとに組み込み、身分に応じて大小の前方後円墳の築造を許したとする説が、古墳時代研究者に大きな影響を与えたことにある[4]。

これにたいして私は、両手を左右にひろげた時の両手先のあいだの距離を示す「ヒロ」（漢字で「尋」）を主張している（図14）。というのも、前方後円墳は、日輪を象徴した後円部に水の祭祀を象徴した前方部を付随させたカギ穴形の墳丘をしており、それは水田稲作農耕の祭祀を昇華させたものだからだ。

「歩制」で計量する方法は畑作地帯（麦作り）のモノサシであり、泥田の中で作業する水田稲作地帯は、歩幅よりも両手を広げた「ヒロ」が機能的であることが根拠である。生産基盤を背景にどのような尺度が生まれてきたのかを考慮すべきだろう。

ヒロは、モンゴル系の人種ではほぼ身長に相当するから、古墳から割り出されたヒロは、その古墳に埋葬された大王、王（地域首長）、族長のヒロであり、身長である可能性が高いと考えられる。そして、古墳時代の成人男性の推定平均身長は約一六二センチ、これを大ヒロとする。同女性のそれは約一五〇センチとされ、これを小ヒロとする。古墳の墳丘の設計から割り出されたヒロは、この大ヒロ、小ヒロの平均数値を、それぞれ数センチの幅で上下する長さで計測され、該当する古墳被葬者のヒロ、つまり身長を示すと考えられる。

古墳の実測図に方形区画図をあてて古墳本来の復元を検討してみると、四世紀代の古墳では大ヒロと小ヒロの割り出される比率にそれほどの差はないが、四世紀末から五世紀になると、巨大古墳には大ヒロが集中し、小ヒロは四世紀代ほどは見られなくなる。これは四世紀代では男性首長とともに、女性首長も一定の広がりで存在していたのが、巨大古墳が多く造営される時代になると、軍事的指揮が、女性首長のウケイ（起請・誓約、カミに吉凶を占うこと）から、男性首長の専管事項になり、外交も初期的な外交官僚が管掌するようになって、男性の主導が強くなっていく傾向と連動していくからと考えることができる。

ただし、ヒロも動かないものではなく、カリスマ的な大王が出てくると、その王統のヒロはカリスマ的な大王のヒロに固定したり、従属性を墳丘に強くあらわした帆立貝形古墳では小ヒロで墳丘を築造したりと、古墳の外形だけでなく、モノサシにも従属性をあらわすような傾向が出てくる。ヒロが必ずしも被葬者のヒロをあらわさずに、制度的な使い分けをするような傾向もみられるようになってくる。

さらに、小ヒロは六世紀初期には約三〇センチを一尺とする大陸系の尺度（工作尺か）に五尺＝一小ヒロと対応していく傾向が観察され、七世紀には終末期古墳の薄葬令に出てくる墳丘の「尋」に収斂していくと考えられる。

「区」のヒロ数で決まる首長の権威と霊力

このように前方後円墳の大きさを墳丘長で単純に比較しても、タイプの違うものを大きさの違いとして見てしまうことになり、客観的な比較とはならない。ゾウとキリンをならべて、どちらが大きいか議論しているようなものである。

これにたいして前方後円墳設計の基準は後円部の「円」であることを明示したので、この円の大小を比較すれば前方後円墳の基本的な大きさの指標となる。そのつぎは前方部を何区で設計している古墳かを示し、さらに「区」が何ヒロで計量されているかを示せば基準のある比較ができる。

たとえば、奈良県天理市の渋谷向山古墳は墳丘調査がおこなわれていて、後円部直径一七〇メートル、墳丘長二九八メートル弱というデータがある。この古墳の設計を解析すると、一区の長さは、

170 m（後円部直径）÷ 8（区）＝ 21.25 m（一区）

となる。一区二一・二五メートルは、大ヒロまたは小ヒロで何ヒロになるかを帰納的に検討すると、一ヒロ一六二センチ前後で割ってみると、一六三・五前後の大ヒロがよく割り切れる。つまり、つぎのようになる。

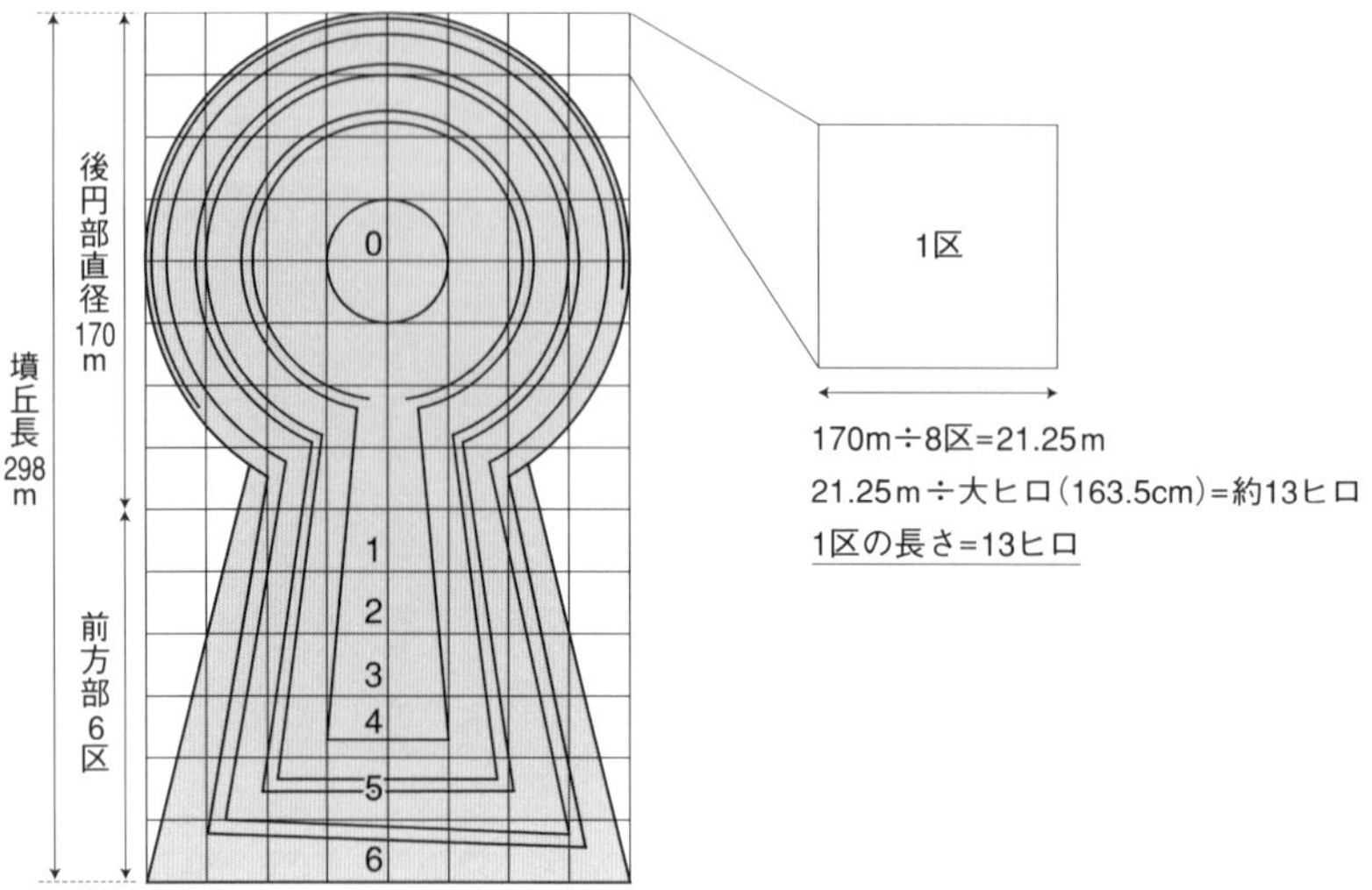

図15　渋谷向山古墳の築造企画
163.5 cm の大ヒロで、1 区 13 ヒロ、6 区型で設計されている

21.25 m（一区）÷163.5 cm（大ヒロ）≒13

これを整理して表記すると、渋谷向山古墳は、「一六三・五センチの大ヒロで、一区一三ヒロで設計されている」ということになる（図15）。これを「築造企画」とよんでおこう。

このように設計の方形区画図を頭の中に入れておけば、一区に大ヒロか小ヒロのどちらを用いるを決め、同じ設計で一区のヒロ数を加減することで、被葬者の身分秩序に応じた同形の前方後円墳を地割りできる。その際に、墳丘各部分のヒロ数の換算などをする必要はない。つまり首長の世俗的な政治的権威や首長霊の大きさ（強さ）をあらわすのは、墳丘長の大小ではなくて、一区の方形のマス目を計るヒロ数の大小で決まる。

五世紀代の地域首長（王）の古墳規模は、一区八ヒロを上限とする様相が定着してきている。例外的に毛野（群馬県）の太田茶臼山古墳が一区一〇ヒロの設計値を示すが、これは関東平野中央部に位置する毛野の有力首長の重要性を認識していたヤマト王権の例外的な厚遇であろう。一区八ヒロというヒロ数は、地域の王に古墳設計の一区に全き数＝「八」で古墳造営を許したという、地域の王に対する政治的配慮と見ることができる。

巨大古墳を生み出した倭人の宇宙観

「巨大古墳」という呼び方は森浩一さんが提唱し、現在では墳丘長二〇〇メートルを超える古墳をその仲間に入れるのが大方の見方である。しかし、このメートル法による数値が、古墳を設計したモノサシと関連しないことは明らかだろう。巨大という量的な形容を使いながら、大きさの基準の根拠をあいまいにしてきたことが、現在の混乱の元と言える。

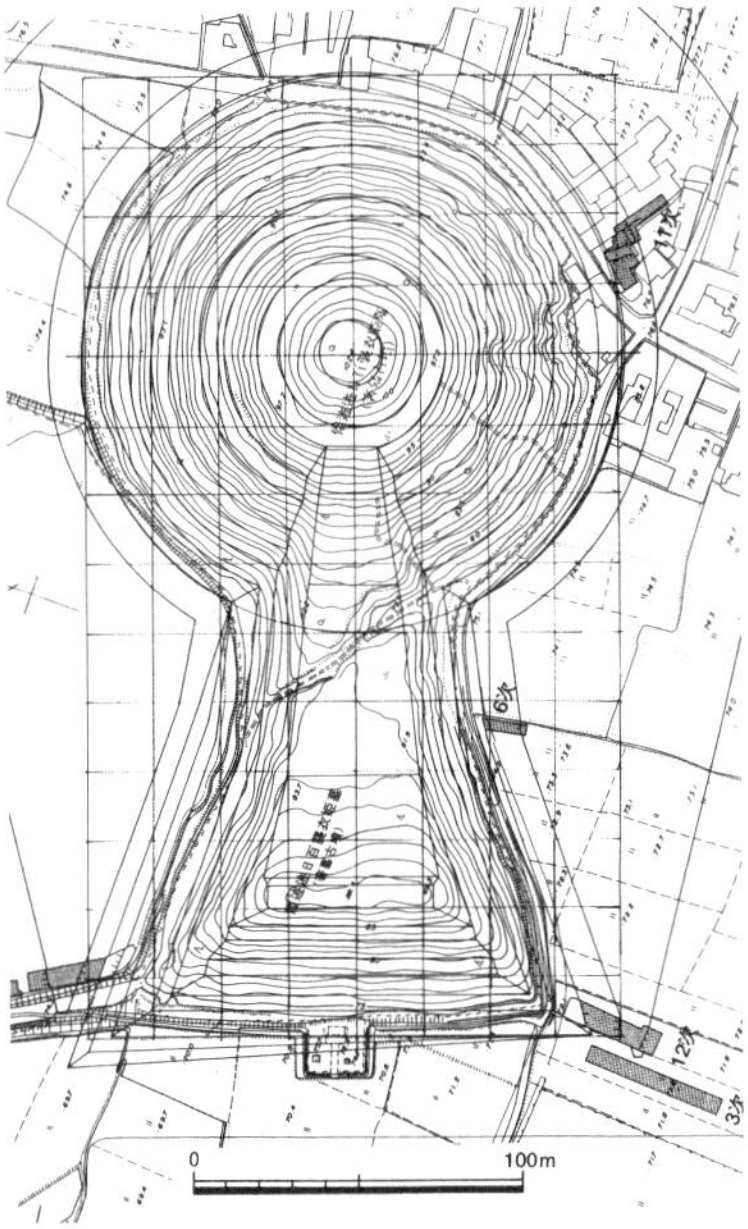

図16　箸中山古墳の築造企画
6区型、1区13ヒロ、1ヒロ158 cm

それでは、巨大古墳とはどのような歴史的経過で出現し、どのような歴史的意義のある事象なのか、また具体的な数値を求めることができるのか、さぐってみたい。

現在の考古学的知見からすると、巨大古墳のはじまりは箸中山《はしなかやま》古墳（箸墓）であることはほぼ間違いのない歴史的事実だろう。では、なぜ箸中山古墳は巨大化したのか。

前方後円墳を設計し大きさを計量するのは、後円部直径を八等分した「区」を、被葬者の身長に関連する「ヒロ」で何ヒロにするかで決まることはすでに述べた。それは古墳被葬者である首長の世俗的権力とともに、霊力の大きさをあらわす単位であった。

箸中山古墳の後円部直径は一六四・三二メートルで、一区は二〇・五四メートル。この一区は、大ヒロで検討すると、一五八センチの一三ヒロと考えることができる。すると前方部長は六区型で一二三・二四メートル、前方部幅は七区で一四三・七八メートルに復元できる（図16）。箸中山古墳が巨大化した秘密は、一区を一三ヒロにしたことが理由と指摘できる。

なぜ一三ヒロなのか。それには、一区一三ヒロという数値が太陰暦の閏一三カ月をあらわしている可能性を指摘したい。太陰暦は月の満ち欠けを暦にしているために、一年は三五五日、三年で太陽暦との差が三〇日になるので、三年ごとに三〇日の閏月を設け一年一三カ月にする必要がある。つまり箸中山古墳の被葬者は、自らの霊力を太陰暦一三カ月になぞらえて一区のヒロ数として古墳を設計したために、一挙に巨大化した可能性がある。

大王の古墳に継承される一三ヒロ

倭の文化史的な段階として、最高首長が日輪を体現する存在であるとともに、太陰暦の暦を司る「ヒジリ」として君臨したことを世に知らしめるために、一区一三ヒロの設計で巨大古墳を造営した、と私は考える。

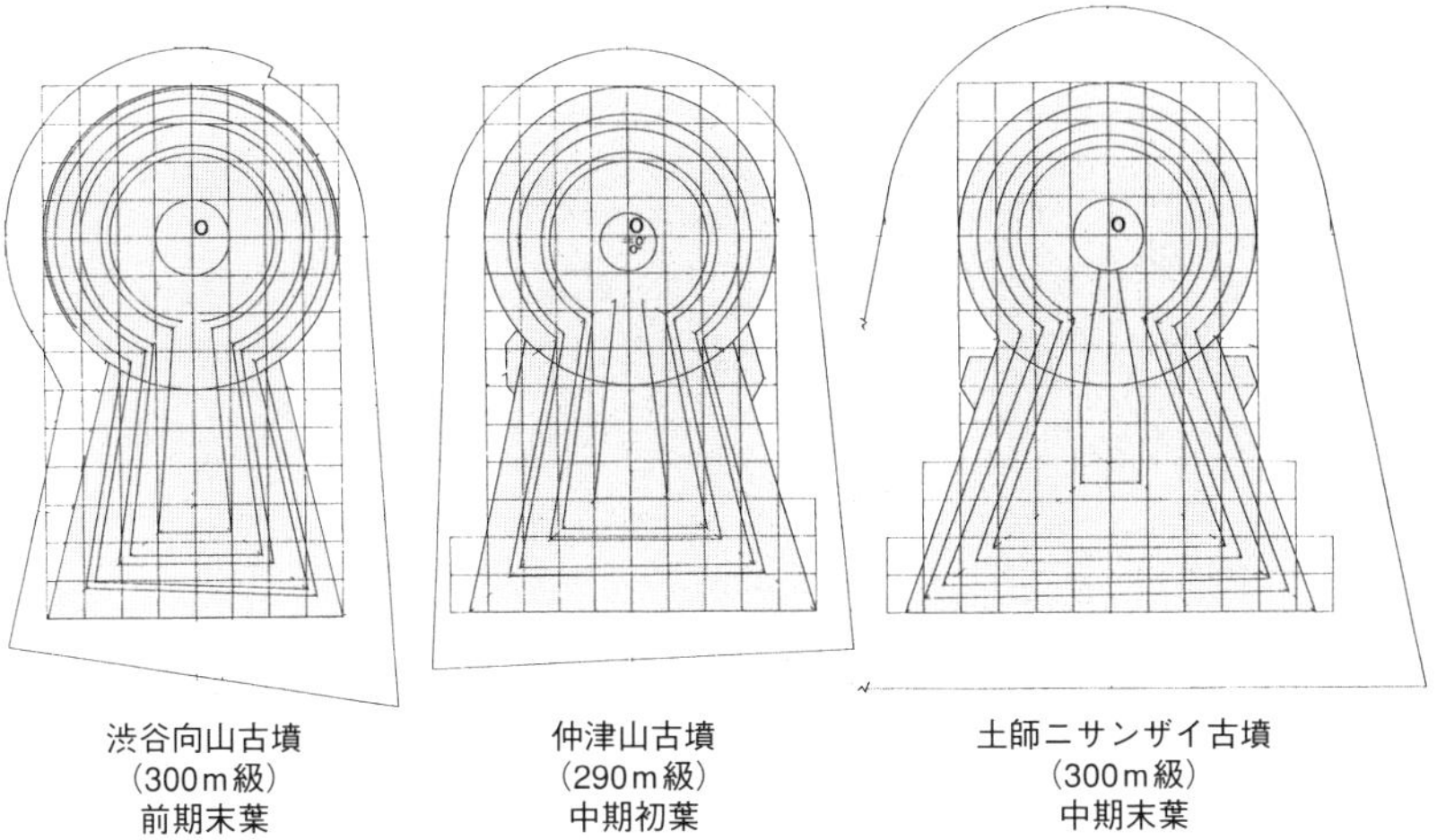

図17　1区13ヒロの大王墓の系譜

そして、水の祭祀にかかわると見られる前方部を六区で設計するのは、奈良盆地南東部のこの王統の系譜的特徴である。奈良盆地北部では、前方部を五区で設計する王統もあることから、必ずしも奈良盆地全体が一つの王統に統一されていたのではないことを物語っている。それぞれの王統の王が日輪を体現した存在であるとしても、水の祭祀では各王統の独自の祭祀がおこなわれていたことを、前方部の外形の違いから知ることができる。

ちなみに、この一区一三ヒロで設計することが大王墳の基準になるので、巨大古墳の大きさも判明してくる。大ヒロ小ヒロ含めて、一区一三ヒロでは、一区はおよそ一九・五メートルから二一メートル前後になる。すると後円部直径は八区一五六メートルから一七〇メートル前後となり、墳丘長は、前方部六区型では八区＋六区＝一四区で二七三メートルから二九五メートル前後、つまり三〇〇メートル弱になる。五区型では八区＋五区＝一三区で二五四メートル前後から二七〇メートル前後になる。こうした「区数」による墳丘長を考慮しないで、単純に二〇〇メートルを基準にすることは意味をなさなくなる。

この一区一三ヒロの設計の古墳は、奈良盆地南東部の六区型の箸中山古墳、渋谷向山古墳から古市の仲津山古墳、百舌鳥の石津ヶ丘古墳、土師ニサンザイ古墳へと系譜的につながる王統である（図17）。一方、五区型では、奈良盆地北部の佐紀古墳群の五社神《ごさし》古墳から古市の誉田御廟山古墳に系譜的につながる。

2　古墳の設計から見た百舌鳥古墳群の構成

前方後円墳の設計で、前方部が五区から八区までの長さで築造されている古墳は、王統系譜の「形」をあらわしていると述べたが、百舌鳥古墳群の主要な前方後円墳がどのような設計で成立しているのかを見ることによって（図18）、覇権遂行のためにヤマト王権傘下のどのような有力首長層を実働部隊として動員し、責務を負託させていったかを具体的に検証することができる。

乳ノ岡古墳と大塚山古墳

茅渟古墳群の盟主的大古墳である乳ノ岡古墳は、前方部が早くから破壊されて正確な墳丘復元はむずかしいが、古市古墳群最初の王墳である津堂城山古墳と同時期、四世紀末の古墳で、同じ五区型である。ヤマト王権は河内平野開拓に軸足を置きながら、茅渟ノ海沿岸の海士族を掌握し瀬戸内海の海上交通に

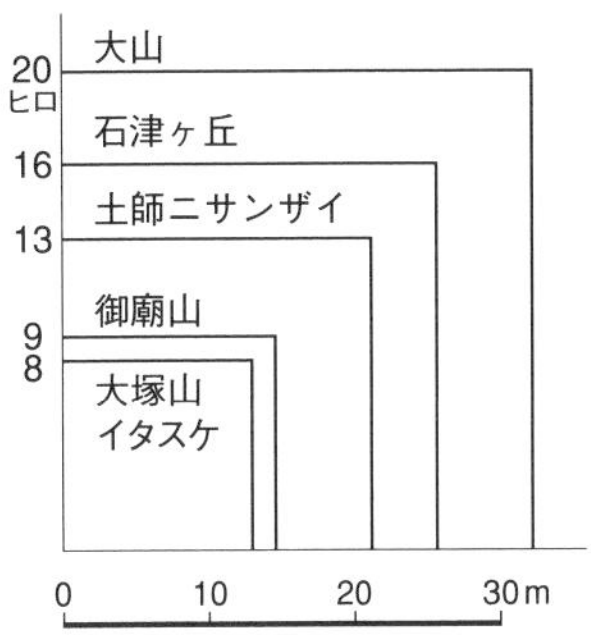

大山古墳（7区型・20ヒロ）
大ヒロ165cm×20ヒロ＝1区33.0m
1区33.0m×（後円部8区＋前方部7区）＝墳丘長495m
（現墳丘長486m）

石津ヶ丘古墳（6区型・16ヒロ）
大ヒロ162.5cm×16ヒロ＝1区26.0m
1区26.0m×（後円部8区＋前方部6区）＝墳丘長364m
（現墳丘長365m）

土師ニサンザイ古墳（6区型・13ヒロ）
大ヒロ161.5cm×13ヒロ＝1区約21m
1区21m×（後円部8区＋前方部6区）＝墳丘長294m
（現墳丘長300m）

御廟山古墳（7区型・9ヒロ）
小ヒロ154cm×9ヒロ＝1区約13.86m
1区13.86m×（後円部8区＋前方部7区）＝墳丘長208m
（現墳丘長203m）

大塚山古墳（5区型・8ヒロ）
大ヒロ162cm×8ヒロ＝1区約13.0m
1区13.0m×（後円部8区＋前方部5区）＝墳丘長169m
（現墳丘長167m）

イタスケ古墳（4区型・8ヒロ）
大ヒロ156cm×8ヒロ＝1区約12.48m
1区12.48m×（後円部8区＋前方部4区）＝墳丘長149.8m
（現墳丘長146m）

図18　百舌鳥古墳群の主要前方後円墳の築造企画

図19　大塚山古墳の築造企画
5区型、1区8ヒロ、1ヒロ162cm強

進出する尖兵として、乳ノ岡古墳の被葬者たる茅渟沿岸の有力首長に、津堂城山古墳と同形の五区型の設計の古墳を造営させて、擬制的同一系譜に組み入れたとみられる。

　五世紀に入ると、一区八ヒロの大塚山古墳が築造される（図19）。一区八ヒロは、地域の王と同規模の規格で、被葬者に、茅渟沿岸の海士族を水軍に編成し、外洋航海が可能な準構造船の造船、朝鮮半島への軍事的進出という責務を負託したと考えることができる。

　大塚山古墳の被葬者は、地域の王に相当する古墳を百舌鳥野台地上に築造した最初の有力首長であった。しかし、朝鮮半島への進攻は必ずしも成功したとは言いがたい状況、つまり朝鮮半島で敗戦という事態に遭遇した可能性を示している。大塚山古墳が中心主体の埋葬を欠く空墓ではないかと指摘されるような悲劇的結末で終わったことが推測される。

石津ヶ丘古墳の出現と女狭穂塚古墳

　このような事態を打開するためにヤマト王権は、それまで大王の古墳造営の基準であった一区一三ヒロで計量する古墳設計の枠を大きく超える一区一六ヒロの超巨大古墳である石津ヶ丘古墳を、百舌鳥野

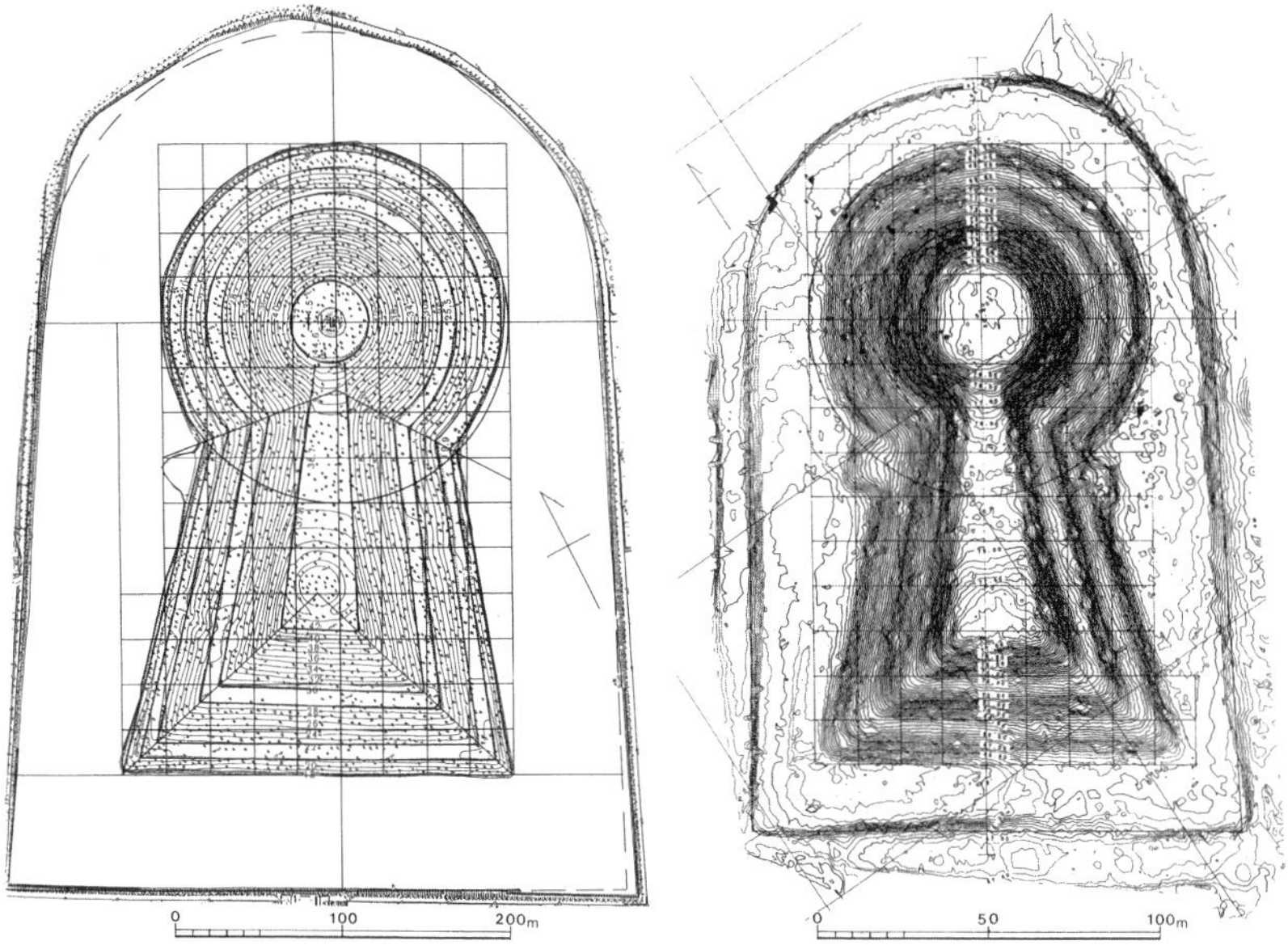

図 20　石津ヶ丘古墳（左）と女狭穂塚古墳（右）の築造企画
石津ヶ丘古墳：6 区型、1 区 16 ヒロ、1 ヒロ 162.5 cm
女狭穂塚古墳：6 区型、1 区 8 ヒロ、1 ヒロ 157.0 cm

台地では茅渟ノ海を望む一番の立地に造営する（図20）。一区一六ヒロという数値は、ヤマト王権が地域の王に許した最大の古墳設計の単位・一区八ヒロの二倍のヒロ数である。

この一区一六ヒロの設計を二分の一（一区八ヒロ）にして、設計図を裏返し（反転）させたのが、日向（宮崎県）の西都原古墳群の女狭穂塚古墳（女狭穂塚陵墓参考地）である。石津ヶ丘古墳が墳丘の左側（後円部から前方部を見る方向で。以下同）を後円部から前方部前端線の隅角まで直角の中に収め、右側の前方部隅角は一区はみ出すように設計しているのにたいして、女狭穂塚古墳は逆に墳丘の右側が直角の中に収まる設計になっている（図20）。

この二つの古墳が基本的に同じ設計

で築造されていることは第1章でもふれたが、ヤマト王権の大王が、倭軍を立て直し再編成して新たに進攻するために、日向の王をヤマト王権と擬制的同一系譜に組み込み、九州東南部地域の同盟関係を強化しようとしたものとみられる。

これに似た事例が房総半島にもみられる。千葉県富津市の内裏塚《だいりづか》古墳は六区型、一区六・五ヒロで設計された前方後円墳で、東京湾から浦賀水道に出る境の房総半島側から突出した富津岬の根元にある。この内裏塚古墳は、古市古墳群の仲津山古墳の六区型、一区一三ヒロの設計を二分の一にして裏返した可能性が高い(5)。

浦賀水道は、三浦半島から房総半島へ渡る最短距離のコースであるが、三浦半島の走水《はしりみず》から房総半島へ渡ろうとしたヤマトタケルが海神の怒りにふれて、オトタチバナヒメを犠牲にしてやっと渡れたと記紀が語る難所でもある。この走水を渡るルートが房総から常陸に向かう重要なルートであったことは、走水から房総に渡った富津岬付近から上総になり、北上するにつけて下総になることからうかがえる。この走水を渡るルートが古代の重要な東国経営の戦略的意義をもっていたことを物語っている。ヤマト王権は、仲津山古墳の被葬者である大王の古墳を二分の一にして設計を裏返しにすることで、内裏塚古墳の被葬者をヤマト王権の擬制的同族関係に組み込み、従属させて、浦賀水道の要衝を守り、海運に習熟した海士族を管掌する責務を負託させたとみられる。

ヤマト王権覇権の先鋒となる四区型古墳

百舌鳥に戻ろう。この新たな覇権執行を負託され代行する有力首長として、イタスケ古墳と御廟山古

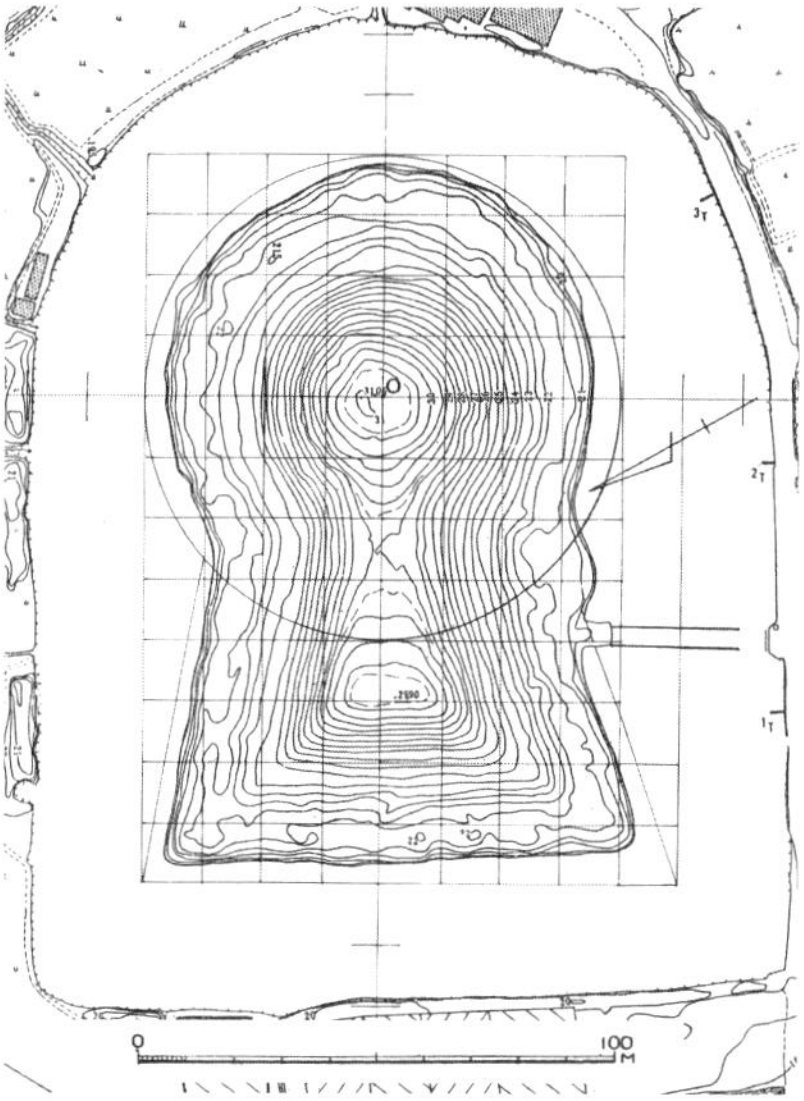

図21　イタスケ古墳の築造企画
4区型、1区8ヒロ、1ヒロ156cm

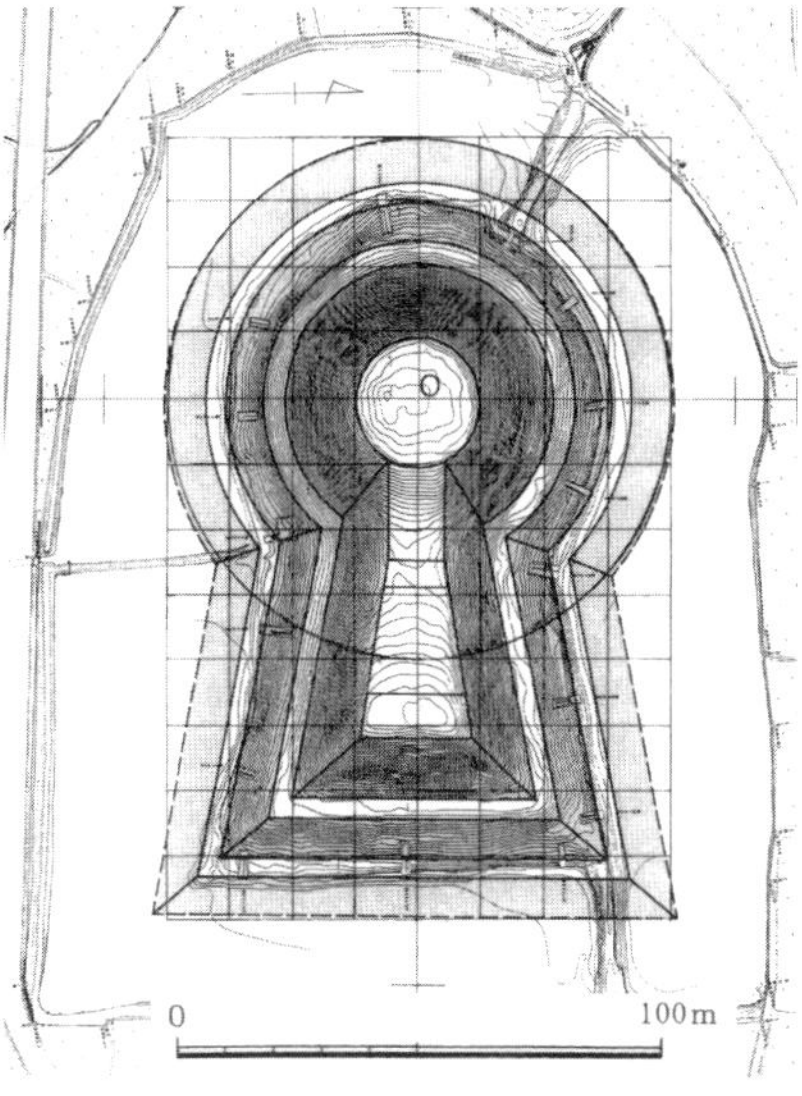

図22　雲部車山古墳の築造企画
4区型、1区8ヒロ、1ヒロ162.5cm

墳の被葬者が新たに百舌鳥野台地に古墳を造営する。

前方部を西向きに築造されたイタスケ古墳は、後円部直径九〇メートル（復元値九九・八メートル）、同高さ一二・二メートル、墳丘長一四六メートル（復元値一四九・八メートル）、前方部幅九九メートル（復元値一一二・三メートル）、同高さ一一・一メートルで、四区型、一区八ヒロ、一ヒロ約一五六センチで設計された古墳である（図21）。前方部が後円部直径の二分の一と短小なために、墳丘がズングリして見える。イタスケ古墳のような四区型設計の古墳の分布と立地を検討してみよう。

イタスケ古墳と基本的に同一設計で同大の古墳が、奈良県御所市の掖上《わきがみ》鑵《かん》子《す》塚《づか》古墳である。この古墳は、奈良盆地南部から紀国への要衝にあって、金銅製帯金具を副葬していることが注目される。この金銅製帯金具は、掖上鑵子塚古墳の被葬者がヤマト王権の負託をうけている権威を示している。金色燦然と輝く帯金具を着用し、大和と紀路の関門を管掌したものと考えられる。

山城から丹波へ抜ける篠山盆地東部の要衝を押さえるのが、兵庫県篠山市の雲部車塚《くもべくるまづか》古墳（雲部陵墓参考地）である。この古墳は、後円部直径が約一〇四メートル、高さ約一三メートル、墳丘長約一五六メートル、前方部幅約一〇五メートルで、一区八ヒロ、一ヒロ約一六二・五センチの設計となる（図22）。篠山盆地では最大規模を誇り、甲冑がたくさん副葬されていた。ヤマト王権内では従属性を示す四区型でありながら、この地域ではヤマト王権の覇権執行を代行するという二重構造的な身分秩序を古墳の外形にあらわしたものとして注目される。

戯画的にたとえると、ヤマト王権を倭国内最大のヤマト商事とすると、雲部車塚古墳の被葬者はヤマト商事本社にいるときは営業部課長だが、地域支店に出向すると部長待遇になる。地域では、上座に座って床柱を背にし、地元資本の丹波屋商店の社長が下座からお酌する酒をうける、といった構図である。

伊勢北部にある三重県松阪市の宝塚一号墳は、後円部直径が七五メートル、高さ一〇メートル、墳丘長一一一メートル、前方部幅六六メートルで、一区六ヒロ、一ヒロ約一五六センチの設計となる。規模はやや小さいが、四区型の従属性を示しながら、伊勢北部では最大規模である。おそらく大和から陸路、高見峠を越え、さらに伊勢湾から知多半島を経由して三河湾に入る、東海への陸路と海路を管掌する首長が被葬者であったと考えられる。

宝塚一号墳の造り出しからは、大刀や盾、蓋《きぬがさ》といった威儀具で飾った船形埴輪が出土している。ヤマト王権の使者や大王の系譜に連なる将軍がヤマトから東国へ向かう時に、伊勢湾を渡り、三河湾に向かう〝御座船〟をあらわしたものと考えられる。宝塚一号墳の被葬者の職能と地域の要衝を管掌する役割を彷彿させる。

瀬戸内海へ目を向けてみよう。大阪から岡山に向かう新幹線が岡山に近づき吉井川を渡り、車内放送がまもなく岡山到着を放送する頃、進行方向左側（南側）の車窓に山塊が見えてくる。南北四・五キロほどの操山《みさおやま》で、標高一六九メートルの山頂の東側稜線に築造されたのが金蔵山《かなくらやま》古墳である。

後円部直径一一〇メートル、高さ一八メートル、墳丘長一六五メートル、前方部幅七二メートルで、盛土をせずに自然地形の改変によって形成され、五世紀前半の時期とされている。山上の前方後円墳としては大きく、イタスケ古墳と同じ四区型で、一区九ヒロ、一ヒロ約一五二・八センチの設計と推定される。

四区型前方後円墳の多くが一区八ヒロを限度とする中で、一区九ヒロの設計は破格の規模で、この古墳被葬者の位置づけが注目される。おそらく明石海峡を西に抜けて吉備沿岸部までの広い海域の海士族集団を差配し管掌する東部瀬戸内の有力首長であったとみられる。

古墳は早くに盗掘されていたが、一九五三年に倉敷考古館が中心となって後円部の二基の竪穴式石室を調査した。盗掘をまぬがれた副葬品の中で、鉄製の工具類は「おそらく当時使用されていた木工具のほとんど全種を網羅している」と報告書は記している。その中には畿内でも発掘例が少ない鋳鉄の斧頭が五点もあるのが注目される。また、漁撈具では銛八、ヤス一〇、釣針四で、銛の中にはギリシャ神話のポセイドンが持つ三つ叉の銛を思わせるような全長三五・七センチの大形の二叉銛もあって、金蔵山古墳の被葬者が漁撈や造船、瀬戸内の海上交通に長けた海士族である可能性を示唆している。[6]

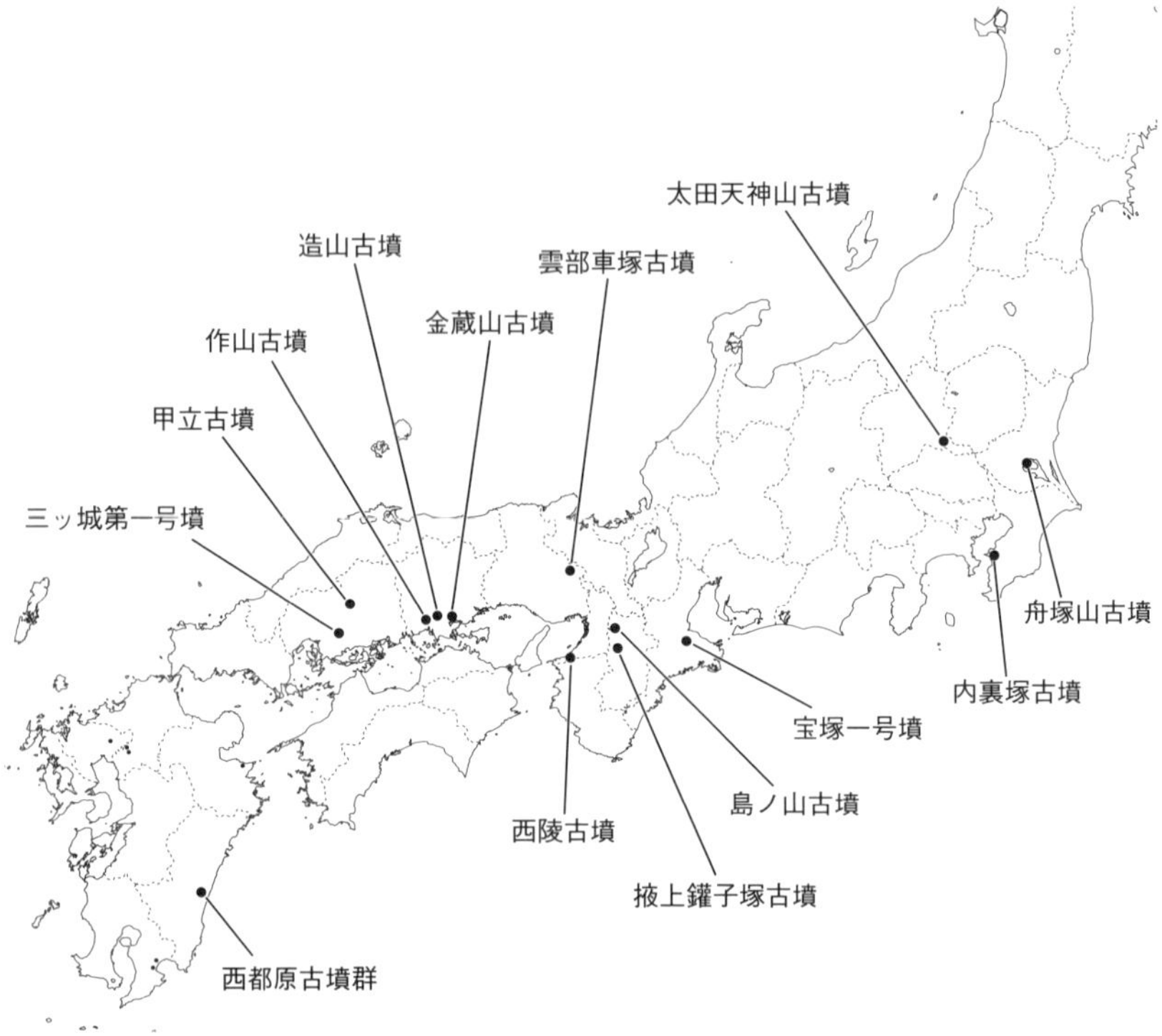

図23　本文に登場する列島各地の古墳

現在の操山の南側は、埋立地が大きく張り出しているが、古墳時代には山の南麓近くまで瀬戸内海が入り込み、山の東側の吉井川河口付近に水門があったとみられる。山の西側は旭川が流れて、地形上の境界となっている。ヤマト王権は吉備首長連合の膝元のこの地の海士族の首長を取り込み、一区八ヒロを限度とする地域の王の古墳企画を超える一区九ヒロの破格の四区型前方後円墳を築造させ、副葬品も厚遇して、ヤマト王権の覇権遂行の中継地点として、吉備の一角にクサビを打ち込むように水門の管掌を負託させたとみられる。

　操山の稜線上に築造された金蔵山古墳は、瀬戸内海側からも、北側の内陸側からも眺望でき、瀬戸内海の覇権をすすめようとするヤマト王権側から見れば、安堵して寄港できる水門の格好の目印となる。一方、吉備首長連合からすれば、ヤマト王権側の覇権をノドモトに突きつけられた威圧と、目の上のたんコブのようなうっとうしさを感じていたことであろう。ちょうどスペインにとって大西洋と地中海の関門ジブラルタルを、イギリスに奪い取られ、植民地にされたような存在ともいえる。

吉備首長連合が後に石津ヶ丘古墳に匹敵する造山古墳を築造して、ヤマト王権と対峙する姿勢をとらざるをえなくなる伏線が、この時に生まれてきていたことを物語っている。

さらに西へ目を向けると、吉備の西隣の備後から安芸の地域（広島県）にも、ヤマト王権の布石がおよんでいたことが想定できる古墳分布の状況がみられる。現在の広島市から東北方向に出雲街道がのび、三次《みよし》盆地をへて出雲や山陰地方に通じているが、途中の安芸高田市甲田《こうだ》町の菊山山腹に甲立《こうたち》古墳がある。

二〇〇八年に近くの山城踏査の際に偶然発見された前方後円墳で、後円部直径五四・六メートル、墳丘長七七・五メートル、前方部幅三〇・五メートルで、時期は四世紀末と考えられている。埋葬主体は二基あるとみられ（未発掘）、円筒埴輪列をめぐらせ、家形埴輪や船形埴輪などが出土し、葺石が葺かれている。

後円部を尾根から切通しで切り離し、前方部は傾斜していく尾根に築造しているため、前方部の裾はくびれ部付近で断ち切れており、墳丘は明確なカギ穴形に完周しない。尾根を形成して築造した前方後円墳でよく見られる墳丘形成技法である。

墳丘データからは、一ヒロ一六二センチ前後で一区四ヒロ、四区型に推定復元できる。尾根筋での墳丘の築造法や埴輪が薄手で焼成法などに畿内的要素が見られ、甲立古墳の被葬者は、墳丘造営や埴輪作成に習熟した工人を引き連れて、この地に派遣され、山陰との交通路（後の出雲街道）と江《ごう》の川《かわ》（可愛川《かわいがわ》）の合流点の要衝を押さえる役割を負託されたヤマト王権直属の将軍であろう。山地が多く水田の可耕地が少ないこの地域であり、これだけの古墳を築造できる地元生え抜きの有力な首長が育つ生産基盤はなかっただろう。

つぎに、東広島市の三ッ城《みつじょう》第一号墳を見てみよう。三ッ城第一号墳は、八幡山からのびる丘陵の尾根筋の先端を主として削り墳丘を築造した前方後円墳で、後円部直径約六二メートル、同高さ約一三メートル、墳丘長約九二メートル、前方部幅約六六メートルの五世紀前半の古墳と考えられる。この数値から一ヒロ約一五五センチ前後、一区五ヒロ、四区型の設計と推定復元される。広島県で最大の古墳で、前方部を山陽道のある東北方向に向けている。

墳丘の周囲には浅い空濠がめぐっているが、墳丘基底部から下方に丘陵を削り形成した基壇状の「付帯部分」が残り、畿内の前方後円墳のように墳丘基底と周濠が直接交わらない。そのぶん、この付帯部分が墳丘を一段押し上げたようになって、墳丘全体を見かけの上で壮大化させる効果を演出している。

この第一号墳の後円部に接して、直径約二五メートル、高さ約五メートルの円墳である第二号墳がならんでいる。五世紀前半に第一号墳に先行して築造された。埴輪はなく、京都府与謝郡与謝野町の蛭子《えびす》山《やま》古墳に似ている。

第一号墳の墳丘は三段築成とされているが、低い基底段の上に二段築成の墳丘がのるとみたほうがいいだろう。丘陵の尾根筋を切断し形成した「付帯部」上に墳丘を削り出して、盛土部分を少なくした古墳築造技法は、甲立古墳と共通するところが多くあるようで、この二つの古墳の系譜的つながりを示唆している。

基底段を含めて三面になるテラスには、円筒埴輪や朝顔形埴輪、蓋形埴輪を約一八〇〇本立てならべ、後円部には家形埴輪、前方部には鶏、水鳥、盾、冑、短甲などの形象埴輪がならべてあった。後円部に石でかこんだ箱形石棺二と小形の箱形石棺一がある。

三ッ城第一号墳が立地するのは、山陽道を望むとともに、このすぐ西から三次盆地に向かう現在の国道三七五号線の三叉路がある交通の要衝になる。この道は出雲、石見、因幡など山陰に通じるとともに、広島県内では古墳時代中期から後期群集墳まで含めて約三〇〇〇基の小形墳が密集する、古墳分布の密度が一番高い三次盆地のルートを扼《やく》していることが重要である。この問題は土師ニサンザイ古墳のところで取り上げてみたい。

このように、主な四区型前方後円墳の分布から、このタイプの古墳被葬者は、大王墳である五区型や六区型の前方後円墳と設計が異なり、ヤマト王権と出自や系譜を同じくする王族将軍ではなく、王権に従属しながら直属する将軍か、ヤマト王権に取り込まれた地域の有力首長が、ヤマト王権の階層的身分秩序に組み込まれる一方、海上交通には欠かせない水門を守り、ヤマト王権の船の寄港・停泊や水と食糧の補給、船の修理などをする責務を負託された海士族の有力首長であったと見られる。

水系を管掌する水軍的な七区型古墳

御廟山古墳は、二〇〇八年に宮内庁陵墓課と堺市が同時調査をおこなった。宮内庁の調査は陵墓境界

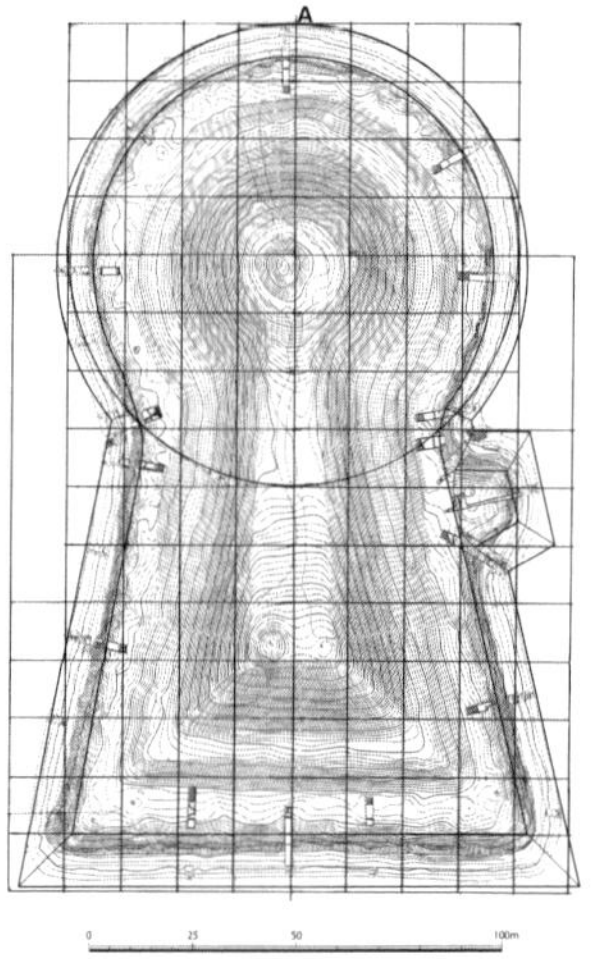

図24　御廟山古墳の築造企画
7区型、1区9ヒロ、1ヒロ154 cm

内にとどまったので、堺市は宮内庁の境界線から濠の中までトレンチ調査を広げたが、墳丘基底に置かれた基底石などはほとんど確認されず、この調査によって墳丘原形は確定しなかった。

これは、江戸時代はじめに百舌鳥野台地上の新田開発が進み、御廟山古墳の濠も貯水量を増やすために墳丘裾を削り、濠を浚渫したためである。こうした墳丘の基底が確認できないような改変の手が加えられたのも、農業生産を増やそうと営々と働く農民の苦労がしのばれ、古墳の原形を結果的には損なってはいるが、これも地域史の一部である。

調査の結果を参考にして設計を推定復元すると、七区型で、一区九ヒロ、一ヒロ一五四センチの設計となる（図24）。航空写真でもスラリとした墳形に見えるのは、前方部の比率がイタスケ古墳よりも三区も長いからだ。

御廟山古墳の被葬者が水軍的性格をもっていたのではないかとの推定は、第3章のカトンボ山古墳の節でも述べた。御廟山古墳の陪冢と想定されるカトンボ山古墳から出土した大形の鉄斧群は、一般的な木工具ではなく造船用に特化した木工具ではないかと考えたからである。一緒に出土した多数の石製模造品は、糸を通してならべつらね、船の舳先に根こそぎに抜いて立てた榊に、クリスマスツリーの飾りのように掛けまわした「ヤサカニ」と考えられる。航海では、それを押し立てて荒ぶるワダツミを鎮魂

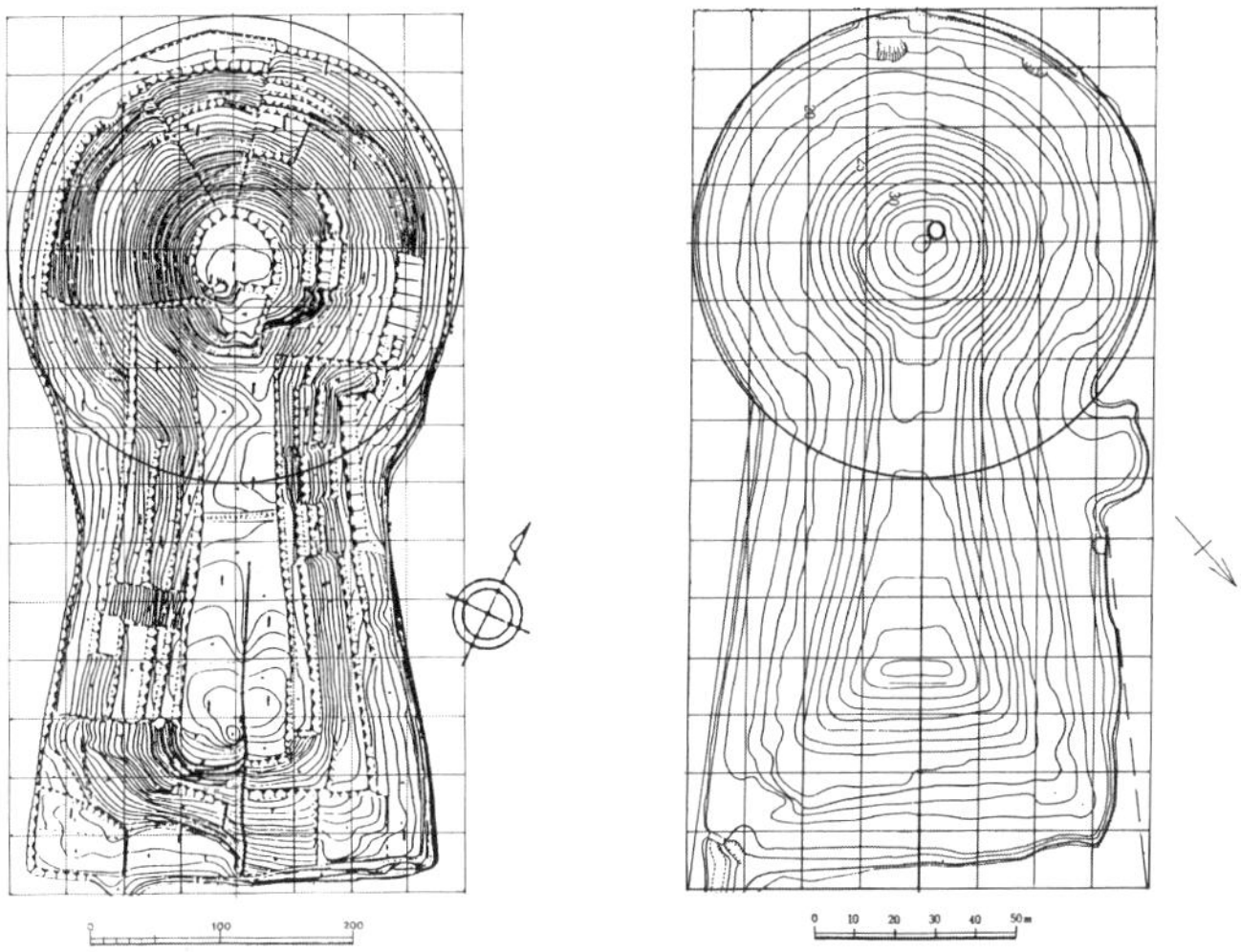

図25　島ノ山古墳（左）・西陵古墳（右）の築造企画
島ノ山古墳：7区型、1区8ヒロ、1ヒロ164 cm
西陵古墳：7区型、1区9ヒロ、1ヒロ160 cm

したのではないか。

　この御廟山古墳とほぼ同型、同大の古墳が、奈良盆地の大和川合流地点に位置する島ノ山古墳（奈良県磯城郡川西町、図25）と川合大塚山古墳（北葛城郡河合町）である。この二基の古墳の被葬者は、大和川合流地点の水の祭祀とともに、大和川から河内湖、大阪湾への水上交通の管掌を負託された水軍的職能をもった有力首長であったと考えられている。なお、当時の大和川は、石川の合流地点から北へ河内平野に向かって流れており、堺の海へ流れるようになったのは、一七〇二年の大和川付替以後である。

　そのほか、大阪府泉南郡岬町淡輪《たんのわ》の西陵《さいりょう》古墳も七区型、一区九ヒロの設計で（図25）、古墳の被葬者は、当時の紀国であった雄水門《おのみなと》（現在の泉南市付近）を管掌する紀の水軍的首長の可能性がある。また、茨城県の霞が浦の西側で一番奥まった石岡市の南にある舟塚山《ふなつかやま》古墳は、霞が浦を見下ろす台地の上にあり、墳丘長では関東地方で太田天神山古墳につぐ規模であるが、七区型、一区八ヒロの設計で、ほぼ御廟山古墳につぐ規模をもつ同一設計の古墳である。この舟塚山古墳の被葬者は、霞が浦を拠点とする水運や湖面の管掌を司る東国東部の有力な水軍的首長の古墳である。

このように、古墳の設計とその立地を検討することから、被葬者の生前の役割や性格が浮かび上がってくる。百舌鳥古墳群では、ヤマト王権としては、不本意に終わった大塚山古墳の被葬者（正確には被葬される予定）による朝鮮半島進攻の立て直しを、イタスケ古墳の被葬者を陸兵（歩兵）の将軍とし、御廟山古墳の被葬者を水軍の将軍として倭軍を編成し直し、朝鮮半島に再び進攻する手はずを整えたとみられる。

造山古墳の築造でヤマト王権に対峙する吉備首長連合

こうしたヤマト王権の覇権への布石に、瀬戸内海のほぼ中央に位置する吉備の首長連合は、このまま手をこまねいていたのではヤマト王権の支配力下に組み入れられてしまうという、強い危機感があったと考えられる。ただし、ここで武力による叛乱に踏み込むことには勝算がなかったのだろう。

それでは、どのような対抗手段でヤマト王権に向き合うのか。第1章でふれたように、吉備首長連合がとった手段は、ヤマト王権の大王の古墳と同じ規模の巨大古墳を築造することであった。ヤマト王権に匹敵する巨大古墳を造営する力を示すことによって、ヤマト王権の支配が絶対化することに待ったをかけ、吉備の主体性を保つことができる相対化した関係を維持しようとしたと考えられる。

吉備の首長連合が総力を挙げて築造した造山古墳（岡山市北区新庄下）について、わたしたちは一九九一年に、岡山県史に掲載されている測量図をもとに築造企画の検討をおこない、五区型、一区一六ヒロで推定復元し、基本的に石津ヶ丘古墳と同大の一区一六ヒロで設計されている可能性を指摘した。(7)ただし、造山古墳は完全な姿で残っているのではない。秀吉が高松城を水攻めにした合戦では、救援に乗りだした毛利側の陣が置かれたりして、墳丘左側面が後円部から前方部にかけて大きく削られ、墳丘復元数値に諸説ある。私たちは現地へ出かけて墳丘をつぶさに見てまわり、実測図に書き込みを入れて検討したが、巨大古墳の全容を外形観察からだけで完全に把握するのには限界があった。

岡山大学の新納泉《にいろいずみ》教授らによる新しいデジタル測量の成果をもとにおこなわれた研究では、後円部直径二〇〇メートル、墳丘長三五〇メートルとなっている。この数値をもとに計算すると、一ヒロ一五六・二五センチ、一区一六ヒロで、一区二五メートルの設計の基本単位に復元できる（図26）。つまり新納さんらの研究によると、造山古墳は六区型、一区一六ヒロで設計・築造された巨大古墳になる（前方部幅は墳丘の破壊があるので検討から除いた）。

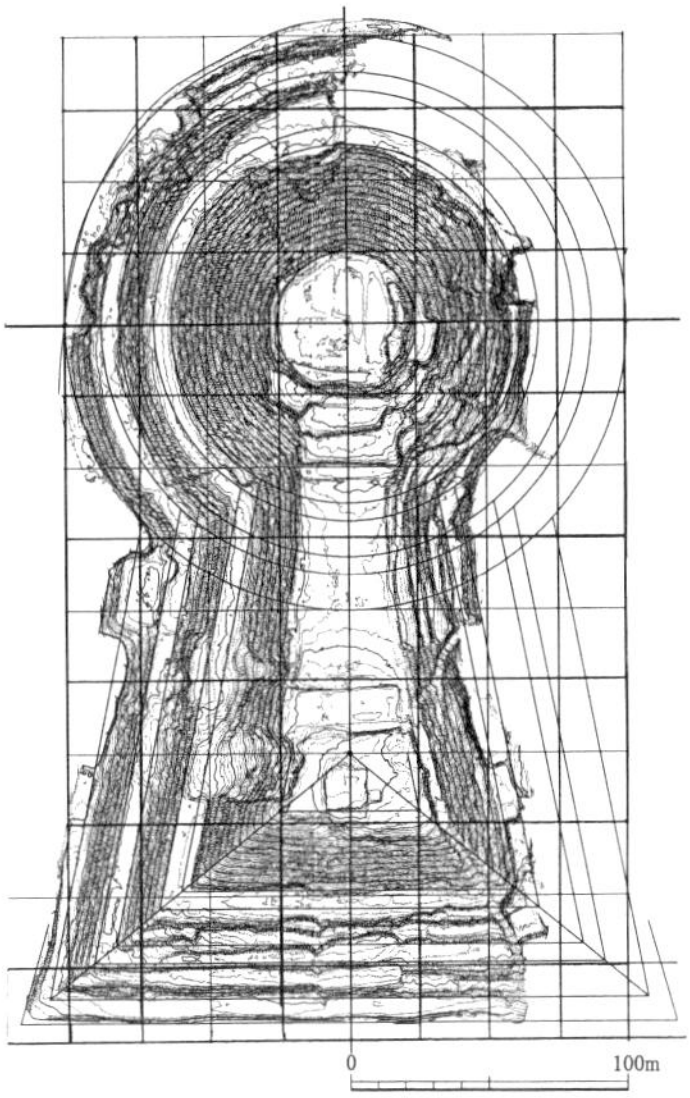

図26　造山古墳の築造企画
6区型、1区16ヒロ、1ヒロ156.25 cm

たいする石津ヶ丘古墳は、現状では後円部直径二〇五メートル、同高さ二七・六メートル、墳丘長三六五メートル、前方部幅二三五

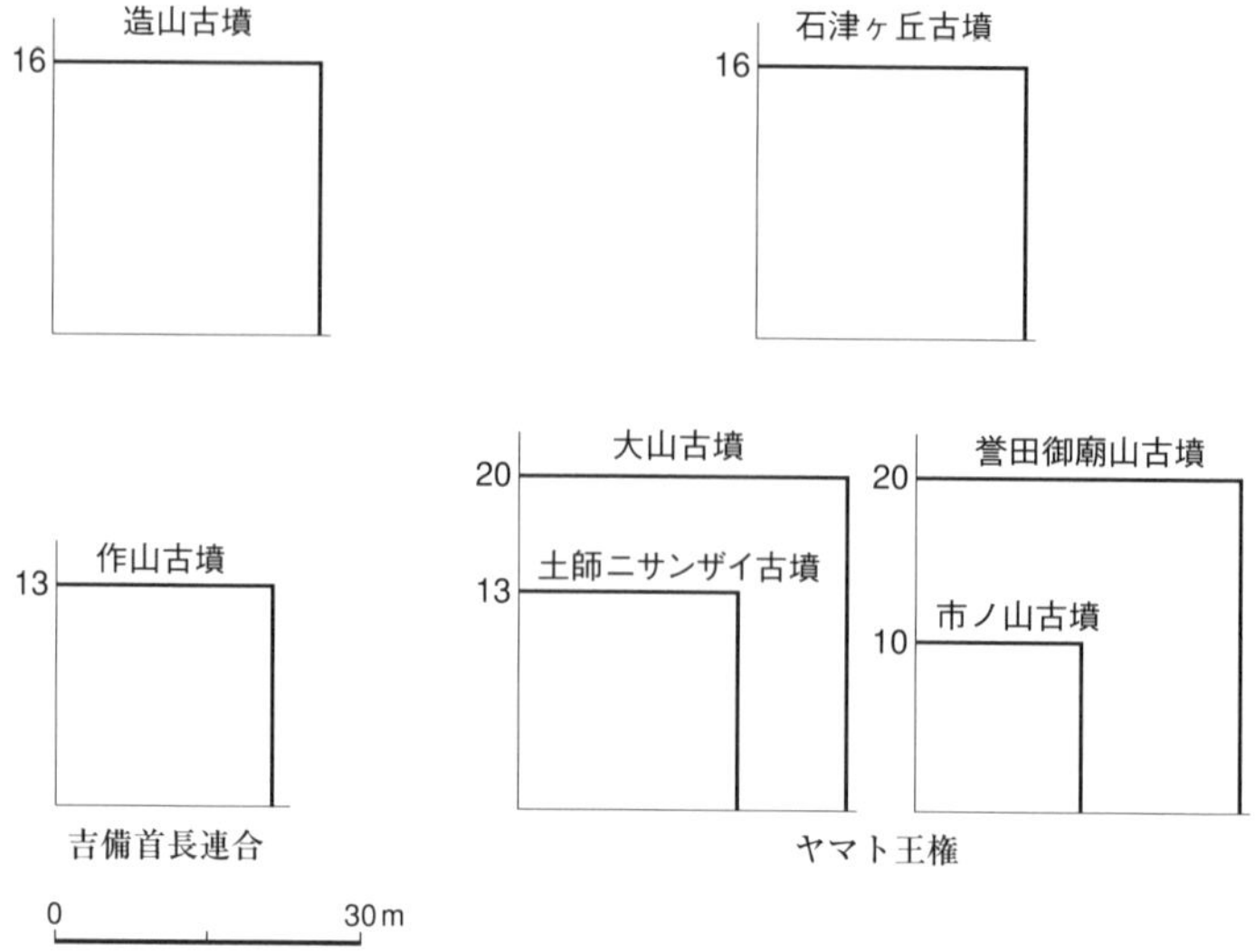

図27　ヤマト王権と吉備首長連合のヒロの比較
（1ヒロを160cmとしている）

メートル、同高さ二五・三メートルの規模である。設計の基本単位は、六区型、一区一六ヒロ、一ヒロ約一六二・五センチとなる（二四三ページ図20参照）が、現状の墳丘は濠の水で浸蝕されて墳丘が一まわり小さくなっているので、一ヒロ約一六三・五センチ程度にした復元値になる可能性がある。つまり一区二六・一六メートルで後円部直径は二〇九から二一〇メートル前後、墳丘長は三六六メートル前後になることが予測される。

この数値の結果だけを単純に比較すると、造山古墳は石津ヶ丘古墳よりも後円部直径で九メートル、墳丘長で一六メートルも小さい。「何が同大、同型の古墳か」と疑問をもつのは当然だが、これはヒロの長さが身体長による数値の違いで、古墳時代の倭人にとっては、同じ六区型、同じヒロ数で古墳を造るということに重要な意義があったことを理解する必要がある。古墳全体の設計としては、一区のヒロ数を何ヒロで築造するのかということこそが重大事項で、一ヒロの長さはそれぞれの首長の個人差として問題になるようなことではなかったと考えられる。

その後、吉備首長連合は、ヤマト王権の誉田御廟山古墳、大山古墳という両超巨大古墳の築造をうけて大きな衝撃をうけたとみられるが、吉備の心意気を示すように、さらに一区一三ヒロ、一ヒロ約一六五センチ前後、五区型の大王墳相当規模の作山《つくりやま》古墳（岡山県総社市三須《みす》）を造営する。

しかし、作山古墳は、山陽道から見える墳丘左側面は三段築成の精美な形をしているのに、反対側の後円部段築は自然の丘陵地形をそのまま残すような未完成な状態で、ここまでが吉備首長連合の総力を挙げた対峙の限界を示している。

ヤマト王権と吉備首長連合との総力戦は、ここで終わりを告げる。この時代の倭の総力戦とは、人を多く集め喰わして、人海戦術で勝負することとも言える。この時期、ヤマト王権が築造した主な前方後円墳の一区の大きさと吉備のそれとを比較すると図27になる。

岡山県と大阪府をくらべると、生産基盤となる平野の広さの違いがよくわかる。もちろん古墳時代には、大阪平野はもっと小さかったであろうが、開拓できる余地は大きかった。ヤマト王権が河内平野に進出して開拓し古市に古墳群を造り、茅渟ノ海に臨んで百舌鳥に古墳群を造り、瀬戸内の海に乗り出そうとした車の両輪の戦略がここにあったことがよくわかる。

誉田御廟山古墳、大山古墳で吉備を圧倒したヤマト王権

すでに述べたように、ヤマト王権は、これまでなかった巨大古墳である石津ヶ丘古墳を造営したのに

たいして、吉備首長連合が間をおかずに同形・同大の造山古墳を築造して対峙してきたことに、大きな衝撃をうけたと推測される。大王の系譜につながらない吉備の首長が、石津ヶ丘古墳の被葬者たる大王と同大・同一設計の古墳を造って対峙してきたことは、ヤマト王権の王としての政治的権威とともに、大王の霊力もケガされるという不祥事をこうむったことになり、その結果、他の王統の王に交替せざるをえなくなったとみられる。今風に言えば、顔に泥を塗られたボスは、その椅子をつぎのボスにゆずらざるをえないという構図であろうか。

『古事記』に、雄略天皇が生駒の日下越えをして河内に入ろうとした時、山の上から見下ろすと、家の棟に堅魚木《かつおぎ》を上げた家を見て、それが志幾《しき》の大県主《おおあがたぬし》の家と知り、「奴の分際で、天皇の宮殿に似せて造ったものよ」と怒り、その家を焼き払おうとしたという記事がある。石津ヶ丘古墳と造山古墳の時期は五世紀前半の時代で、志幾の大県主の堅魚木の話より古いが、ヤマト王権が大王の巨大古墳と同大・同一設計の造山古墳の築造の対峙姿勢を、即、吉備の叛乱とみなし、叛乱鎮圧の兵力を差し向けるほど、この時期のヤマト王権には一強としての絶対的権力が確立していなかったことを示唆している。

これに対抗するには、ヤマト王権が造山古墳をさらに凌ぐ超巨大古墳の築造で対応する原始的な報復方法をとらざるをえない段階にとどまる社会で、制度的な身分秩序で政治的に制裁するという、古代国家的な機構がまだ整備されていなかったことを物語っている。

これ以後、ヤマト王権は、古市古墳群に誉田御廟山古墳、百舌鳥古墳群に大山古墳という、造山古墳を遥かにしのぐ二基の超巨大古墳の築造で吉備首長連合の対峙姿勢を圧倒することで、ヤマト王権の主導力を確保することになる。

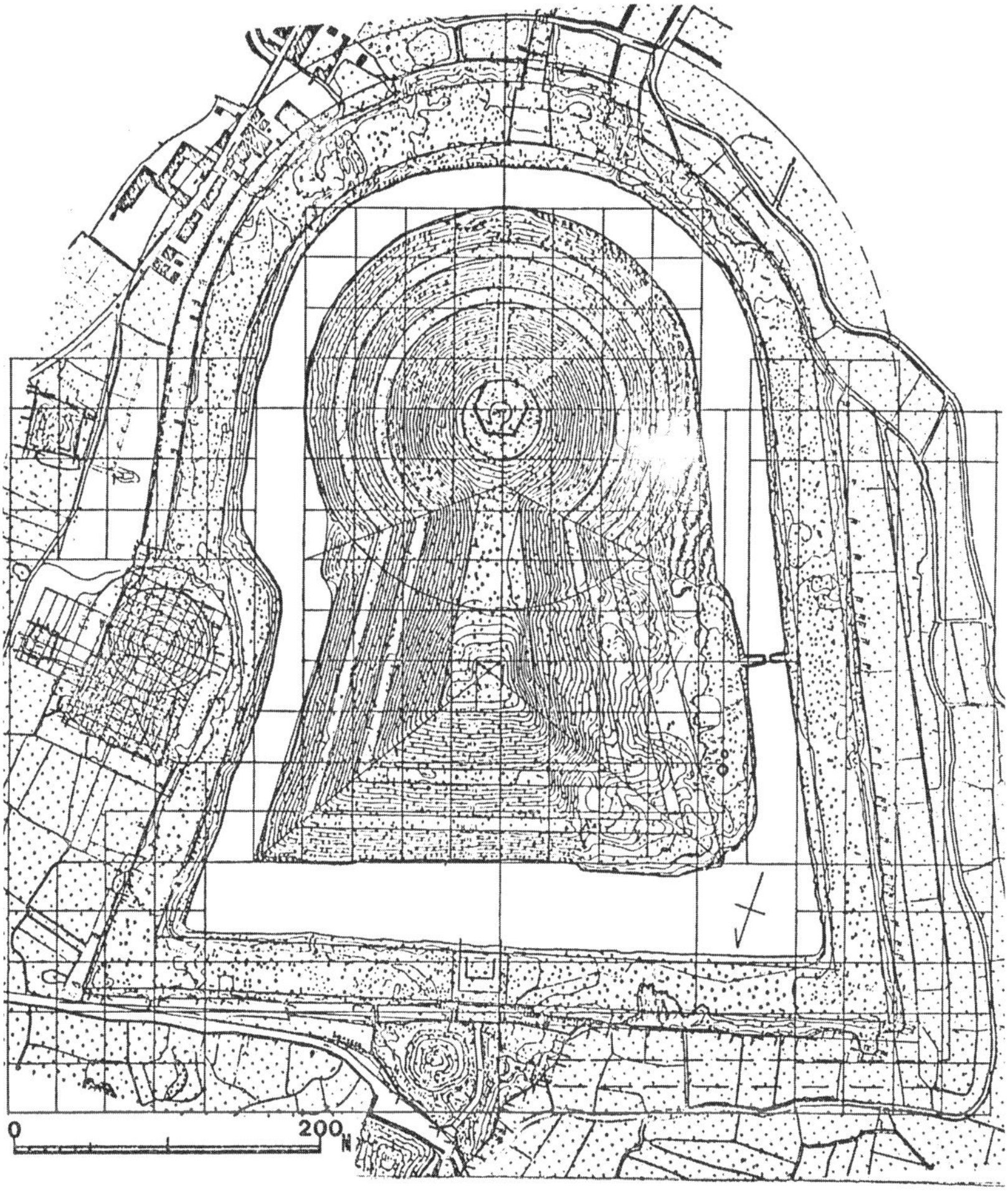

図 28　誉田御廟山古墳の築造企画
5 区型、1 区 20 ヒロ、1 ヒロ 160 cm

誉田御廟山古墳、大山古墳とも一区二〇ヒロ、一ヒロ一六二センチ前後の大ヒロで設計されている。誉田御廟山古墳は五区型（図28）、大山古墳は七区型で、前段階の石津ヶ丘古墳の六区型の王統の設計を直接に継承しない点が注目される。先に、古墳の前方部の設計は王統系譜の「形」をあらわすと指摘したが、王統系譜や身分秩序が制度的に成立し記録される機構のない社会では、〝身分帳〟の代わりに大地に刻み込まれた〝古墳〟という現物で具体的な形にあらわし、見せつけることが必要であった。

超巨大古墳の出現の背景をこのように検証していくと、古市・百舌鳥古墳群の成立、とくに巨大前方後円墳の出現は、その古墳の被葬者たちの権力や権勢を見せびらかすためのものではないし、いつ来るかもわからない海外からの使節に誇示するためのものでもないことがわかる。あくまでもヤマト王権と地域の王権とのせめぎあいや対抗関係という明らかに倭国内の歴史的状況から生まれてきたものであることが古墳の対比から説明できる。

一まわり大きくなる可能性の大山古墳

大山古墳の設計は、かつて私たちが共同研究で検討した時点では八区型、一区一九ヒロ、一ヒロ一六〇センチで造営されたと考えた。それは公開された陵墓地形図をもとに、後円部直径二四三メートル、墳丘長四八六メートル、前方部幅三〇四メートルを参考数値としてきたからである。

宮内庁には、全国の陵墓の実測図「陵墓地形図」が保管されていて、最近各地で正確な航空測量やデジタル測量の資料が作成されるまでは、古墳実測図資料として重要な一等資料であった。陵墓地形図は戦前、天皇家財産を監理していた帝室林野局が測量したもので、関西を中心に主要な前方後円墳の多く

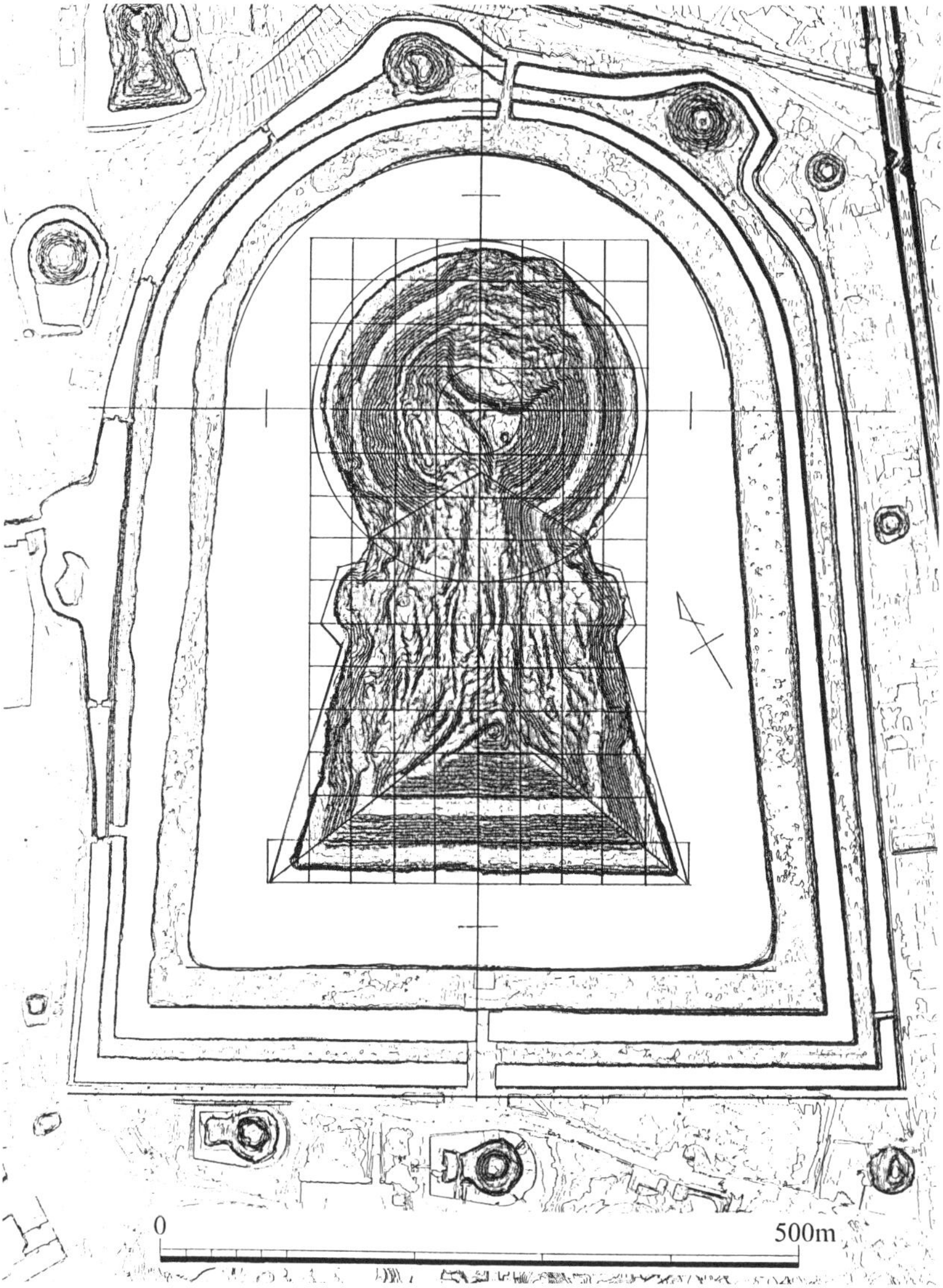

図 29　大山古墳の築造企画
7 区型、1 区 20 ヒロ、1 ヒロ 165 cm

が陵墓として治定されているため、戦後も一九六〇年代まで陵墓実測図を自由に見る機会は限られていた。

多くの周濠をめぐらせた陵墓では、濠の水が満水時の汀線をたいてい不動産境界にしているため、ここで墳丘の測量線が終わってしまっていて、実際の古墳墳丘の裾まで実測されていない。これは陵墓が天皇家の祖廟で、その静謐と尊厳を守るために学術調査といえども墳丘への立入を認めてこなかったために墳丘観察ができなかったことや、陵墓地形図の一般的公開が一九六一年に刊行された末永雅雄著『日本の古墳』（朝日新聞社）に採録されたものが最初で、これを手にするまでは古墳研究者も前方後円墳実測図資料として使う機会が閉ざされていた。このように前方後円墳の外形研究が遅れてはじまった研究であるため、陵墓地形図の墳丘を資料批判することなく、そのまま古墳の実測図資料として使った「錯誤」が大きな要因である。

宮内庁陵墓課は、陵墓墳丘への立入を求める諸学会にたいし立入を認めない代理措置として、一九九五年から三年間に延べ一八日にわたり、学会側が出した大山古墳墳丘の観察したい場所を踏査し、二〇〇一年に『書陵部紀要』五二号で報告した。その内容は第6章で紹介するが、それによると前方部墳丘長が約一〇メートル長くなり、後円部基底も約一〇メートル大きくなる可能性がある。この踏査によって、大山古墳は墳丘長が五〇〇メートルを超えるかもしれないという、墳丘規模をめぐる新たな問題が提起された。

このような墳丘規模を大きく変える可能性のあるデータが示されたことで、大山古墳の外形研究は再検討が必要になり、これまでの研究成果は参考資料程度に後退した。最新のデータをもとにすると、大山古墳は七区型、一区二〇ヒロ、一ヒロ約一六五センチとなるが（図29）、陵墓の墳丘原形をめぐる問題を含めて、第6章でくわしく論じたい。

日輪を九個連接した正方形区画で築造された土師ニサンザイ古墳

百舌鳥耳原古墳群の台地から、百舌鳥川の流れで切り離され結界をつくっている土師台地に、五世紀後半、土師ニサンザイ古墳が築造される。第1章でも述べたように、土師ニサンザイ古墳のほかに、同時期の定形的な設計の前方後円墳が城ノ山古墳一基以外、この台地には築造が認められない。分布している同時期の古墳は、前方部が三区までの長さの帆立貝形古墳ばかりで、土師ニサンザイ古墳の被葬者によるきびしい規制によって通常の前方後円墳が立地することが排除され、土師ニサンザイ古墳だけが台地全体を墓域としているような景観である。

先に広島県三次盆地とその周辺は約三〇〇〇基にもなる古墳密集地帯であると述べたが、五世紀後半から帆立貝形古墳の比率が高くなってくる。これはヤマト王権の土師ニサンザイ古墳の被葬者たる大王が朝鮮半島へ進攻する軍団編成にあたり、三次盆地に扶植してきた帆立貝形古墳被葬者を中級軍事官僚（将校）として地域の兵をまとめさせ、動員して朝鮮半島に向かわせたという構図が描かれるのではないかと考える。

三次盆地の帆立貝形古墳の中には、墳丘の中深くに構築された主体部や、墳丘平面にくらべて高い墳丘など、朝鮮半島からの渡来系の人たちの古墳と見る向きもあるが、倭の軍事官僚として朝鮮半島に長く滞在し、彼の地の墓制や古墳祭祀を招来してきた人物とみれば、倭人であっても矛盾はない。それと

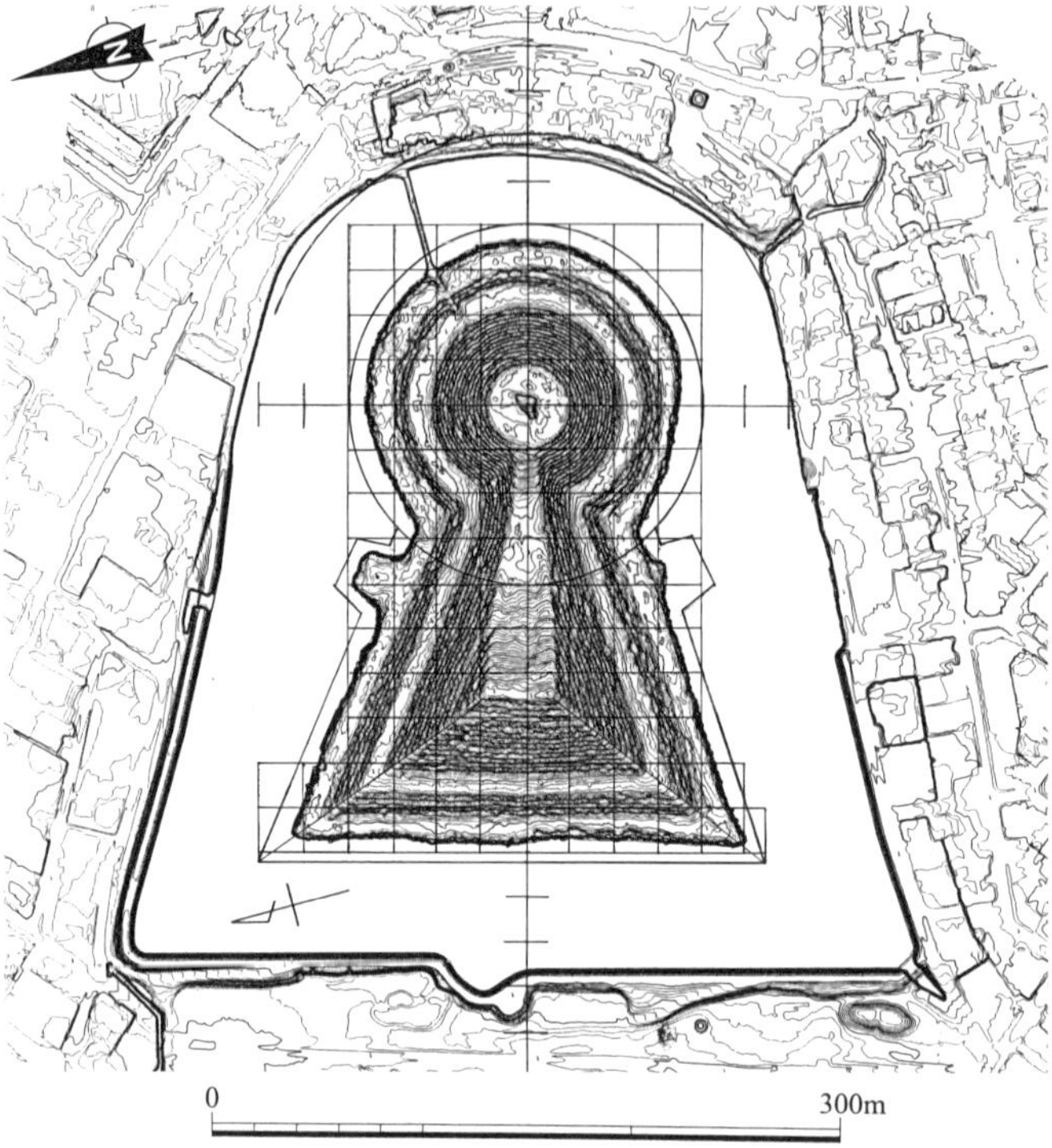

図30　土師ニサンザイ古墳の築造企画
6区型、1区13ヒロ、1ヒロ約161.5 cm

この三次盆地の軍事的性格を強くもつと考えられる地域集団は、倭国内では吉備の首長連合にたいする西側からの押さえともなる政治的布石であったことを示唆している。

ところで、土師ニサンザイ古墳の二〇一二年に実施された宮内庁による墳丘調査とそれに併行して実施された堺市の調査については、第5章でくわしく紹介をするが、それらの調査によってえられたデータによると、後円部直径一六八メートル、墳丘長三〇〇メートルになるという。

この最新のデータを土師ニサンザイ古墳の設計に導入すると、

六区型、一区一三ヒロ、一ヒロ約一六一・五センチの設計が復元できる（図30）。この設計は、奈良盆地の箸中山古墳（箸墓）を最初として、渋谷向山古墳（景行陵）から古市の仲津山古墳（仲津媛陵）をへて、百舌鳥の土師ニサンザイ古墳へと継承された大王墳の設計で、私は一九八五年に渋谷向山・仲津山・土師ニサンザイへとつづくヤマト王権の系譜性を墳丘の立体的観察から論証したことがある。(8)

墳丘各部分をすべて比較するのは煩雑になるので、後円部直径をそれぞれ対比すると、最近のデータをもとに①渋谷向山一七〇メートル、②仲津山一六八メートル、③土師ニサンザイ一六八メートルで、①は一ヒロ約一六三・五センチ、②は一ヒロ約一六一・五センチ、③は一ヒロ一六一・五センチとなり、墳丘直径のわずかなバラツキが一ヒロの〝個人差〟の範囲に収まる。現代人にとっては、それぞれ一メートルの大きさの差があると認識するが、倭の時代では、それぞれの大王のヒロで一区一三ヒロで計量した同じ大きさの円である。先にも書いたように、この一区一三ヒロが太陰暦の閏一三カ月の一年をあらわす数詞である可能性が重要である。

土師ニサンザイ古墳では、この後円部直径一六八メートルの日輪をあらわす円弧を縦横三個ずつ、計九個連接した五〇四メートルの正方形区画の中に二重濠をふくめた古墳全域が収まるように地割りしている（図31）。一つひとつの円弧が日輪を象徴し、一

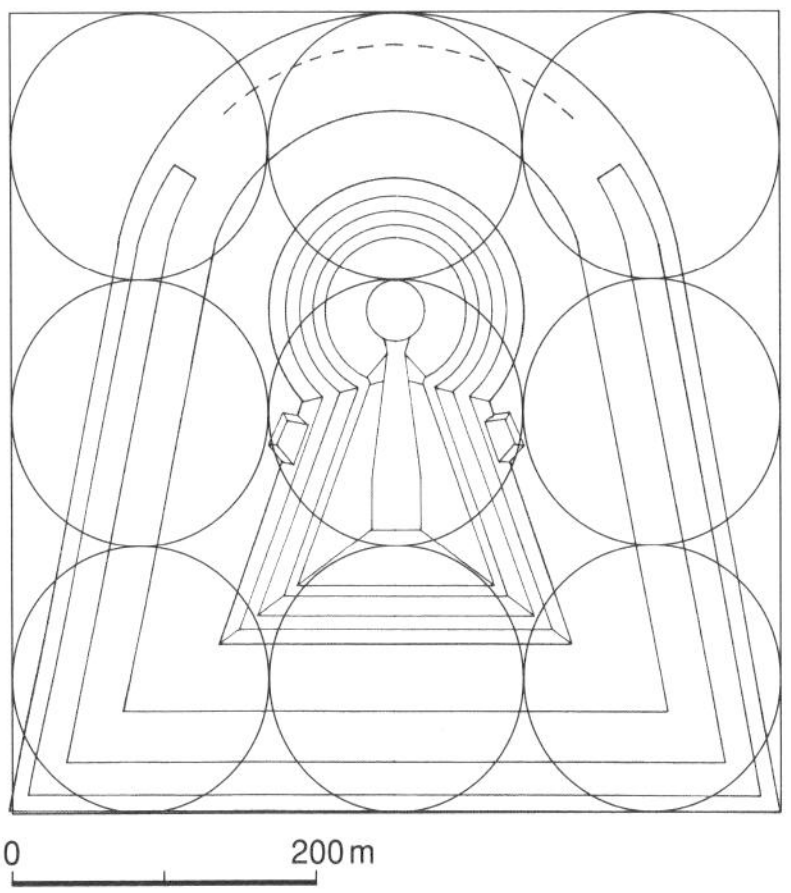

図31　土師ニサンザイ古墳の地割り
直径168メートルの円3×3の外周に収まる

つの円弧の中は閏一三カ月の一年が八区×八区の六四ならび、全体で五七六閏年となる宇宙観が土師の台地に敷衍され、まわりにはほかに前方後円墳を寄せつけず、その中央に巨大墳丘が聳え立つという演出で造営された大王墳こそ、南朝皇帝から安東大将軍号を認められた倭王「武」を除いて誰があろうか、と私は考える。埴輪や墳丘から発掘された須恵器の年代観から、「武」の古墳とするには古すぎるという見解が強いが、今後の検討課題として論議の深まることを望みたい。

墳丘長では、全国で八番目の大きさという評価がつねにつきまとうことと、陵墓の中では陵墓参考地という格落ちの地位に置かれてきたため、土師ニサンザイ古墳の占めている立地、それとこの設計のもつ重大な意義や背景を見落としてきた研究者側の不明もあった。前方後円墳の外形研究では、墳丘長の大小だけを抽出し、機械的にならべてランクづけする方法論のむなしさを感じる。(9)

これまでの倭の時代になかった壮大な宇宙観を前方後円墳の設計・企画に取り入れた土師ニサンザイ古墳の倭王は、前時代まで続いた巨墳の造営で倭国内の主導権を競い合うという原始性を残したタタカイに終止符を打ち、巨大な墳丘が王権の統治力を示した時代は終わりを告げる。

五世紀の百舌鳥・古市古墳群に、四半紀代に到達の域に達した一区一三ヒロの設計・企画の大王墳築造の枠を大きく超える巨大古墳が築造されたのは、四世紀末から五世紀にかけて朝鮮半島に進出したヤマト王権の挫折と、それを引き金にした吉備の対峙姿勢というヤマト王権の危機的状況を乗り切り、ヤマト王権の統治力と機構を再編成していった軌跡が集約されている。

五世紀の倭王たちが中国南朝に朝貢外交を繰り返し、大将軍号の除正を求めたのは、東アジアの国際的な階層秩序の中に倭王の地位を位置づけるよりも、倭国内で地域の王たちと倭王の差別化に南朝皇帝の権威を利用しようとしたのであって、中国大陸と地続きの朝鮮半島の諸国のように中国を宗主国とするまでのつもりはなかったのであろう。

倭は小なりと言えども倭王を頂点とする「小中華」であり、「小大国」であった。中国王朝との交渉を示す中国側の記録は、南朝梁の武帝の天蓋元年（五〇二）の『梁書』倭国伝を最後に途絶える。

倭王武は自称した安東大将軍号を除正され、征討将軍号を得て倭国内でならぶ者のない地位という実を取った以上、自らすすんで朝貢する必要性を認めなかったのであろう。

倭は朝鮮半島の諸国とはまた違った独自の中国観とスタンスをもっていたことを如実に物語っている。

3　前方後円墳を地面に地割りしてみよう

コナベ古墳の地割り実験をする

以上、前方後円墳の設計のナゾを解き明かし、その設計の原理を説明した。私は、この設計図のとおりに実際に前方後円墳の地割りができるか、実験をおこなってきた。

ここでは、最近新しく奈良県立橿原考古学研究所とアジア航測がデジタル測量をした奈良市の佐紀古墳群の中のコナベ古墳（小那邊陵墓参考地）をモデルにして、二〇一二年一二月、コナベ古墳近くの奈良市立一条高校の運動場でおこなった地割り実験（二分の一で）を説明しよう。

コナベ古墳は、奈良市街地の西にある佐紀古墳群の中の前方部を南に向けた前方後円墳で、二〇〇九年一二月に宮内庁陵墓課によって墳丘裾まわりに護岸工事をおこなうための事前調査がなされ、その現

奈良市立一条高校での地割り実験（2012 年 12 月）

場が考古・歴史学関係の一六学協会に限定公開された。私も文全協代表の一人として参加し、書陵部が調査のために墳丘裾に掘った調査トレンチをつぶさに観察してメモしたものをもとに、コナベ古墳の墳丘推定復元資料を作った。

コナベ古墳の濠は、早くから灌漑用の溜池として利用されていたために、濠の貯水量を維持するための浚渫が繰り返しおこなわれてきた。それと宮内庁は、墳丘の護岸工事の前に墳丘の原形を調査し確認して工事をおこなうという方針ではなく、護岸が墳丘の現況を損なわない範囲であればそれで良しとする考え方のために、学会側が原形を確認する調査をおこなったうえで護岸工事をするよう要望しているにもかかわらず、結果的に不十分な調査に終わっているという問題が残されている。

この問題は第5章の陵墓問題で取り上げるが、陵墓古墳の墳丘護岸工事とそれにともなう事前調査には、こうした課題が残されたままである。しかし、コナベ古墳については、現地で墳丘裾まわりの発掘トレンチを観察することで精度の高い推定復元が可能になり、五区型、一区一〇ヒロ、一ヒロ一六五センチ、後円部直径一三二メートル、墳丘長二一四・五メートル、前方部幅一四〇・二五メートルで復元することができる（図32）。

図33は、実測図に設計の推定復元の基本線を重ねてコナベ古墳の設計原図を示したもので、図34は、

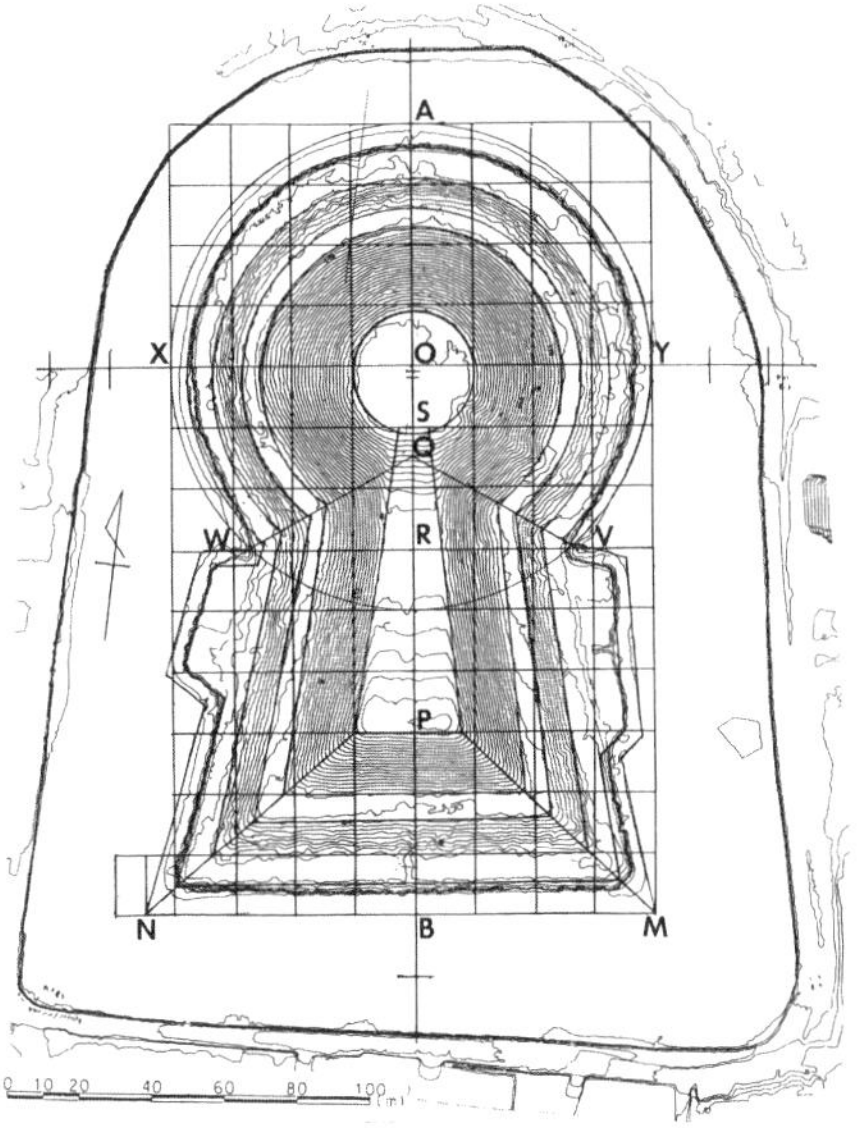

図 32　コナベ古墳の築造企画
5 区型、1 区 10 ヒロ、1 ヒロ 165 cm

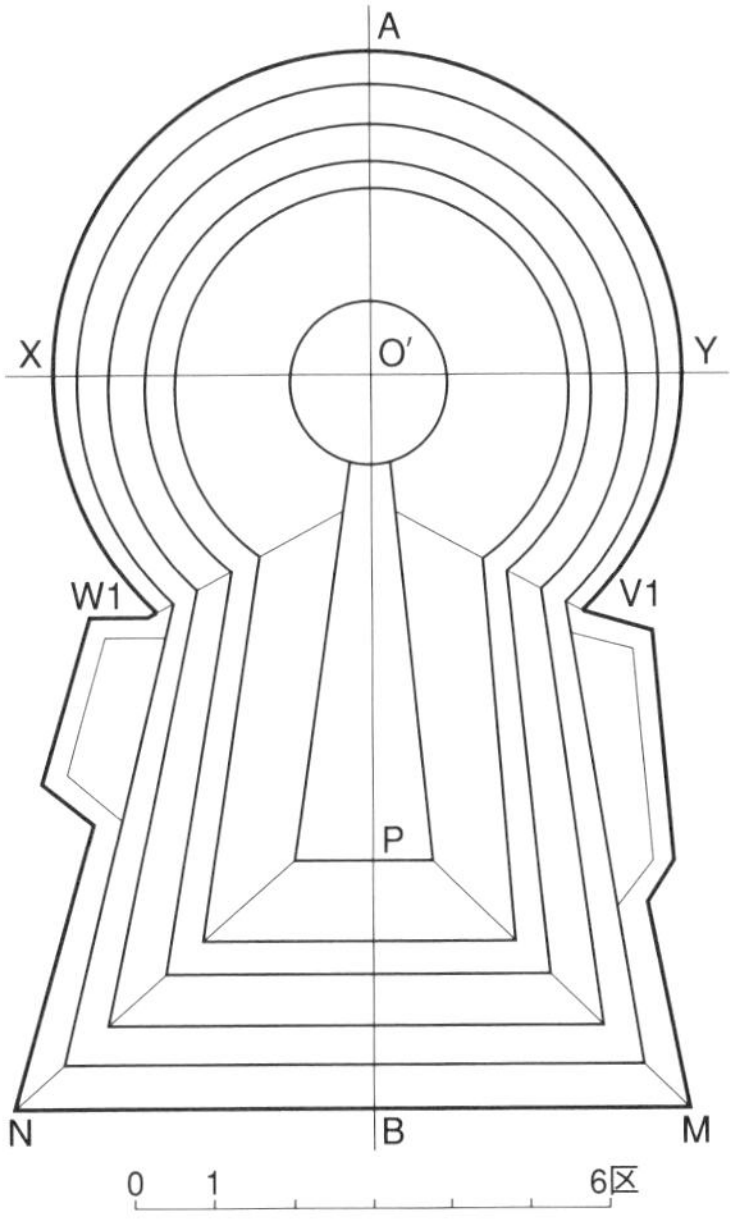

図 33　コナベ古墳の設計原図

この設計図をもとに実大のコナベ古墳を二分の一で校庭に地割りした際に作業順序を手引きしたマニュアル図である。

ところで、黄金分割とは、長方形の縦と横との関係など安定した美観を与える比とされ、その比を数字化すると一対一・六一八となる。結論から言うと、古墳地割りに明確に証明できる黄金分割を示すものはないが、ここで取り上げているコナベ古墳の地割りをよく見ていただきたい。後円部直径八区に対して墳丘長が一三区（後円部八区＋長方部五区）で設計されている。この縦・横比率は一対一・六二五になって、きわめて黄金分割に近い数値になる。私たちの日常生活の中では、郵便はがきが黄金分割に近い比率で作られたものとされているが、その縦・横の比率は一対一・五で、およそ黄金比率という程度であるが、五区型

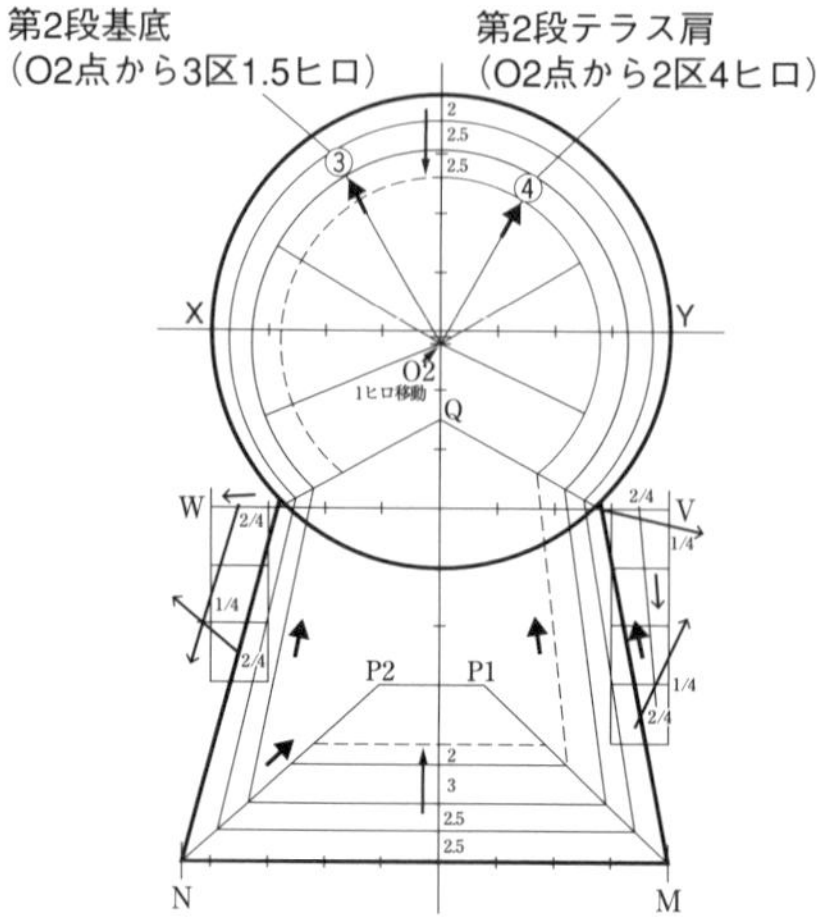

⑥段築と造り出しの線を引く

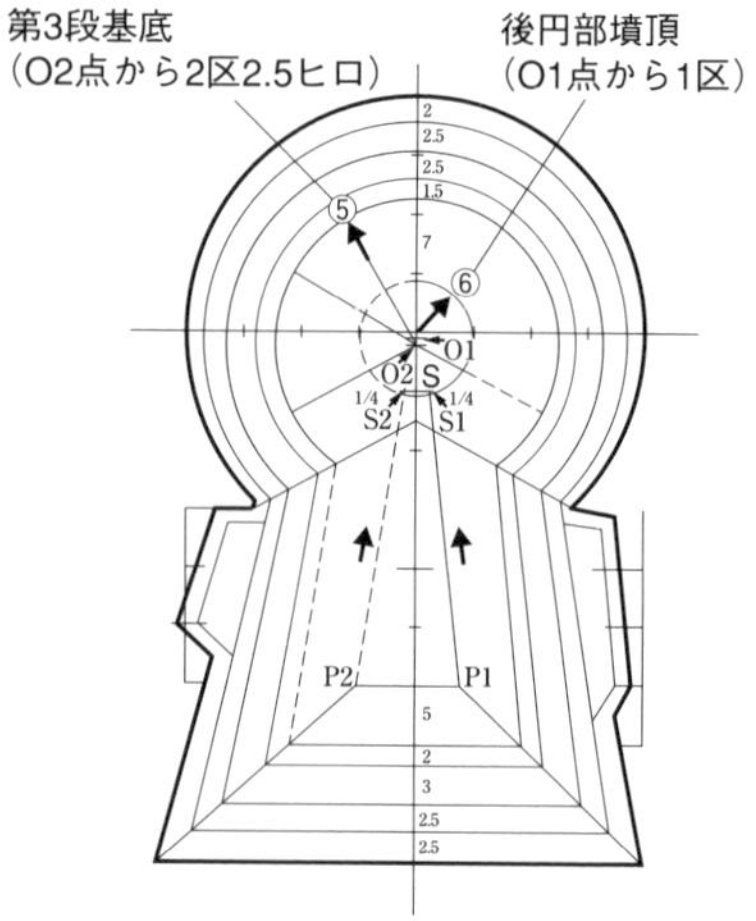

⑦墳丘頂と造り出しを描く

図 34　地割り作業の手順

実際の作業は、後円部を左右 2 グループ、前方部も左右 2 グループの計 4 グループに分けてするとよい。古墳時代の築造でも、各部分を分担して作業したと考えられる。

一条高校での地割り実験は、朝 9 時から開始し、昼食に 1 時間の休憩をとり、午後 3 時までに基底線から墳丘段築の 8 割方できたところで雨が降り出し中断したが、この大きさならば、校庭にゆとりがあれば 2 日間で地割りを完了できるだろう。

なお、コナベ古墳 1 ／ 2 の地割りは、群馬県高崎市の綿貫観音山古墳の実大に相当する。

①後円部O点を決め、
主軸線A-Bを引く

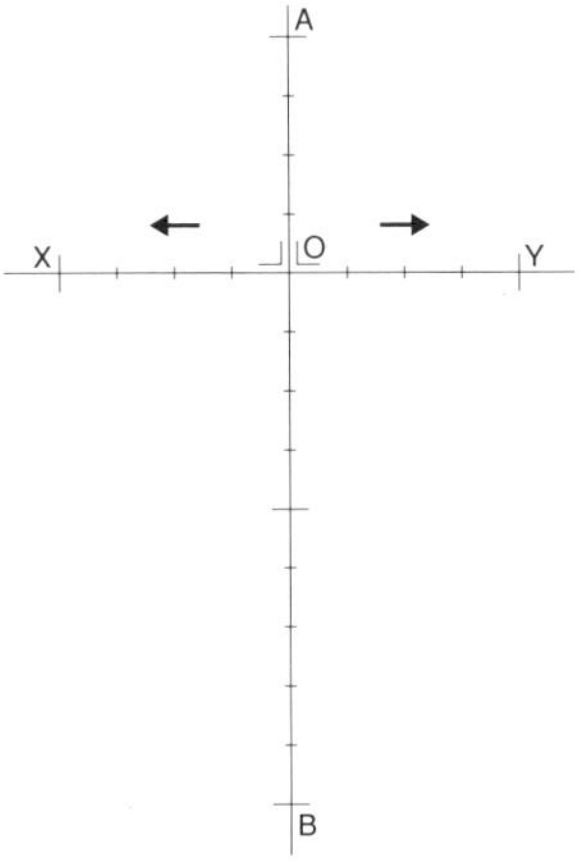

②横軸線X-Yを引く

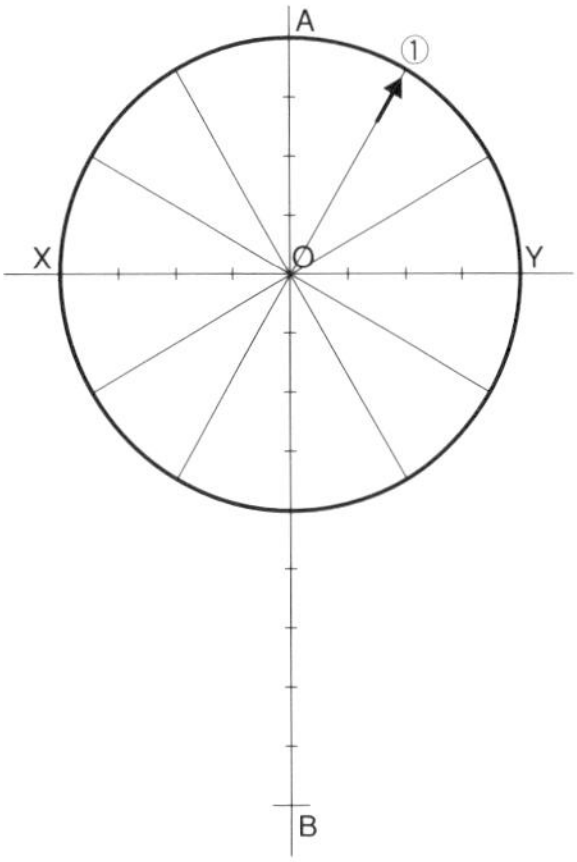

③後円部を描く

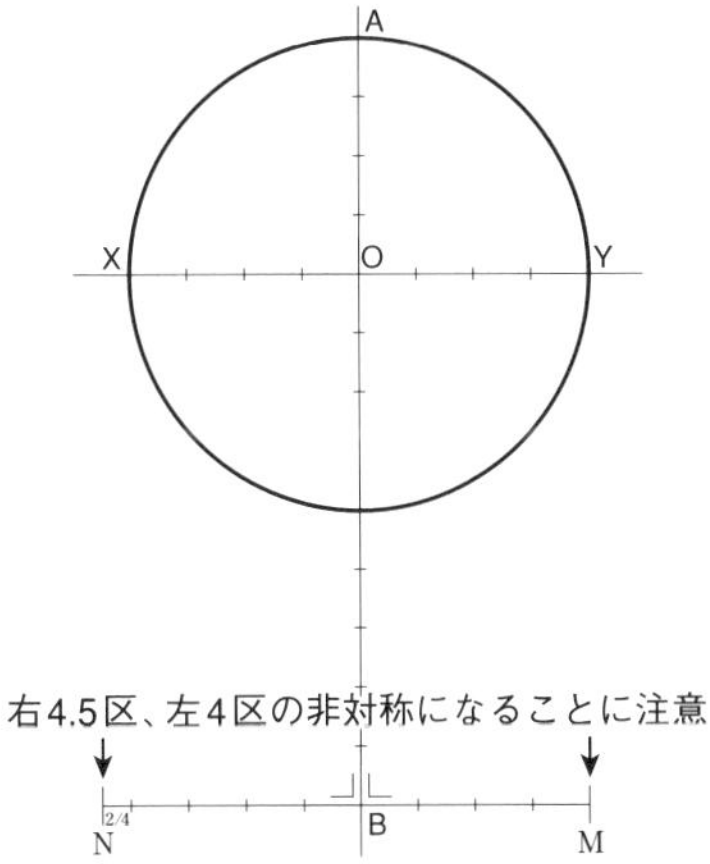

④前方部前端線を引く

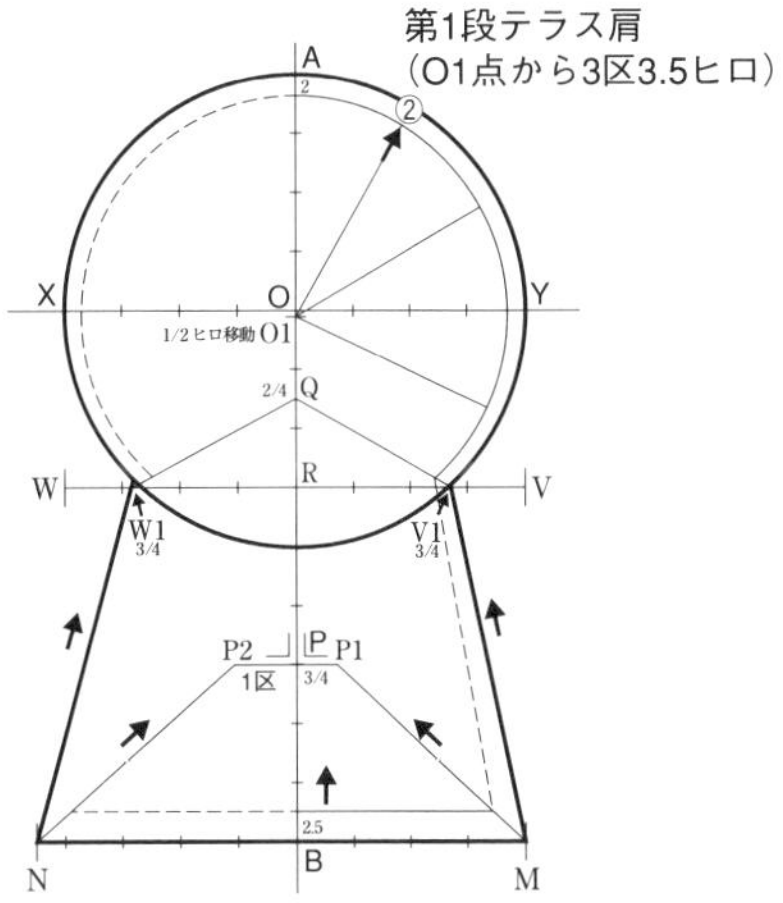

⑤墳丘の基準線を引く

前方後円墳、とくにコナベ古墳の設計が安定した感じをもっているのは、郵便はがきよりもはるかに黄金分割に近い縦・横の比率で築造されているからである。偶然かもしれないが、倭人の感性が直接感じられる古墳は、やはり楽しくなる。

日本古来の遺形工法の源流

一般にある図形を二分の一に縮小する時は、各部分の寸法を二分の一に換算した数値を割り出す必要がある。しかし、方形区画を使った技法では、方形のマス目の寸法だけを二分の一にすれば、部分部分の寸法をいちいち換算し直さなくても二分の一の図形が比例図法で直接描ける。つまり正方形のマス目をズームレンズで大きくしたり小さくしたりすることで、図形全体もズーミングできるという技法である。

私が共同研究で進めてきた地割り実験は、一九八一年に大阪府高石市の大園《おおぞの》古墳（三区型・帆立貝形古墳）の実大、一九八二年に大山古墳の八分の一の地割り実験を校庭を使っておこなったが、水糸を張って直線を引きヒロ棒を使って正確に計量していく技法は、はからずも古来から日本の大工が大きな造作をするときに使う「遺形工法《やりかた》」の基本を踏襲していたことがわかった。

遺形とは、建物や堤防などの工事施工の時に、図面により縄張りを定め、要所要所に杭（遺形杭、水杭）を打ち、杭と杭とのあいだに一定の高さに合わせた水平の貫板《ぬきいた》（遺形貫、水貫）を打ちつけて連結する。貫板に水糸を張り、建物や基礎の位置、高さなどを正確に決め現場に合わせた実際のレイアウトなので、狂いを未然に防ぐことができる日本の大工の伝統的な工法である。この遺方と、私たちがおこな

大園古墳・大山古墳の地割り実験
左：大園古墳（３区型、帆立貝形古墳、実大）、1981 年
右：大山古墳（８分の１）、1982 年

った前方後円墳の地割り実験は、基本的に同じ技法を使っていたことになる。逆に言えば、古墳地割りというような大がかりの土木工学的な作業の体験と蓄積が、遺形工法を集大成していったと言ったほうが正しいのかもしれない。

二〇一二年一二月におこなったコナベ古墳の墳丘実大の二分の一地割り実験では、一条高校の校庭をお借りしておこなったので、この校庭に入りきるように墳丘の向きを考えて、後円部の中心点を配置した。コナベ古墳の実大の二分の一ではかなりハードな作業になるので、使用する校庭の大きさや参加できる人数によって、一区のヒロ数を一ヒロから五ヒロ程度まで加減することで、縮尺は容易に任意の大きさに変更できる。コナベ古墳の二分の一では、墳丘基底線で一日、段築の線まで全部引くには二日は必要である。

コナベ古墳の地割り実験に使用した165 cmのヒロ棒
4等分の塗り分けが細部の割り付けに威力を発揮する

道具はヒロ棒と釣り糸

実際の推定復元では、五区型、一区一〇ヒロ、一ヒロ一六五センチなので、ホームセンターで直径二・八センチの丸棒二〇本を長さ一六五センチに切り揃えてもらい、奈良世界遺産市民ネットワーク（現在・奈良歴史遺産市民ネットワーク）の会員有志の人たちによって、一六五センチを四等分した黒または赤の縞模様に塗り分けてもらった。この一六五センチのヒロ棒を四分割にした古墳地割りのモノサシは、細部を四分の一、二分の一、四分の三などに分割する時に非常に便利で、計算上は分数や小数点がつく計算がヒロ棒だけの操作でたちどころに割り付けできるという利便性があることが、一九八一年の第一回の大園古墳地割りの時にすでに確認していた。

後円部を横断する横軸線や縦断する主軸線（中軸線）、前方部前端線など主要な基準線は、投げ釣り用の釣り糸が丈夫で使いやすい。五組ほど用意する。学校校庭で地割りする時は、水平の平坦面なので、水糸の水平を割出す手間が省ける。

地割りの手順（図34参照）

①後円部O点を決め、主軸線A—Bを引く

地割りの作業風景

後円部中心点O点は日輪の象徴であり、そこを縦に貫通する主軸線（中軸線）A―Bを引く。

②横軸線X―Yを引く

O点を横に貫く横軸線X―Yは、古墳造営に先立つ祭祀儀礼やカミガミに対する鎮魂祭祀がおこなわれたもっとも重要な基点と考える。O点で主軸線A―Bにたいして横軸線X―Yを正確に直交させる。直角を割り出すには、「三：四：五」の比率で正確に目盛りをつけた細引きのヒモで直角三角形を作り、三と四のあいだにできる直角で確かめるとよい。ヒモの長さは、ヒロ棒を元に四分割した目盛りを単位にして作ればよい。これは「勾《こう》股《こ》弦《げん》」と言い、原理はピタゴラスの定理で、エジプトのピラミッドでも使われていた歴史をもつ。

③後円部を描く

後円部の円弧は、中心点O点から水糸を張り、ヒロ棒を各自もって連接させていっせいに測れば、ヒモを張って測る場合の縄伸びの誤差もなく、正確に計測できる。一区のマス目を計則する時も、ヒロ棒を連接させて測れば、誤差はほとんど生じない。

④前方部前端線を引く

前方部前端線M―Nを主軸線A―Bに直交させるが、M―BとN―Bは左右非対称になることに注意。これは前述したように、喪葬儀礼において全き性を避けた倭人の精神世界を、古墳の墳丘外形においても非対称に造ることによってあらわしている。この非対称墳丘の設計が古墳築造の技法伝承の過程で継承されて、系譜性を表徴する様式になっていく。

⑤墳丘の基準線を引く

くびれ部は、まずO点より前方部へ三区のQ点を定める。つぎに、六区のR点を基準として、主軸線A―Bに直交する横線V―Wを引く。そしてV1―Q―W1の三角形でくびれ部の接続する位置を決めて出来上がる。このようにくびれ部は、後円部と前方部が決まってから後で位置が決まってくる副次的な基準点で、くびれ部から前方部の設計がはじまるのではない。V1とW1点の位置は、一区の四分の三の位置にあることに注意。

⑥段築と造り出しの線を引く

後円部の段築の線を引く時は、後円部の円弧の中心がO点から少し移動することに注意する。後円部円弧の基底部は中心点O点の円弧、第一段テラス肩はO1点の円弧、第二段基底から第三段基底まではO2点の円弧と、円弧と中心点を移動させながら後円部段築の形成に変化をもたせて築造している。

前方部は、まず前方部正面の段築を正確に形成してから、左右の前方部隅角の稜線を決める。前方部側面は、この隅角と後円部のW―Q―Nのくびれ部の三角形の折線に位置する後円部各段築の肩と接続して形づくる。このように前方部側面は、後円部と前方部正面が形成された後でないと出来上がらないので、くびれ部は前方後円墳築造の第一次的な基準でなく、副次的に形づくられてくることがここでも理解できる。

⑦墳丘頂と造り出しを描く

後円部墳丘頂は、後円部中心点O点より前方部に一ヒロ移動したO2点を中心として、半径一区の円弧で描く（直径二区）。さらに前方部側で中軸線から左右1／4区の点S1とS2と、前方部墳長前端のP1とP2を直線で結び、墳丘頂平坦面の線引きを完成する。

造り出しは、一区を四等分した四分の三、四分の二、四分の一の単位を組み合わせて、水糸を引きまわして割り付ける(10)。

急がれる外形研究基準の国際的規格

このように前方後円墳の地割り実験は、簡単な道具を使い、単純な作業を根気よく繰り返すことで、誤差もなく驚くような精度で出来上がっていく。プラスマイナス五パーセントは誤差のうち、などと言うのは、この技法を生み出し感性を研ぎ澄ました倭人たちに失礼である。

ちなみに、前方後円墳という名称は、一八〇八年に蒲生君平《がもうくんぺい》が『山陵志』に「必ず宮車を形取り、前方後円とせしむ」にはじまり、二〇〇〇年あまりがたった。日本では小学校の子どもでも知っている用語であるが、偏った見解にはじまり、歴史的な手垢があまりにもつきすぎてしまった。私は、一九九七年にドイツのジーゲン大学で開催された国際計量史会議で、「前方後円墳の築造企画と尺度」と題して発表したことがある。その時の英文レジュメでは、前方後円墳を「カギ穴形の古墳」と表現した。

前方後円墳以外の古墳が、円墳、方墳などと、形態を簡潔にあらわしているのに、なぜカギ穴形をした古墳だけを「前方後円墳」とよぶのか説明に困る。後円部が中心であれば「円方墳」でもいっこうに差し支えない。

百舌鳥・古市古墳群が世界遺産になった時、海外の研究者がこの変わったカギ穴形の古墳に興味をもって参入してきたら、前方後円墳という用語に安住している日本の研究者が、シビアな彼らに立ち向かえるかという危惧を覚える。

本章で述べてきたように、築造企画の基準、尺度論などについて、あまりにも細分化され、ガラパゴス化してしまった前方後円墳外形研究のタコツボから出て、国際的に通用する客観的な基準や視点、名称を協議してまとめなければならない段階が迫ってきていると思う(11)。

第5章　陵墓はなぜ問題なのか

1　削られた土師ニサンザイ古墳の外濠

土師ニサンザイ古墳が大変や

一九七五年一一月二〇日の早朝、研究仲間の石部正志さんと土師ニサンザイ古墳に向かった。前日の午後、情報をキャッチしたNHKの記者が森浩一さんに意見を求めてきたことから、私たちの知るところとなり、早朝の出動となったのである。自宅開業の歯科医は、夜間診療もあって夜更かし朝寝坊で、ギリギリまで寝ているのに「殺生やな」とぼやきつつ、寝ぼけまなこで車を走らせた。

土師ニサンザイ古墳の後円部側の外堤は大きな墓地となっていて、その墓地に北側から車を乗り入れると、後円部東側の濠の中に土砂が押し出されてブルドーザーが置かれている。「ナンやこの工事は？」と事情がわからないままにカメラをとり出し写真を撮った。晩秋の朝日は昇る角度が低く、地面をはう

土師ニサンザイ古墳後円部側の内濠外堤の工事
濠の内側に張り出して護岸工事をしている（1975年12月）

ように射す光に、私の影法師も長く延びていた。八時頃になって工事関係者が出てきたので聞いてみると、後円部側にある「墓地を濠の中に拡幅する工事」だと言うが、それ以上のことはよくわからないとのことであった。

この少し前の一一月一五日に、「イタスケ古墳史跡指定二〇周年記念・百舌鳥古墳群を学ぶ市民の集い」が泉州の自然と文化財を守る連絡会議主催・堺市教育委員会後援で、イタスケ古墳近くの堺市農業協同組合会館に三五〇人ほどの市民が参加して開かれたばかりであった。

イタスケ古墳の保存運動で中心的に活動した森浩一さんの基調講演と岡山大学の春成秀爾さんが「陵墓古墳」の学習講演をして、堺市教育委員会の代表が「百舌鳥古墳群をはじめ市内の文化財保護にいっそう努力する」と挨拶した。しかし、この講演会の後の意見交換の席で、堺市職員のO君の発言が気にかかった。「イタスケ古墳が史跡指定になったて言うても、墳丘だけが史跡になっただけですよ。まわりの濠はまだ民有地のままですよ」。喜ぶのはまだ早いと言わんばかりの発言だった。

会の進行係をしていた私は、思わず「それでは濠も含めた保存の市民運動を、またはじめろと言うんですか？」と言いたかったが押さえた。イタスケ古墳の墳丘は市民運動にまで高まって保存された。その周辺の問題は行政にたずさわる堺市が対処し、手にあまることがあれば市民に呼びかけて協力を求める――こうした教訓を学ばなかったのかと思った。

濠を含めた保存を今後も継続していくという方向性を確認したところで会は終わったが、釈然としないものが私の気持ちの中に残ったままだった。そこに数日ほどで、この早朝の出動だった。

埋め立て工事の問題点

土師ニサンザイ古墳は墳丘だけが「東百舌鳥陵墓参考地」になっているものの、周辺部一帯は一重濠を含めて民有地のままになっていて、濠は古くから水田の灌漑用の溜池になっていた。濠は水利権のある地区町村の財産区財産で、濠に接している後円部側の内堤にある墓地の敷地は、日頃から強い西風をうけると削られ浸蝕されてきた。

この濠を公園用地として堺市が公有化するにあたり、浸蝕された墓地を原状復帰して（つまり濠を埋め立てる）墓地の区画を新たに増やし、そこに遊歩道をつける計画だった。つまり要望の多い分譲希望者に墓地を提供し、濠を公有化して公園用地にするといった、三段論法的なシナリオがあったようである。

埋め立て工事は、堺市公園課が主導しておこなったようである。しかし、土師ニサンザイ古墳の設計の復元は、第4章で詳述したように、一六一・五センチのヒロで一区を一三ヒロにとって設計しているから、一区は二一メートルになり、これが墳丘から周辺部までを地割りする基本単位になっている。後円部半径は四区で八四メートル、濠幅二区で設計すると後円部中心点から六区一二六メートルの半径で後円部側の内濠の円弧（r）が設計されていた。

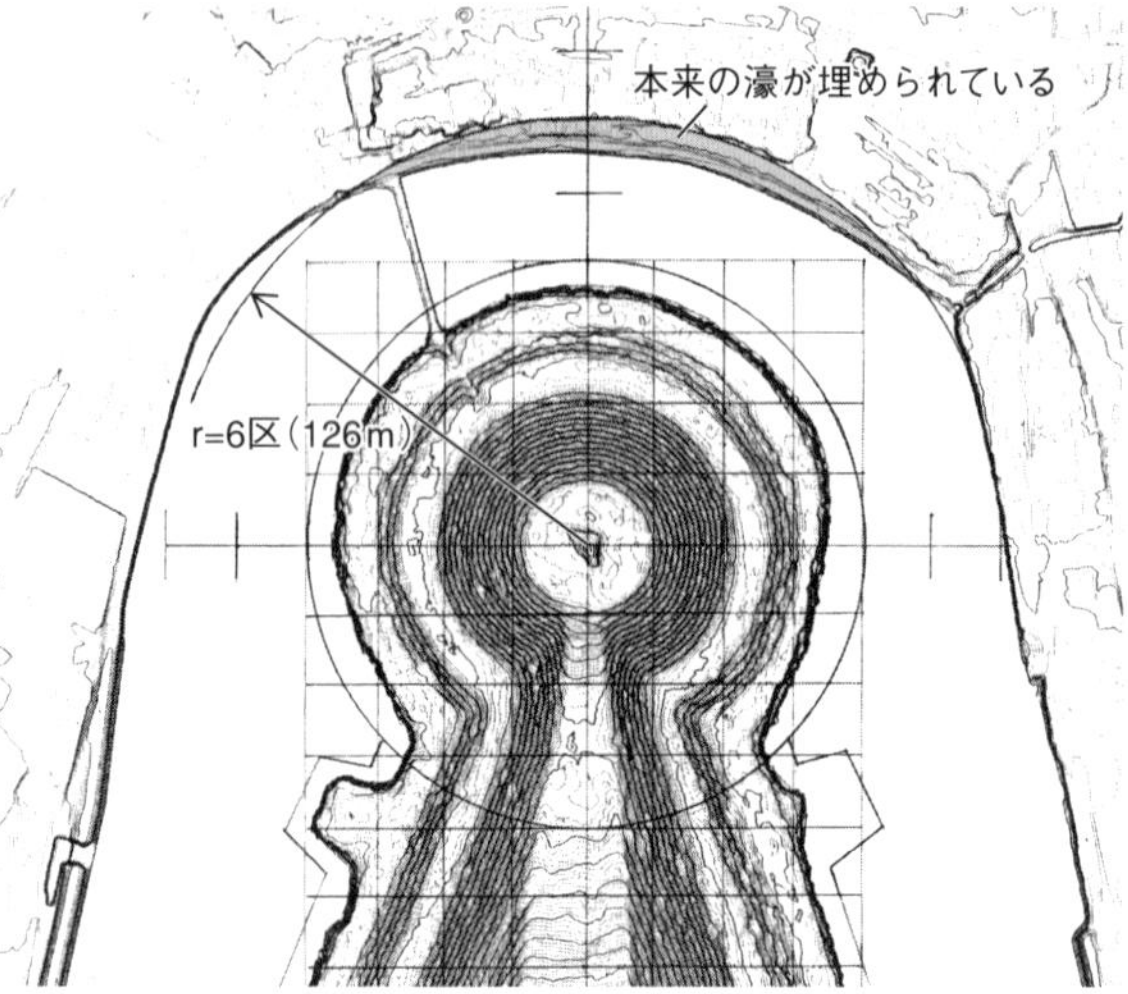

図35　狭められた土師ニサンザイ古墳の内濠

ところが、浸蝕された墓地を原状復帰するという名目で、約一〇メートルも濠側に張り出すように、護岸の半径（r）を設定したようである。現場で見ると濠に沿ってカーブを描いているように見えるが、実測図の上ではニサンザイ古墳全体の構成とはまったく違う、異質な円弧が後円部の濠の中を占拠してしまっているのだ（図35）。

堺市教育委員会は、この工事の後で濠の外堤線を調査し、西風によって墓地が浸蝕されたというよりも、墓地のほうが濠へ張り出していたという見解を出していたようである。しかし、時すでに遅しで、墓地という施設は一度出来上がると、理屈だけで別の場所へ移転や撤去が簡単にできなくなる。今後、古墳の原状回復をするために墓地の移転をしていくには、五〇年単位の気の遠くなるような歳月が必要になるだろう。

本来ならば、墓地を拡幅する前に土師ニサンザイ古墳の濠の原状を調査し、それを損壊しない範囲で墓地を造るべきところを、逆の手順になっている。イタスケ古墳史跡指定二〇周年記念の集いの意見交換の時、堺市職員O君の発言に釈然としない思いをしたが、あの発言がこの埋め立て工事のことを示唆していたとすれば、妙に納得できるなと思った。

この問題が明らかになった段階でいったん工事を中止し原状復帰することが文化庁、大阪府、堺市、地元町会で確認されたものの、翌年の一九七六年四月にはコンクリート護岸は完成し、さらに北側の内濠外堤（墳丘右側）から前方部にかけて大規模な護岸工事が事前の文化財調査もされないままに進められてしまった。(1)

陵墓治定の問題点

私は、前方後円墳の時代には天皇陵は存在しなかったと考える立場であるが、仮に宮内庁の立場で土師ニサンザイ古墳を見た時には、なぜこの古墳が天皇陵でないのか不可思議な古墳である。

宮内庁が陵墓として登記している不動産は、皇室財産として国に属している。日本国憲法第八八条では、「すべて皇室財産は、国に属する。すべて皇室の費用は、予算に計上して国会の議決を経なければならない。」という条項が陵墓問題に取り組んでいく中で大きく立ち塞がることがおいおいわかってきた。

今まで、陵墓とか、天皇陵とか、陵墓参考地などという用語が出てきたが、ここで用語の説明をしておこう。

陵墓とは、一九四七年に制定された皇室典範第二七条で「天皇、皇后、太皇太后及び皇太后を葬る所を陵、その他の皇族を葬る所を墓とし、陵及び墓に関する事項は、これを陵籍及び墓籍に登録する。」とあって、陵墓参考地という規定はない。明治一〇年代に陵墓と確定できない天皇・皇族の陵墓の可能性のあるものを「御陵墓見込地」とし、さらに「御陵墓伝説地」に変更したが、一八九七年（明治三〇）には「御陵墓参考地」に改称され、一九二六年（大正一五）に「陵墓参考地」に統一されて今日に至っているが、敗戦によって廃止された「皇室陵墓令」にも記載がないなど法的に不安定な位置づけにある。また、陵墓参考地には、陵墓では通常前方部正面に設けられている鳥居のある「拝所」もなく、継続した祭祀はおこなわれていない。相撲でたとえてみると、幕内力士と幕下力士の格差みたいなものである。

一方、皇室典範第二七条にある「陵籍及び墓籍」は、現在まで公開されたことがない。宮内庁の事務用とされる『陵墓要覧』には、いわゆる神代三代（神武天皇の曽祖父、祖父、父）から現代に至るものであるが、ここに記載されている「陵」と「墓」の分類は、当然、皇室典範第二七条によっている。この『陵墓要覧』によると、陵一八八、墓五五五のほかに、分骨所・火葬塚・灰塚など陵に準ずるもの四二、髪歯爪塔など六八、陵墓参考地四六があり、総計八九九カ所におよんでいる。

さて、土師ニサンザイ古墳は、陵墓の中では天皇陵より〝格下〟の陵墓参考地のためか、古墳本来は一辺が約五〇四メートルの正方形区画の中に縦横が収まるように設計された巨大前方後円墳であるにもかかわらず、前方後円形の墳丘だけが皇室財産の陵墓で宮内庁の監理下にあり、幅の広い内濠（一重濠）や内堤、さらにその外側をめぐる二重濠や外堤は民有地のままになっていた。

戦後まもなくの頃は周辺部の開発もなく、百舌鳥から土師を経由して土塔へ通るバス通りの一九七号線が後円部北東部を斜めに貫通している程度で全体がよく残っていた。しかし、一九六〇年代に入り周辺の区画整理事業がはじまると、正方形の区画内や内堤まで宅地、道路で切り刻まれて、古墳の歴史的景観や環境は一気に悪くなった。

その当時、土師ニサンザイ古墳を卵にたとえて、陵墓は卵の黄身だけで、白身（内濠と内堤）や殻（二重濠と外堤）は卵でないのかと皮肉ったものであるが、文化財として陵墓を古墳本来の原形まで保存しようとしても、「皇室財産」がネックになって簡単にはいかないことがわかってきた。つまり土師ニサンザイ古墳を本来の原形どおりに残そうとすると、内濠、内堤、二重濠、外堤まで含めた全域を買収して公有化しなければならない。

この公有化が陵墓＝皇室財産になるとすれば、国会の議決がなければ予算化も買収もできないし、皇室財産は現状以上に増やさないという制約に直面して、陵墓参考地であるがために、様式美の極限にまで達したすぐれた文化財である土師ニサンザイ古墳の保存を難しくしてしまっている。

私たちは、何度も大阪府と交渉し、内濠を含めた一重目の外堤部分の公有化と史跡指定を目指すよう交渉したが不調に終わった。墳丘だけが陵墓参考地として宮内庁が監理する皇室財産で、それが抜け落ちた濠と堤だけを公有化しても、大阪府にとっては管理上の仕事が増えるだけでメリットはないと考えてもおかしくはない。

こうした制約の中で、堺市が地区の財産区財産である内濠を公園用地として公有化を進めるには、墓地を浸蝕した濠を埋め立て原状復帰するという名目のもとに墓地を拡幅して墓地区画を増やすことで、地元地区と取引をしたというのが真相ではなかったかと、私は憶測する。

2　宮内庁と学会の「懇談」

学会が宮内庁に保護と公開を要求

陵墓は、土師ニサンザイ古墳の濠の埋め立て工事で露呈したように、天皇陵でも大部分が墳丘とせいぜい一重目の内濠まで、陵墓参考地などは大部分が墳丘やその一部が治定の範囲であることから、境界柵の外側は開発の餌食といった感があった。また、陵墓の治定の範囲内は、後に詳述するように、考古学研究者が研究目的といえども立ち入りができないなど、考古学・古代史の研究に大きな弊害となっていた。

こうした陵墓問題に対して、一九七二年四月に文全協が、五月には日本考古学協会が陵墓に指定された古墳（陵墓古墳）の破壊の阻止と公開を求める声明を発表した。また、同年四月には、考古学研究会が「陵墓」問題小委員会を設置して、陵墓問題に取り組むことになった。しかし、この時点では、学会や協会がそれぞれ個別に運動をしているというのが実態であった。

一九七五年一一月に土師ニサンザイ古墳で起こった濠の埋め立て工事は、マスコミ各社がいっせいに報道し、同月二一日に関西を中心とした文化財保存運動団体が連名で緊急保存の要望書を提出した。いったんは工事を中止し原状復帰することが確認されたものの、原状復帰どころか何らの措置もなされないままに、翌年四月にはコンクリート護岸が完成されてしまったことは前述した。こうした事態に至って、同年五月に考古学・歴史学・歴史教育の一〇学協会が連名で「「陵墓」の保護と公開を要求する」声明を出した。その声明の内容は、つぎのとおりである。

一　「陵墓」等に指定されている古墳で、宮内庁所管区域から外れている外域部分の完全保存を、国および地方公共団体は責任をもって直ちに実施すること。そのために土地買収が必要な場合の経費は国が全額負担すること。保存に際しては、地域住民の権利を十分に保障すること。

二　宮内庁は、非公開の発掘調査と「陵墓」整備諸工事をとりやめ、必要な調査や保存整備は文化財保護に責任をもつ文化庁にゆだねること。

三　文化庁は、「陵墓」に関する文書、記録、見取図、実測図、写真及び出土品を全面的に公開すること。「陵墓」の学術調査を許可し、一般国民の「陵墓」内見学についても便宜をはかること。

四　国および地方公共団体は、「陵墓」をふくむ古墳群のすべての古墳と、古墳群域内の諸遺跡の完全保存のための抜本的措置を協力して直ちに講ずること。

この要求にもとづいて、宮内庁書陵部との交渉が、諸学協会の連合した行動としてはじまることになった。「陵墓の保存と公開」を求める学会は、当初一〇学協会だったが、現在は、大阪歴史学会、京都民科歴史部会、考古学研究会、古代学協会、古代学研究会、史学会、地方史研究協議会、奈良歴史研究会、日本考古学協会、日本史研究会、日本文化財科学会、日本歴史学協会、文化財保存全国協議会、歴史科学協議会、歴史学研究会、歴史教育者協議会の一六学協会（陵墓関係一六学協会ともよぶ）が参加している。

このように、土師ニサンザイ古墳の濠の埋め立て工事は、学会が連合して「陵墓の保存と公開」を求める運動に発展する契機となったということでは、私にとって意義深い出来事となった。

宮内庁書陵部との懇談の記録

宮内庁書陵部と考古学・歴史学・歴史教育関係の学協会連合代表との懇談は、一九七六と七七年におこなわれ、一九七九年からは毎年開催されて現在に至っている。書陵部は学会と「交渉」するというスタンスを避けるために、学会関係者が面会を求めてくるので会って「懇談」しているという形をとっている。

最近では、この懇談は七月上旬をおよそのメドにして開かれているが、私は一九七九年から二〇一一年までの三二年間、欠かさずこの懇談に文全協陵墓委員として出席してきた。最近は陵墓委員を交替したので二〇一二年からは参加していないが、この三二年間にわたる懇談の中で交わされた歴代書陵部長などとのやり取りや、陵墓限定公開で問題になった主な語録をまとめてみた。

はじまった陵墓限定公開

一九七九年二月におこなわれた懇談では、学会が求めている陵墓への立ち入り見学を、陵墓内には立ち入りが認められない代わりに、書陵部陵墓課がおこなう陵墓古墳の営繕整備工事（主に護岸工事など）の箇所を、年に一回、一学会一名の枠でおこなうことが提示され、学会側もこれをうけ入れて、一〇月二六日に古市古墳群の白髪山《しらがやま》古墳（清寧陵《せいねい》）の見学が決まった。私は、限定された条件の中で、見学者の人数も制限された限定的なものなので、「限定公開」とよび、これが学会内で「陵墓の限定公開」というよび方に定着した。

翌一九八〇年八月の懇談の時、前年度の白髪山古墳の公開された場所が墳丘から離れた外堤周辺の護岸工事箇所ばかりで、古墳墳丘の観察にはほど遠いことを批判して、各学会の代表者が墳丘裾部分への立ち入りを求めた。

書陵部長と陵墓課長が参加している学会関係者の前で「墳丘裾部分への立ち入りはやむを得ないか……」と相談するところを、私たちは聞いていた。懇談の後、参加した学会代表者らは、「来年は、墳丘裾まで立ち入り見学ができそうだ！」という感触をもって、明るい気持ちで別れた。

一九八〇年五月に衆議院解散、衆参同日選挙決定後に大平首相が急死する。選挙結果は、自民党の安定多数となった。その年八月の懇談では、新しく代わった書陵部長が冒頭の挨拶で、「陵墓の墳丘裾への立ち入りを認めるとか、認めないとかいう事案については、前任者から一切引き継ぎはない」と強い調子で話し、学会関係者は一様に「自民党が安定多数をとった選挙結果がもろに出てきたな。陵墓古墳の墳丘裾への立ち入りは一〇年は後退することになるだろう」という悲観的な感触をもった。

陵墓という古代世界の事象が、現代社会の政治情勢によっていかようにも変えられる現場に直面した。

止められた写真撮影

限定公開がはじまった当初は、調査概要の説明資料も出されず、口頭で簡単な説明がされるだけだった。一九八二年九月の第四回の誉田御廟山古墳（応神陵）の限定公開の時は、黒板に前方部外堤に予定された調査トレンチの位置が書かれたのがはじめての「説明資料」だった。私は、ほとんどの学会関係者が自前の手持ち資料もなく参加するのを見てきたので、第二回の田出井山古墳（反正陵）の時から自主的に「陵墓検討資料」を作成して配布してきた。この時も陵墓地形図などの関連資料を配付したが、参加者が調査現場のトレンチの写真を撮っていたら、陵墓課の職員が私に「宮川さん、写真を撮らないよう言ってください」とつめよってくる。私は、自主的に参加者のお世話をしているだけで、見学者をまとめる幹事でも責任者でもないので困った。

そこで、つぎの一九八三年七月の懇談で、参加者は各学会を代表して参加しているので、学会への報告もしなければならないから、写真撮影は認めるべきだと、学会の要望として提案した。その結果、同年八月の第五回の淡輪ニサンザイ古墳（宇度墓《うどのはか》）から写真撮影が解禁になった。

「参加者はここへならんで参拝してください」

第一回から第六回までの限定公開は、誉田御廟山古墳（応神陵）にある古市陵墓監区（陵墓を監理する現場事務所）の管轄の陵墓で、おおらかな雰囲気で限定公開の見学がおこなわれてきたが、一九八五年一〇月の第七回の佐紀陵山《さきみささぎやま》古墳（日葉酢媛《ひばすひめ》陵）の時に予想もしなかった事態が起こった。陵墓監区の責任者が正面拝所のところで「参加者はここへならんで参拝してください」と学会関係者によびかけたので、現場で緊張が走った。

「参拝てなんでや？　どういうことナンや」。参加者は急遽集まり相談した結果、学協会連合の幹事団体である日本考古学協会から参加した東北大学の伊藤玄三さんが学会代表として参拝し、ことは収まった。現場には神式の拝礼をする祭具が用意されていた。参加者は、これまでの古市陵墓監区と違って、神武天皇陵を頂点とする畝傍陵墓監区の陵墓限定公開に対する対応のきびしさを肌で感じた。

大阪大学の都出《つで》比呂志さんが、第一回から六回までなかった拝所での参拝を事前の予告なく求められたことに対して、「思想・信教の自由に抵触する問題だ」という発言をした。この限定公開の後の一九八六年七月の懇談の席上、私は前回の限定公開で参拝を求められたことと、学会参加者から「思想・信教の自由に抵触する」という指摘が出されてきていることを話して、書陵部長の見解を求めた（当日、都出比呂志さんは欠席）。

懇談会の席にピンとする緊張が走ったことが忘れられない。陵墓を直接監理する陵墓監区の制服組の人たちは、半身を乗り出すように私に向かって「御陵に来てその中に入り、見ようとしているのに参拝を拒否するとは何事か！」というつめより方である。私は、内心とんでもない問題を出してしまったかなと思いながらも腹をくくった。

「私たちはそれぞれ、その古墳の被葬者に対する考えや想いをもっています。しかし、宮内庁が祭祀されている陵墓の被葬者と、それは必ずしも一緒ではありませんし、礼拝する気持ちもそれぞれによって違います。だから一列にならんで参拝するようなことはできないのです。古墳の被葬者に対しては、研究者の立場から尊崇する気持ちはもっているのですよ」と話した。ここでケンカ別れすることもあるまいとの思いからだった。

その時の書陵部長は、権柄ずくではなく、考え方に柔軟性があった。「天皇家の陵墓に見学に来られているのですから、やはり参拝はしていただきたい。しかし、全員でなくてもよいから、どなたか代表の方が一人、代表参拝してください。礼拝の形式は一切問いませんから自由にしていただいたら結構です」ということで決着がついた。問題の端緒を持ち出した私はホッとした。この時の部長は、また陵墓についてこんな見解も述べている。「陵墓は、限りなく文化財的な価値をもった存在であるとは考えているが、文化財保護法にいう文化財と同じではない」と。これを読まれた方は、この禅問答みたいな陵墓＝文化財のナゾ解きをしてください。

文化庁長官が書陵部まで来て意見を言えばいい！

土師ニサンザイ古墳の護岸工事については本章でもくわしく述べるが、陵墓古墳の墳丘の裾まわりが本来の原形を確認したうえでの護岸工事でないために、原形が損壊された〝瑕疵〟（きずもの）のある状態で保全されている問題を、懇談がはじまった当初から取り上げてきたが、皇室財産の規定がネックになって進まない。ある時の懇談で、私は「桂離宮などでは茶室の解体修理の時、壁土の構成を分析して、同じ処方の壁土を作り復元していると聞いているが、尊厳を一番大事にしている陵墓がなぜ元の原形を確認しないで瑕疵ある状態のまま護岸工事をしてしまっているのか」と問いただした。

担当の陵墓課の職員は「離宮と陵墓は違うんです」と答える。「なぜ離宮と陵墓は違うのか」と再度聞いても、同じ答えが返ってくるだけで説明はなかった。

また、ある懇談の席で陵墓が文化財としていかに重要な価値のある存在かを話していたら、その時の書陵部長が「そんなに文化財として重要だ、重要だと言うんなら、あんた方が文化庁なり建設省（史跡公園などの権限がある）へ行って直接かけあえばいいじゃないですか。それとも書陵部のやり方に文句があるなら、文化庁長官がここへ来て、それを直接話せばいい」と、まことに権柄ずくに言う。総理府直属の宮内庁の部局の書陵部と、文部省の一部局の文化庁との官庁間格差は、こんなところにも出てくるのだと唖然とさせられた。

「いいですか、私たちは道楽で陵墓問題のために一日仕事を休んで、往復の新幹線料金を自腹を切って東京くんだり（私は大阪在住で、広義には上方であるから、旧江戸の東京は下りである）まで来てるんじゃないのですよ。本来、月給もらっているあなた方がする仕事にとりこぼしがあるから、見かねてその後始末をするために来てるんじゃないですか！」と言いたくなることもあった。

〝尊厳〟を犯す超高層マンション問題

二〇〇五年秋、百舌鳥古墳群分布域の北限になる田出井山古墳（反正陵）の西側外堤から二〇〇メートル足らずの南海電鉄高野線堺東駅車庫跡に、超高層マンション建設のための住民説明会が開かれた。当時、小泉内閣で地域の活性化という触れ込みで、この政策の目玉法令である「都市再生特別措置法」を適用して、堺東駅西地域を「都市再生緊急整備地域」に指定して大規模開発をするとの説明であった。この説明会の後、隣接する三つの町内会の有志が自主的に集まって、「この開発、ホンマに大丈夫ヤロカ？」と疑問を持ちよって勉強会をはじめたのがきっかけになった。

当時の堺市長は、百舌鳥古墳群の世界遺産登録を市政の重大施策に掲げながら、一方でバッファーゾーンにあたる田出井山古墳の西の直近に「都市再生特別措置法」を適用し、高さ制限と容積率無制限という「特別地区」として開発する計画である。しかも、そのすぐ東側に高さも容積率もきびしく制限された一種住宅専用地域が隣接するのに、高さ一四七・五メートルもある超高層マンションを建てるという。あたかも思い切りアクセルをふかしながらブレーキを踏み込むような矛盾したことを、同時にやるようなものである。

それと、この「特別地区」は、堺東西地区ということになっているが、堺東駅と一体になっている九階建ての高島屋堺店の前（西側）から向こう（海より側）が堺東西地区になるというのは、堺に住んでいる住民なら誰しもそう考える。しかし、高島屋のビルの東側を「堺東西地区」と言えば「エッ！　なんでアソコが西地区やの。東地区の間違いちゃうの」ということになる。

田出井山古墳（梅原章一撮影）

高野線堺東駅車庫跡地を「都市再生特別措置法」を適用して超高層マンションの開発をするためにかなり無理をしたカラクリがあったようだが、それはここでは本題ではないのでおくとして、私は一九九五年の阪神・淡路大震災の翌年、国土地理院から刊行された『二万五千分の一・都市圏活断層図』を購入し、この地図にマンション建設予定地直下に上町活断層が南北に走っていることを知っていたので、この問題に取り組む有志のYさんに資料提供した。Yさんは、国土地理院に問い合わせて活断層のくわしい位置を確かめたり、京都大学防災研究所地震研究部門の専門家と連絡をとって上町活断層の学習をつづけ、有志の中では一番の上町活断層のエキスパートになった。

計画されている超高層マンションは、高さ一四七・五メートル、四七階建である。この上町断層は、東側がせり上がる逆断層で地面が変位、つまり西側に傾斜する地震なので、ただ震動するだけでなく、もし起これば高層の建物は倒れないとしても、傾斜するダメージをうけるリスクが大きい。田出井山古墳から西へ台地が傾斜して、車庫のあった東側が崖状になっている地形を、かつては約六〇〇〇年前にもっとも海面が高くなった縄文海進の時に波浪で浸蝕された海蝕崖だとされてきたが、今では上町活断層の活動が集積して形成された地形であることが明らかになってきた。

整地された南海高野線堺東駅の車庫跡地
手前は堺東駅。正面 170 m先に田出井山古墳が見える（2006 年 1 月）

　百舌鳥古墳群や古墳の資料は、これまで取り組んできたものや文化財関係の資料があるので、作成はお手の物である。マンション計画地内には車が通り抜ける道路がなく、袋小路になるところに五〇〇台ものマンション住民の駐車場をつくる計画など最初から問題の多い計画で、これも有志の人たちの交通量調査などがおこなわれ資料化した。

　この周辺町内会住民の「超高層マンションの建設を見直す周辺住民有志の会」がつくった資料を一九九六年の懇談会に持っていき、超高層マンションが建つと夏至の日にはマンションの日陰が「反正陵」の墳丘に陰を落とすだけでなく、毎日上から見下ろされることになるので、陵墓の尊厳や静謐が犯されることにもなるが、それでもいいのか。それを防ぐためには、こうした開発で歴史的景観や環境の悪化に直面するおそれのある陵墓は、国史跡に指定する道を開いていくよう、宮内庁の柔軟な対応を求めるという趣旨の話をした。宮内庁が非公開を立前にする陵墓の尊厳に便乗するようで内心では抵抗を感じていたが、百舌鳥古墳群の歴史的景観や環境をこれ以上悪化させないためにも仕方がないかと、割り切って提案した。

超高層マンションの日陰が「反正陵」の上にかかるとか、マンションの上から見下ろされるとかいう話にはいっさい沈黙していた書陵部側の人たちであったが、陵墓を選択的に史跡指定する道を開き、史跡になればマンション建設に一定の歯止めがかけられるのではないかという話になってくると、書陵部長は、「反正陵」の墳丘そのものに破壊の危機が迫っているわけでないと、選択的史跡指定への方策を拒否するとともに、超高層マンションが建ってしまえば世界遺産登録はできなくなるだろうと言ながら、「宮内庁が民間のマンション建設に反対するなどとんでもないことだ。そんなことをすると大変なことになる。超高層マンションにそんなに反対なら、堺市長が先頭に立って反対すればいい。堺市民も全市民が反対だという意思表明をすればいい。それが地方自治というもんですよ！」と居丈高に上から目線で住民自治のお説教を聞かされた。私は、これまで二六年ほど連続して懇談の席に出て歴代十数人の書陵部長に接してきたが、こんな居丈高な物言いする書陵部長はかってなかった。

超高層マンションは、地域の環境や百舌鳥古墳群の世界遺産登録への影響も大事な問題であるだけでなく、陵墓の尊厳を犯すようなことにもなるので、多方面から問題提起して、言わば暗黙の共同戦線を組んで計画を変更させる方向へもっていければという提案をしているのを、書陵部は宮内庁もマンション建設に反対を表明するよう私が要請しているかのように短絡的にとって、一方的に地方住民の自治論を頭ごなしに叩きつけてきた。私は、宮内庁の権威を頼んで懇願にきたのではないから、こうなるとも う議論はできない。散会した後の書陵部長の机の上には、持参した見直す会作成の資料がそのまま残されていた。

この懇談の後、毎日新聞社から「主張 提言 討論の広場」の欄が、「論点 「世界遺産」の現状を考える」というテーマのもとで「天皇陵をどうするのか」と提言を書くよう依頼があった。八月五日付の新聞には、百舌鳥古墳群の世界遺産問題に大きな影響があるこの超高層マンションと陵墓との問題点に力点を置いて、天皇家の祖廟である陵墓は世界遺産という価値観の一部に位置づけられるもので全体ではないことと、現代社会に開かれた活用の方策がなければ国民の理解や親しみも失われることを指摘した。

超高層マンション建設の結末

翌二〇〇七年五月の新聞紙上では、この超高層マンション計画が撤回された報道が載った。計画段階の国土交通相は、このマンション建設予定地の選挙区から出た議員で、それを引き継いだ冬柴鉄三国交相は活断層上の超高層マンションについて「六〇メートル以上の超高層の場合は大臣認定が必要。(地震に)「耐えられない」となれば認定できない」と答弁したことが報じられていて、一四七・五メートルの超高層から高さ四四・五メートル、一五階建ての高層マンションに計画変更された背景を示唆している。やはり住民側が指摘した上町活断層直上に超高層マンションを建てる建設計画の問題点が影響したことが考えられる。

拝所の西側に突出して見える15階建てマンション

住民側の見直す会の運動もここまでで力が尽き、その後高さ四四・五メートル、一五階建て高層マンションが二棟建ってしまった。ただし、この高さでも「反正陵」の拝所の西側にマンションの上階部分がバッチリ見えるから、世界遺産登録を本気で考えるなら、本当は一〇階程度にするよう規制するべきではなかったかと思う。

この年の七月の懇談には、この撤回のニュースの載った見直す会の資料を配った。懇談が終わって散会になった時、書陵部長がツカツカと私のそばへ歩み寄ってきた。「宮川さん、よかったですね。超高層マンション計画が撤回されて」。そう言い終わるとさっと身をひるがえすように向こうへ行ってしまった。アッという間もなかった。去年の懇談の席上で住民自治のありようを私に向かって居丈高に言った話し様からすると、手の平を返したような愛想のいい物言いだった。

地域町内会有志の地道な運動が超高層マンション建設計画を撤回させたことや、毎日新聞の「論点」の記事もボディーブローのように効いたのかなと思った。結果を出した見直す会の住民運動に引き替え、大仰な住民自治論を開陳してしまった照れ隠しと、私と話を交わせば言い訳がましくなることを嫌った部長の気位が、そんな風にさせたのだと感じた。そばにいた富山大学の若いT君や学習院大学のMさんもあっけにとられたようにポカンとして見ていた。

この超高層マンション問題は、陵墓の尊厳や歴史的景観・環境という点で書陵部を超えて宮内庁内でも大きな問題になっていた可能性を、書陵部長の言葉のはしはしから感じることができる。学術的な要望であっても尊厳と静謐を守るという理由で自由な立ち入り調査も認めない宮内庁の姿勢が、陵墓周辺で起こってくるであろう大規模開発、とくに高層建築物に対して手の打ちようがない時代が来ていることを内部でも論議しているなと思った。

別の懇談の時であったが、懇談が終わった後で陵墓課長代理の職員が、「陵墓がいつまでも今のままのようなあり方でつづいていくとは思えませんが、一〇〇年後、二〇〇年後にはどんな風に変わっているでしょうか」と不安を交えてつぶやくように言った。そこに書陵部職員の本音があるように感じられた。

3　とんだ陵墓「限定公開」

限定公開のはじまり

一九七九年二月におこなわれた懇談で、書陵部が陵墓への立ち入り見学を認めない「対置」として、陵墓課がおこなっている陵墓の営繕整備工事にともなう事前調査箇所を年に一回に限り一学会一名（後に二名）の参加を認め、その限定公開を同年一〇月からはじめたことは前述した。ここでは、その陵墓の限定公開の問題点を私の体験をもとにまとめておこう。

ところで、学会が統一見解として求めている陵墓の保存と公開は、不完全な保存状態にある陵墓古墳を古墳築造当初の原形にまで原状復帰させて保存することと、墳丘を自由に外形観察できるように公開することという、きわめて控えめで節度ある要望をしているにすぎない。

学会を構成している中には、陵墓の発掘を主張すべきだという意見もあるが、今の段階では観察も十分できない状況では、発掘問題は時期尚早であって、まず墳丘の外形観察が自由にできる状態をつくることが当面の先決課題だというのが、統一した見解になっている。古墳の外形研究が進んできた現在では、発掘をしなくても古墳の表面観察や外形観察だけでも得られる情報量は膨大なものになる。

考古学や歴史学の発展のためには、見ることも自由にできないという陵墓古墳の存在が、科学的な歴史観を大きく阻害していることをみんなで考える必要がある。

一九七九年二月に宮内庁は、陵墓を限定公開する際の内規として「古代高塚式陵墓の見学の取扱方針について」を決めていた（宮内庁では、陵墓古墳を「古代高塚式陵墓」とよんでいる）。この内規の要点は、古墳の外周部だけ立ち入ることができるというものであった。(2)

「墳丘の中には絶対入らないでください」

一九七九年一〇月におこなわれた第一回の陵墓限定公開は、古市古墳群の白髪山古墳（清寧陵）であったが、この時は外堤部分の護岸工事にともなう事前の調査トレンチが公開された。墳丘基底部にはまったく近づけない箇所ばかりであったが、墳丘に接続している渡り土手の墳丘側のところには陵墓監守の職員が立っていて、「墳丘の中には絶対入らないでください」ときびしくガードしていたのは、内規の立ち入り見学を「外周部」と定めていることによる。

一九九〇年一二月の第一一回の佐紀陵山古墳（日葉酢媛陵）の限定公開になってはじめて墳丘裾部分の調査トレンチを見学できたが、見学前の陵墓課員の説明の時には必ず「墳丘の中には足を踏み入れないでください」と注意され、見学がはじまる前にも現地で「墳丘には絶対入らないように！」と念を押された。見学者が不用意に足を踏み入れたら陵墓の「尊厳」という魔法が解けてしまうとでもいうような、物々しいプレッシャーが見学者に向けられていた。

一九八〇年九月の第二回の限定公開は百舌鳥古墳群の田出井山古墳（反正陵）で、この時は前方部正面の外堤外側に沿って「元禄弐乙巳歳　堺大絵図」に描かれていた一四軒の家の跡地で、現在周庭帯状になっている部分をとりかこむフェンス工事箇所の限定公開であった。参加の学会関係者は、所属学会名、住所氏名、年齢、職業を事前に書陵部に提出しての参加であったが、調査している箇所が一般道路沿いであるために、通りがかりの自転車に乗ったオジサンが学会員とならんで一緒に首を突っ込んで覗くような限定公開であった。

書陵部との懇談の経緯を知らずに学会から派遣されてきた参加者の中には、事前にあれだけの手続きをして限定公開するというからには、墳丘の中に入れると期待してきた人もいた。しかも、こんな道路沿いの場所を通行人も一緒になって見るような見学会に、あんな物々しい手続きが必要なのかと、不満の声が出るような見学会だった。こうしたことからはじまった限定公開を、忍耐強く毎年つづけてきた。

一六年もかかってやっとここまで？

一九九五年一一月の第一七回の佐紀石塚山古墳（成務陵）の限定公開の時に、見学コースが一部濠の中の足場の悪い箇所を通るので、パイプの足場を組んだ桟道がつくられて、墳丘の第一段テラスの上にあがって見学するコースが設定されていた。取材に来ていたある新聞社の記者に、私は取材をうけた。「陵墓公開運動がはじまって一六年も経って、やっとこれだけですか？」。私は絶句した。「これだけのところまでに来るのに、一六年もかかったんだよ！　陵墓がいかに国民に開かれた存在になっていないことをもっと報道してよ」と言った。この時期から「墳丘に足を踏み入れないでください！」と言う陵墓課職員からのプレッシャーは、以前ほどではなくなってきた。

陵墓立ち入り観察が墳丘の最下段上面まで解禁

書陵部は、二〇〇七年一月を期して、一九七九年の内規を廃止し、新しい「陵墓の立入りの取扱方針について」を制定した[3]。その要点は、墳丘最下段上面テラス巡回路まで立ち入りを許可するというものであった。

この「新方針」のもと、二〇〇八年二月に佐紀古墳群の五社神古墳（神功皇后陵）が第一回の墳丘立ち入り観察の見学会になり、私も参加して墳丘基底部と本来の地形とすり合わせた接合部を観察することができた。

宮内庁の言う古代高塚式陵墓、つまり大形の前方後円墳は、一般に三段築成（まれに四段築成）の最下段＝第一段目のテラスの巡回路までが立ち入れることになったが、これでは墳丘の全貌が見られない。そもそも古墳は、箱庭や盆石のように真っ平らな平面に造られているものではなく、最下段は、傾斜地や平面と見える所でも巧みに段差や土地の高低を取り入れ利用して築造されている。そして、二段目、三段目を破綻なく積み上げて、全体の墳丘をバランスよく仕上げるという高度な土の構造物で、倭人が叡智を結集した造形美である。

全体を立体的に見てこそ、世界的遺産としての真価が学術的にも評価できるものを、その一部だけしか見せないで立ち入り観察が実現したとはとても言えたものではない。墳丘の上に行くほど埋葬主体部に近くなり、そこは尊厳の中枢である聖域であるから学術的と言えども踏み込ませないとするのであれば、墳頂部の中心部分には立ち入らないようにと決めておけば、学会関係者はルールを尊重する良識をもっている。

一九七九年に最初の限定公開がはじまって、今年で三九年の歳月が経過した。ここに来るまでに、すぐれた考古学研究者が、立ち入り観察の機会も得られないまま物故されていったのを多く見てきた。人間の命には限りがある。尊厳にこだわって先延ばししているあいだに有為の知的財産が失われていくのが惜しまれる。現代社会に開かれたアプローチや活用をしなければ、国民も納得しない時代になってきている。もう一段、公開へ一歩を踏み出すように望みたい。

4　世界遺産的価値を損なう護岸工事

天皇陵や皇后陵などに治定されているところは、研究者に対する限定公開ですら、これだけ厳しい規制がかけられている。ところが土師ニサンザイ古墳は、天皇陵より格落ちの陵墓参考地であるというだけのことで[4]、調査もされずブルドーザーで濠が埋められ、堤防の護岸工事のような土木工事がおこなわれている現場に行き合わせて私は声もなかった。すでに述べたように、前方後円墳の中でもっとも様式美が整った古墳であり、五世紀代の前方後円墳の掉尾《ちょうび》を飾る倭王墳、つまり大王墳である。

土師ニサンザイ古墳の濠の埋め立て工事は、陵墓の尊厳と静謐を守るために、学術研究と言えども内部には原則として立ち入りを認めないとしてきた宮内庁の陵墓監理の建前と、古墳本来の全域が保存・保全されていないために起こってくる監理の行き届かない実態の狭間からこぼれ落ちた現実の矛盾を露わにした事件であった。

護岸工事前の事前調査と巨大古墳の公開見学会

二〇一二年に書陵部は、濠の水で浸蝕された土師ニサンザイ古墳の墳丘裾を護岸整備工事するために、現在宮内庁が所管している境界内の墳丘裾を事前調査した。それと併行して、堺市が土師ニサンザイ古墳の保存と活用をはかるため、宮内庁監理外の墳丘裾や濠の中を同時に調査した。

書陵部は、一一月三〇日に学会の代表に墳丘裾部に設定した一四カ所の調査トレンチを限定公開して見学の機会をつくった。一方の堺市は、巨大な墳丘の北側から造り出しへ橋を架け、後円部を半周してまた橋で墓地側に出る見学用の桟道を設定して、一二月一日、二日の二日間にわたって市民に現地説明会をおこなった。宮内庁は、土師ニサンザイ古墳が陵墓治定の「天皇陵」であったとすれば、目のあたりに墳丘が見えるところまで市民に公開する見学会を認めただろうか。「天皇陵」に治定されてもおかしくない土師ニサンザイ古墳が、陵墓参考地であったから実現できたことであって、古墳の実態にはそぐわない「尊厳」の偽善性を指摘できる。

この護岸整備工事に先立つ学会に限定公開された見学会に私も参加したが、倭王の巨大古墳だけに第一段テラス面と現在の墳丘裾の濠の水の汀線までおよそ三メートル、墳丘基底までは五メートル前後あって、テラス上面に掘られた調査トレンチから宮内庁所管の墳丘裾部までは同時に見られないほど比高があった。見学は、主にテラス面に掘られたトレンチ内の円筒埴輪列を見たが、テラス面に掘られた一四のトレンチと付随するトレンチ、それらを一周すると約九五〇メートルの距離になる。そのあいだは墳丘第一段テラス面を歩くことになるわけだが、「墳丘の中には足を踏み入れないでください！」と言う声はかからない。第一回の限定公開から一五、六年のあいだは「墳丘に足を」のプレッシャーがつづいたが、今はそれがなくなった。参加者のほとんどがそうした時期を知らない若い研究者に代替わりして、墳丘に立ち入って見学するのが当たり前みたいになってくると、宮内庁と考古・歴史学界は、歴史哲理で対峙しているという緊張感が忘れられていく傾向を感じるようになってきた。戦中生き残りの年寄りのボヤキではなく、歴史哲学の感性を研ぎ澄まさないと、前方後円墳の時代に「天皇陵」があることに何も疑問をもたない「専門家」が生まれてくることになる。

学会関係者への限定公開
土師ニサンザイ古墳の第１段テラスで見つかった円筒埴輪列。
右端は説明する宮内庁書陵部陵墓課の職員（2012 年 11 月 30 日）

　この学会向けの限定公開と併行しておこなわれた二日間の一般公開は、多くの市民にも巨大古墳のもつインパクトをあたえたと思う。とくに造り出し部では、出土した須恵器の大甕が実物大の写真で展示され、造り出しでの祭祀の実態を視覚的にも啓発できたことは意義があった。土師ニサンザイ古墳の造り出しは、第一段テラス面よりも一段下がったところが表面で、後円部と前方部との接点となる位置での祭祀の重要性が指摘される。しかし、この調査範囲では、御廟山古墳の造り出しで発掘されたような囲形埴輪は出土していない。

須恵器の大甕は、台鉋《だいがんな》がまだなかった当時、水密性が求められる樽をつくる技術がなかったことから、酒の醸造にはなくてはならない容器であった。造り出しの祭祀に酒を供えた祭祀が加わってきたのか、囲形埴輪の切妻殿の水の祭祀が大甕に変化していったのかは定かではないが、造り出しでどのような祭祀がおこなわれていたかを具体的に検討できるようになった意義は大きいといえよう。大山古墳の造り出しでも問題になるところである。

市民の見学会
土師ニサンザイ古墳の北側墳丘造り出し付近に堺市が設営した鉄パイプの桟道を通り見学する市民（2012年12月1日）

切り立った墳丘裾の護岸工事

私は、二〇一五年一月に書陵部陵墓課によっておこなわれた後円部側の護岸工事の北側部分を見る機会があった。墳丘裾部には、厚い大きな鉄板が墳丘に沿って敷き詰められ、その上を大形のユンボが動いている。道路工事か、山が崩れたどこかの災害復旧工事現場さながらである。私がこれまで見てきた陵墓の護岸工事は、一九九〇年頃までは墳丘の裾に礫石をまとめて置く「捨て石」工法で、一九九一年に古市古墳群の野中ボケ山古墳（仁賢陵《にんけん》）で、針金を長さ二メートル、幅六〇センチ、高さ四〇センチほどに編んだ長方形の「フトンかご」に礫石を詰めて二段程度に積んでいくフトンかご工法に変わり、土師ニサンザイ古墳では、新たに「補強土壁工法」に変わった。

土師ニサンザイ古墳後円部の「補強土壁工法」
墳丘裾を急角度に切り上げ、また境界石を直線で結ぶので円弧にならない（2015年1月）

くわしい工法は『書陵部紀要』の報告に拠らねばならないが、概要をまとめると、墳丘裾に古墳外から持ち込んだ拳大の礫を捨て石として石敷にし、その上に幅二メートル、高さ六〇センチ前後の斜め格子の頑丈な合金製の柵（金網）を二段に重ね、下段には外部から持ち込んだ掌大の礫を詰め、上段には植生用の種を仕込んだシートを貼り、格子状の柵は先端が釣り針状に曲がった二メートルほどの金棒を封土に打ち込んで、外に出る先の曲がったツメが柵を引っ掛けて固定する構造である。二〇一五年一月に見学した時には、二〇一四年に工事された区間は金柵の上段の植生シートから草（種類は不明）が生えて金柵の表面を覆い、一見いかにも自然らしく見えるが、古墳周辺に自生していた草

墳丘原形を損なう宮内庁の監理
人の背後が宮内庁監理の墳丘境界だが、堺市の調査で本来の墳丘裾は10メートル先の矢印のところまで続くことが判明した（雨のためビニールシートをかけてある、2016年1月）

ではないので、植物生態系の問題も今後に出てくるだろう。

現在は後円部側と前方部側の工事が終わり、陵墓課による土師ニサンザイ古墳の護岸工事は一応完了したようであるが、文化財保護法的に古墳本来の原形を保存すること、世界遺産としての瑕疵のない歴史的景観の保全という観点からも、大きな問題点を積み残した護岸修復工事になった。

古市・百舌鳥古墳群内で調査された前方後円墳の墳丘調査では、墳丘裾の基底部からの立ち上がりは二〇数度の角度であることが報告されているので、古墳の裾は本来見かけよりもかなり緩傾斜で立ち上がっていたことがわかる。これは角度で古墳の高さを設計したのではなく、現在の日本の土木建設工事場などでおこなわれている勾配による傾斜のつけ方である。具体的に古墳の設計で言うと、三ヒロの高さに設計した第一段であれば、墳丘基底線の位置から六ヒロのところに第一段テラスの肩（角）を決めれば二分の一勾配になる。もう少し傾斜を緩やかにするときは、七ヒロで高さ三ヒロであれば七分の三勾配になって、角度はより緩傾斜になる。この何分の一勾配という方法は、現在の土木工事の現場などでも使われている伝統的な技法である。

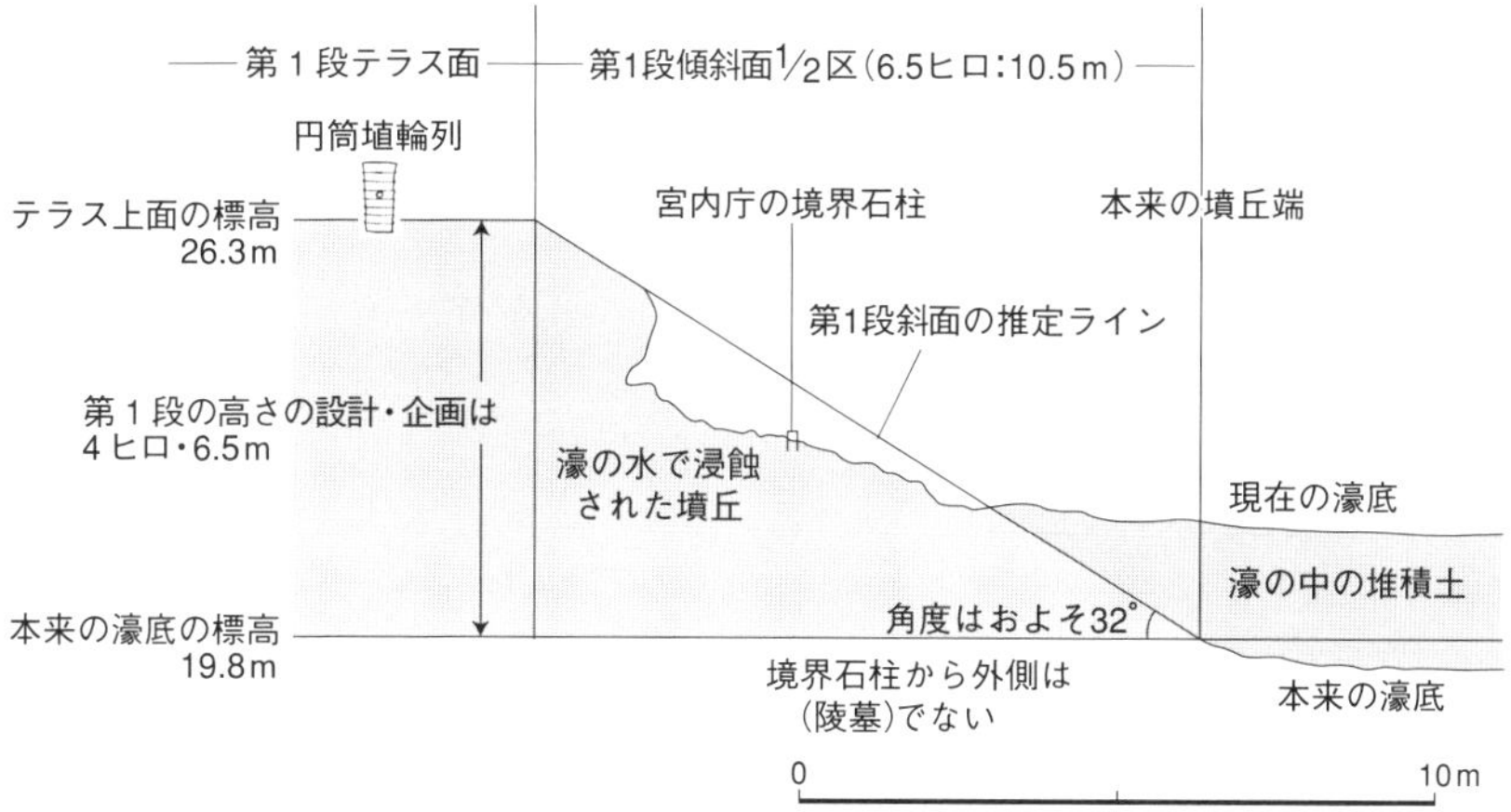

図36　土師ニサンザイ古墳の後円部東墳丘の断面模式図
宮内庁は図中央の境界石柱までを監理しているが、調査の結果、墳丘裾の斜面は高さ４ヒロ：平面6.5ヒロの勾配で設計され、外側に続くことがわかった。ここ東側では本来の墳丘端と宮内庁の境界石の差は6.5ｍ程度だが、南側では10ｍにもなる。

陵墓課によっておこなわれた今回の土師ニサンザイ古墳の護岸工事では、「補強土壁工法」を採用して約七〇度もある急傾斜で二段の金柵を立ち上げているので、城の土塁のような景観になってしまっている。倭人が墳丘基底部を緩傾斜で立ち上げたのは、土砂をある一点から落下させた時に、円錐状に自然に積み上がっていく時の角度が、その土砂が崩れ落ちないで安定した角度（安息角）であることを、倭人たちは水田稲作農耕の土木工事の体験の積み重ねから知っていて、古墳造営にも生かしていたものとみられる。したがって、土で積み上げていく古墳墳丘の裾を七〇度もある急角度で仕上げては、倭人の古墳とはいえない。

さらに、後円部の円弧のカーブが、現在の宮内庁の建てた石の角柱の境界を直線でつないでいくために、不整形の多角形になってしまい、円にはならない。倭人たちは、後円部の円弧は傾斜地などの地形であっても「正円」になるように、古墳地割りの中では一番心血を注いでいたと考えられる場所である。倭人は、後円部の円が「日輪」を象徴すると考えていた。土師ニサンザイ古墳の後円部は、堺市の調査で直径一六八メートルになることがわかってきている。しかし、陵墓課が宮内庁所管の敷地内だけの護岸工事をおこなったために、後円部南側の部分では、堺市が調査した墳丘基底部から現在の宮内庁の境界石柱までおよそ一〇メートルも中に入る。つまり宮内庁の陵墓監理が土師ニサンザイ古墳本来の墳丘原形を大きく下まわるうえに、後円部は正円でない不整形の多角形であるなど、被葬者の尊厳を傷つけるような保存、保全しかできていない。その一方で、尊厳を盾に立ち入って見ることさえも認めないのは、不条理で大きな矛盾ではないだろうか。

私は、一九七一年来、前方後円墳研究をともにしてきた共同研究者と、問題のある護岸工事がおこなわれている陵墓古墳の指摘をしてきた。一九七五年の土師ニサンザイ古墳の墓地拡張、濠の埋め立て問題は、それにつづく陵墓問題として学会の連合した取り組みへと発展していった。世界遺産登録へ一歩すすめた今、世界遺産にふさわしい古墳の保存と保全を再検討する必要がある。

百舌鳥古墳群、当然古市古墳群でも、古墳を世界遺産にふさわしい形に保存し活用していくためには、たとえば世界遺産庁のような縦割り行政のセクションを取り払った横の連絡網の機関をつくり、世界遺産に最適な復元修復や護岸工事のあり方を協議・選択し、それに適応した予算化をおこない保存・修復・管理していく、その施策と実行に各省庁や自治体も協力することが必要だろう。百舌鳥の古墳は誰のものでもない、世界の全人類のものである。

第6章

大山古墳の実像を求めて

1　巨大化する虚像

空疎な世界一の巨墳説

大山古墳が紹介される時には、その巨大さを強調するためにピラミッドと始皇帝陵をならべて「世界一大きい」というキャッチフレーズがつけられるのを見かける。それぞれの墳墓のどこをどう比較して世界一なのか、そしてそれは遺跡としてどんな意義をもっているのかを説明しなければ、歴史的発展段階の異なる文化財を客観的な基準も設けずにならべただけの中身のない空疎な世界一論に終わってしまう。

百舌鳥古墳群、その代表選手ともいえる大山古墳がなぜ世界遺産にふさわしい人類の文化遺産なのか、その実像に迫ってみよう(1)。

陵墓地形図の資料的価値と落とし穴

宮内庁書陵部が所蔵している陵墓地形図は、戦前天皇家の祖廟を保全するために天皇家の財産を管理していた帝室林野局が測量した実測図で、当時は一般の目に触れることはなかった。

敗戦後、手続きを踏めば見ることができるようになったが、しかるべき学識経験者の紹介を必要とするなど、一般公開というまでにはいたらない状況がつづいた。民間研究者が古墳研究資料として実質的に手にとって自由に研究できるようになったのは、一九六二年に朝日新聞社が刊行した末永雅雄著『日本の古墳』に陵墓地形図が掲載されて以後のことである。

近畿地方を中心とした主要な前方後円墳の多くが陵墓に治定されているために、戦前は神聖な天皇家の祖廟として古墳研究の対象にすることなど許されなかったし、戦後も立ち入りはおろか外形も自由に見られない制約がある中で、陵墓地形図は研究者にとって垂涎の的であった。

当時は陵墓でない前方後円墳の墳丘が、今のように史跡整備や文化財の保全のために調査されて古墳本来の原形を確かめるような調査は皆無であった。そのために陵墓地形図は、古墳研究資料として一等資料であるという錯誤のまま今日まで外形研究が進められてきてしまったという反省をしなければならない。

陵墓地形図のもっている落とし穴とは、どんなものか説明してみよう。

陵墓古墳の多くは、墳丘のまわりに濠をめぐらせている。そのため古墳の濠は、築造当初より水が満々と湛えられた水濠であったと考えている研究者も多かった。そして、陵墓地形図は、この濠の水が満水時の汀線を境界として測量されていることを見落としていたのだった。

古墳は断層のある地形が際立つところや微高地に築造され、そうした地形では低い部分に堤を築けば池になりやすいという立地を選んで築造されている。水の確保に営々としていた農民は、この古墳の濠を灌漑用の溜池に利用し、堤を高くしたり、池の中を底浚えしただけでなく、墳丘の裾を削って池を広く深くして、水量を少しでも多くするよう努力してきた。

陵墓地形図は、この影響をうけて墳丘の裾まわりが削られたり、濠の水位が上昇したりして、本来の墳丘裾が水で浸蝕され小さくなった状態で測量されていることを見落としていたのである。したがって、こうした資料を使う時は、本来の形を十分把握できる外形研究の視点と、墳丘を復元していく設計・企画の方法論を使って十分検討を加えてからでないと、生半可な資料となってしまう危険があるのだ。

陵墓地形図に隠されていた落とし穴とは、こんなところにあった。

大山古墳の墳丘は四〇メートル大きかった——陵墓調査室の測量調査

大山古墳の墳丘の規模はいろいろな数値があげられているが、後円部直径二四八メートル、同高さ三五・八メートル、墳丘長四八六メートル、前方部幅三〇七メートル、同高さ三三・七メートルがおおよその数値としてあげられる。

しかし、この数値は前述したように、濠の水が満水時に測量された陵墓地形図によるものなので、古墳本来の原形の大きさを示している数値ではない。

この原稿をまとめている最中の二〇一八年四月一三日付朝刊は、宮内庁書陵部陵墓調査室が二〇一六年一二月に周濠部分の地形をはじめて測量し、ボートに載せた機器から音波やレーザーを発する方法で水面下の地形を調べ、「大山古墳の墳丘は四〇メートル大きかった。築造当時全長五二五メートル」という大きさになると報道している。これは、これまでの設計・企画論を見直さなければならない一大事だと思っていたら、四月一八日付『朝日新聞』夕刊に宮内庁のホームページから『書陵部紀要』にアクセスできる記事が載っていたので、さっそく『書陵部紀要』六九号の「仁徳天皇　百舌鳥耳原中陵第一濠内三次元測量調査報告」（平成二八年度陵墓関係調査報告、二〇一八年三月）をプリントアウトして見ることができた。

この陵墓調査室の報告は、大山古墳の直接の測量調査でもあるので、大山古墳墳丘の現状を知るためにも、ややくわしくなるが要約して引用してみよう。

ヘリコプターからレーザー測量されたデジタル実測図は、濠の水があるとレーザー光線が水面で反射してしまうので、水面下の地形は測量できない。これでは、これまでの陵墓地形図が濠の水の汀線で測量が終わっていたのと変わらないことになる。

大山古墳では墳丘保全工事として濠水の波浪による浸蝕と崩落を防ぐ護岸工事をおこなうにあたり、濠水を出水して第一濠（内濠）の水深や貯水量を明らかにするために測量調査を実施し、それによって得られた墳丘長や水量のデータなどを報告したとしている。

大山古墳の墳丘裾部分は、波浪の浸蝕でえぐれたようにオーバーハングして、裾まわりの正確なデータは得られにくいので、濠内は音響測定器によって濠底の形状データをとり、裾まわりは移動体計測システムを使い、側面からレーザー光を照射してその反射から得られたデータと、自治体が作成したデジタル実測図の三種類の計測データを統合して、墳丘部から濠内までを一枚の地形図に示すことができたとしている。

この測量図によって、図上では濠水のない墳丘が計測され、濠底での墳丘長を計測できるとしている。ただし、あくまでも現状での計測であって、築造時の墳丘長を示すものではない。

また、第一濠の水深は一九二五年（大正一四）に松葉好太郎『陵墓誌』で「御湟満水点　第一湟　二十尺」（約六メートル）とあるが、現地を管理する職員により、おおよそ四メートル程度という。

この測量結果は、後円部直径は墳丘と濠底の傾斜変換点、標高絶対高一三・五メートル（西地点）と同一三・七メートル（東地点）を結んだ距離が二八六・三三メートル。墳丘長は主軸上で墳丘と濠底の傾斜変換点、標高絶体高一三・七メートル（北地点）と同一三・五メートル（南地点）を結んだ五二五・〇一メートルとなったというのが『書陵部紀要』の「第一濠内三次元測量調査報告」の要約である。

大山古墳の本当の大きさはどのくらいなのか

この測量調査によって、大山古墳の墳丘は従来の計測値よりも後円部直径、墳丘長とも約四〇メートル前後も大きくなることになった。ただし、このデータは発掘調査によって墳丘裾部を確認したものではなく、あくまでも現状の墳丘につづく傾斜面を測定したデータから割り出された数値を墳丘の大きさとして認識したという報告であって、即〝大山古墳墳丘規模確定！〟というわけではない。

それでは、大山古墳の本当の大きさを客観的に検証していく方法はあるのだろうか。そこで前方後円墳の設計・企画とヒロで大きさを計量する方法論を思い出していただきたい。その地割りの基礎となるのは、後円部の直径を八等分した一つの単位「一区」で、この一区をヒロで何ヒロと計量するかで、墳丘全体の大きさが決まるだけでなく、きちんとした設計・企画のもとに築造された古墳は、墳丘とともに周囲の周濠、外堤、二重濠なども含めて全体のバランスがとれた地割りがされているという原則である。

古墳と周辺全体（兆域という）をカンバスにたとえると、墳丘だけが極端に肥大化してカンバスからはみ出すような設計・企画を描くようなことは考えられないから、今回の書陵部の調査は墳丘第一段の水没した墳丘傾斜面が傾斜変換点までつづくものとして見ていて、この傾斜面が濠の中で平坦面に移行する傾斜変換点を墳丘基底と考え、後円部直径と墳丘長の基点をここに設定して墳丘の大きさの数値を割り出している。

はたしてそうだろうか。大山古墳のような巨墳では、墳丘表面積も巨大になり、雨が降り注ぐだけで墳丘から流れ落ちた雨水が空堀でもすぐに溜まってしまうので、傾斜変換点で平坦な濠底に移行するところが墳丘基底部となる構造であれば、墳丘基底部は絶えず水没して水の浸蝕にさらされることになる。今回の計測で墳丘面積は一〇万八〇八九・二七平方メートルで、濠の満水時はおよそ三四万立方メートル、平均的な二五メートルプールの容量（25 m ×13 m ×1.5 m ＝487.5 m^3）のおよそ七〇〇杯分になるという。

大山古墳築造当初から周濠にこれだけの水を貯水する設計・企画があったとは考えにくく、この貯水は後世、大山古墳の周濠を灌漑用の溜池として改変する大きな力が働いたからであろうと推測する。

泉州地方は水量の豊かな河川が少なく、水田稲作農耕にとってはきびしい水不足になりやすいところである。そのため一八八七年（明治二〇）の参謀本部作成の地図を見ても、可耕地の何分の一が池なのだろうかと思うほど溜池が点在している。

　ところが大山古墳と石津ヶ丘古墳の西側は、近世都市堺の町があるものの大きな池は二つ程度で、東側の上町台地一帯に点在する池の数にくらべると少ないことに気がつく。これは大山、石津ヶ丘両古墳の周濠の水で、この巨大古墳西側の耕地に配分される水分《みくま》りが機能していたことを示していると考えられる。事実、私も戦後数年間は、田植えの時期になると、大山古墳から樋ノ谷を通って市街地の中の開渠の水路（今は見られない）をとうとうと水が流れる状況を見ているので、後世、大山古墳の周濠を溜池として改変し、貯水量を上げるためにかなり大規模な農業土木工事がおこなわれたことが考えられる。

　大山古墳の墳丘に戻ると、墳丘基底部を傾斜面の途中に設定し、基底線からさらに斜面がノリシロとしてつづいていれば、降り注ぐ雨水があってもノリシロの斜面を流れ下り濠底に注ぎ溜まり、墳丘基部まですぐに水位が上がってこなかったのではないだろうか。こうした濠の構造とともに、大山古墳では周濠の後円部側、前方部正面側が濠幅二区で設計され、第一内堤の幅も一区で設計されるなど墳丘だけが周辺の設計・企画と関連性を無視して、単独で肥大化して造られているのではないことが読みとれ、全体としてバランスのとれた「兆域」が造り出されている。

　それでは大山古墳の正確な大きさはどのくらいになるのだろうか。これまでわかっている資料から検討してみよう。

　かつて私たちが共同研究で検討してきた大山古墳は、八区型、一区一九ヒロ、一ヒロ一六〇センチの設計・企画で、推定復元は後円部直径二四三メートル、墳丘長四八六メートル、前方部幅三〇四メートルとして、一九八二年には堺市内の小学校校庭に八分の一の地割り実験をおこなって設計・企画論どおりに大地に古墳設計図が描けることを実証してきた。

今回の『書陵部紀要』発表の数値、後円部直径二八六・三三メートル、墳丘長五二五・〇九メートルを堺市が発表しているレザー測量のデジタル実測図を使って検討してみよう。なお、前方部幅については記載がないので数値としては除いた。

私が設計・企画研究の方法論をツールにして検討を加えた大山古墳の推定復原図は一六一ページ図29に示したように、七区型、一区二〇ヒロ、一ヒロ一六五センチで、後円部直径は八区二六四メートル、墳丘長一五区四九五メートル、前方部幅一〇区三三〇メートルの推定復元案である。(2)

書陵部陵墓調査室の報告書の調査を担当した徳田誠志さんは、一六学協会の陵墓限定公開の現場や、書陵部との懇談の席でもよく顔を合わせる旧知の間柄である。大山古墳の墳丘規模をめぐっては、将来濠の水が抜かれ墳丘裾部が発掘調査されて大山古墳の正確な実像が明らかになる時まで、徳田説と宮川説のどちらに軍配が上がるか、決着は何年も先の長丁場になるだろう。

今回の書陵部の巨大化した新しい大山古墳の数値に出合った時の感想は、「大きなサンドイッチはじめました」という張り紙に引かれて店に入ったら、食パンの耳を取らないままのサンドイッチが出てきたような感じである。「サンドイッチはパンの耳を取ってよ！」と言いたくなるが、古墳にも墳丘基底ラインとそれに付随するノリシロないしは付帯的なはみ出し部分がついている場合がある。それと墳丘そのものとの見極めが重要であるし、最終的には発掘調査によって確認するしかない。大きくなった部分はノリシロなのか墳丘なのか、大山古墳の実像解明はまた先に延びた。

2　墳丘崩壊の謎

美しい森の下で崩れ落ちている墳丘

百舌鳥古墳群がテレビで紹介されるときには、必ずカギ穴形をした大山古墳の美しい森が映る。しかし、この森の下にある墳丘はズタズタに崩壊していることはあまり知られていない。

図37を見ていただこう。デジタルデータによる測量図で、後円部は直径二五〇メートルを超える円丘が東北とやや西南方向に大きく崩れているのがよくわかる。前方部は三段築成の前方部正面の墳丘の上面から東西両側面が、溶けかかったアイスキャンデーのように、段築もテラスもわからないほどダラダラと崩れている。

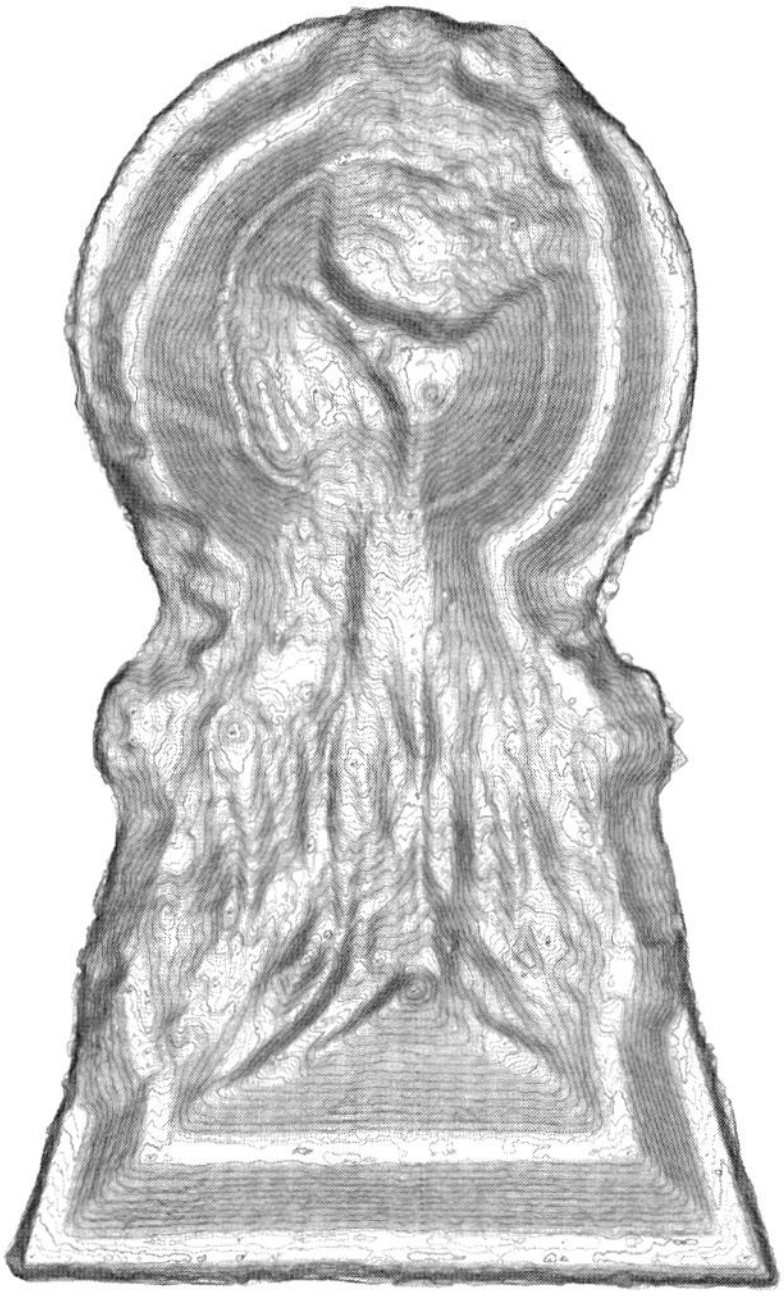
図37　大山古墳墳丘のデジタル測量図

一九四七年（昭和二二）に七観古墳調査のサポートをしたご褒美に、京都大学考古学教室陳列館で〝「仁徳天皇陵」千分の一模型〟を見た時、墳丘の平面の基底部（濠の汀線）は精美な幾何学的なカギ穴形をしているのに、墳丘が大きく崩れているのに驚いたのをよく覚えている。中学二年生の時だった。

この墳丘崩壊は一六八四年（貞享元）に出版された『堺鑑』に、「諸国ヨリ来テ此陵ヲ築シニ　尾州ヨリ人歩遅来　故其築残ハ　其儘谷トナレリ　今ニ尾張谷ト云リ」と書かれていて、早くから墳丘の崩壊が知られていた。

一九二三年（大正一二）に刊行された『泉北史蹟志料　上巻』「舳松村　百舌鳥耳原中陵」「陵掌筒井幸四郎氏談」に、「大仙陵ハ端正ナル丘ノ様ニ見ユレドモ、其ノ実起伏多シ、道ノ迷ウコト少ナカラズ。俗ニ四十八谷ト称ス、所謂尾張谷ハ西方ニアリ、最モ大ナリ」とあり、巷では人びとの間で噂になっているこんな話も、天皇制が絶対化していくにつれ「聖帝・仁徳天皇御陵」は次第に聖域のベールに包まれていったのがよくわかる。

書陵部による代理観察

書陵部陵墓調査室は、一九九五年と九七年、九八年の三カ年に、延べ一八日間をかけて大山古墳墳丘に職員が立ち入り踏査をおこない、目視による観察をしている。その結果は二〇〇一年に「仁徳天皇百舌鳥耳原中陵の墳丘外形調査および出土品」として『書陵部紀要』五二号に概要が報告されている。

一九七〇年代から陵墓の保存と公開を求めて書陵部と毎年懇談している考古学と歴史学の学会連合が、かねてより大山古墳の墳丘を観察したいと要望していた。しかし、陵墓に立ち入りは認められないとする宮内庁が、見返りとして職員が代理として観察要望箇所を見て報告するということで、一九九〇年に出した要望に対応したものである。

ところで、大山古墳の墳丘崩壊については、①墳丘未完成説、②中世に砦として変形された説、③「黒鍬組」[3]による変形説、④地震による崩壊または地滑り説などがあったが、陵墓調査室の立ち入り踏査で「雨などの作用による土砂の流出にしては、斜面における起伏が激しすぎる印象を受ける。また、それらが、後世に砦などに使用した際の堀などの防御施設とするにしても、何の計画性も認められない。こうした点を考え合わせると、推測の域を出ないが、人為的に行われた改変というよりは、当初精美な段築をもった墳丘が、地滑りのようなかたちで崩壊したものである可能性が考えられよう」としている。

これによって、墳丘崩壊の原因解明に大きく進展がみられただけでなく、過密化した堺市の市街地に近接した人工の構造物（古墳）が、このように崩壊していることから、堺市の都市防災対策にも重要な問題提起となっている。

そのほか観察の大まかな要約をすると、

①前方部正面は後世に手が加えられて、現在のように整った形状になった。明治五年に開口した石室については場所さえ明らかにできない。

②後円部最上段墳丘斜面に幅三メートル程度のテラスが存在し、第三段テラスと判断した（四段築成の可能性が出た）。

③造り出しは現在の前方部第二段斜面の途中に構築されているように見えるが、墳丘崩落の流土が厚く堆積している。

④東側造り出しの崩落土が覆った標高一八・二メートルのところから須恵器の大甕の破片が採取された。後円部第一段のテラス面が標高二〇メートルであるから、大甕はテラス面より一・八メートル

低い造り出し表面に置かれていた可能性が高い。

大甕は墳丘築造時あるいはそれほど時間差のない時期に置かれたと考えられる。初期須恵器の特徴を示し、大阪南部の泉北丘陵須恵器古窯跡群出土の型式編年ON46～TN208期に相当する。

墳丘崩壊の要因

書陵部陵墓調査室の職員は古墳研究の専門家でもあるので、今まで陵墓地形図の上だけで推測していた墳丘崩壊の状況が、目視され観察されて崩壊の原因が一応整理された意義は大きい。しかし、なぜ一般の古墳研究者にも公開して多くの視点から検討する機会を拒むのか、この二一世紀の情報公開の時代に理解に苦しむだけでなく、世界遺産の評価の対象となる文化財が天皇家の祖廟という理由だけで秘匿されてしまっていることが残念でならない。

とくに①の所見で前方部正面の墳丘の崩壊が、後世に（いつの時期か?）手が加えられて、現在のように整った形状になったという点は、大いに疑問のあるところである。陵墓地形図を見ても、水の浸蝕の著しい第一段斜面の崩れはともかく、第一段テラスはよく残り、第二段斜面は正面がほぼ原形をとどめ、左右の隅角部から西側四〇メートル、東側七〇メートルほどの斜面は原形をとどめている。その上の第二段テラスは、正面がほぼ原形のままであることが読みとれる。第三段斜面の正面基底部は左右の隅角部まではよく残っているが、前方部正面墳頂付近から崩壊して原形をとどめていない。

このように、前方部では正面部分が比較的よく残るのは、墳丘を築成する時に前方部正面から隅角部までを崩れないようにしっかり叩き締め盛り土するのに対して、左右の側面部分は後円部をなりゆきでつないでいくだけの部分であるために、構造的に弱く〝溶けかかったアイスキャンデー〟のように崩壊してしまったと考えられる。

前方部側面が崩れやすい原因は、前方後円墳の設計とそれを元にした地割り、さらに墳丘を築成していく古墳築造工法に、その理由が求められることがあきらかになってきた。私は前方後円墳の設計・企画を古墳実測図の上で検討し、実測図上に推定復元図を作成していく作業をする時は、最低一つの古墳でもコピーを一〇枚はとる。そして、注2で示した作業手順で設計・企画の方形区画図を古墳墳丘の上に線引きして、破綻なく全体が安定して収まる推定復元図ができるまでアナログ的な作図作業をつづける。多いときには一〇枚くらいの下図を作るが、前方後円形の図形は後円部と前方部前端線と隅角がきちんと決まらないと図にならない。前方部正面と隅角が決まれば、くびれ部折線でくびれ部の接合位置と、後円部と前方部側面をつなぐ線引きが最後に決まってくる。つまり前方部側面は、後円部と前方部正面が決まれば〝なりゆき〟で形成される部分であり、地震動で墳丘崩壊を引き起こしやすい原因となることがあきらかになってきた。

古市古墳群の誉田御廟山古墳は、前方部が北向きの超巨大古墳であるが、墳丘西側の直下に誉田断層が南北に走っている。そのために、原因となった地震の時期はあきらかではないが、墳丘西側の前方部側面が大きく崩壊している（一五九ページ図28参照）。それにくらべて前方部正面はほとんど崩壊していないので、やはり墳丘の築造工法の構造的な差がこの場合にもあらわれてきている。

このほか、奈良県天理市の渋谷向山古墳は、山麓の急斜面に造営された墳丘長が三〇〇メートル近い四世紀後半の巨大古墳で、百舌鳥の土師ニサンザイ古墳の設計・企画の源流となる大王墳であるが、墳

土師ニサンザイ古墳の造り出し発掘調査（2012 年 12 月）
トレンチの左側、須恵器の大甕の写真があるのが造り出しの表面。
造り出し面は木立の中の第 1 段テラス面よりも低いことがわかる

丘南側の前方部側面に地滑り状の崩壊が見られる。この古墳の東北側の近くにある銅鏡を三三面出土した黒塚古墳の石室が崩壊した中世の地震が原因とみられるが、やはり前方部正面にはほとんど崩壊は見られない。

このように巨大古墳の墳丘に残されている過去の地震によるとみられる崩壊の痕跡は、前方後円墳の設計から築造にかかわる技法や築造工法を解析する手がかりを残してくれている。

造り出しは水の祭祀

大山古墳の墳丘復元図では、造り出しの表面を第一段テラス面よりにかなり高くして復元して描いているものが見られるが、百舌鳥のほかの陵墓古墳で確認された造り出しの表面は第一段テラス面よりも一段低い。御廟山古墳、土師ニサンザイ古墳でも同様で、これは前方後円墳の古墳祭祀を考えるうえで重要な設計・企画上の基本であるようだ。

大山古墳復元図の高い造り出しは、第一段テラス面よりも高いために、第一段テラスをまわって墳丘を一周しようとしても、造り出しが行く手を阻んで一周できないことになる。これは復元にあたっての重大な錯誤で、前方後円墳の各段のテラスは墳丘を一周することのできる「回廊」的性格をもっていることを基本的に理解しなければならない。

ついでに、造り出しが第一段テラス面よりも低く造られるのは、日輪を象徴する後円部と、水の祭祀を象徴する前方部に降り注いだ雨水が、低くなったくびれ部に流れ集まり造り出しに流れ落ちて、水のカミが降臨する屋代《やしろ》を象徴する「囲い込み形埴輪とその中の家形埴輪（これがヤシロ）」に導入し、水の祭祀のヨリシロとしたと考える。

百舌鳥では御廟山古墳の造り出しの発掘で囲い込みと家形を組み合わせた埴輪が出土し、大山古墳から土師ニサンザイ古墳では須恵器の大甕を使った祭祀に変わっていくが、水の祭祀であるために水が流れ集まりやすいように造り出しは第一段テラスよりも低い面に位置することを忘れては、前方後円墳祭祀の本質と意義を見失ってしまうので注意が必要だ。

大山古墳の墳丘だけになぜ崩壊が起こったのか

百舌鳥耳原古墳群がのっている上町台地の西辺には、北は豊中市から南は岸和田市久米田池付近までおよそ四二キロにおよぶ南北に走る上町活断層が走っている。この断層は東側がせり上がる逆断層で、大阪市内から百舌鳥まで台地を形成して古墳群の景観の見栄えをよくする役割をはたしてきた。

堺では、田出井山古墳から大山古墳、石津ヶ丘古墳の一五〇メートルから三〇〇メートル東のところに断層がある。

『堺鑑』に書かれていた「尾張谷」以前の記録として、一五九六年（文禄五）の「慶長伏見地震」は、秀吉が完成させたばかりの伏見城の天守閣を倒壊させ、堺も大きな被害をうけて住民約六〇〇名の死者を出しただけでなく、堺に滞在していた秀吉の文禄の朝鮮侵攻の講和で来ていた明の使節が遭難し、約二〇名が死亡している。

この時の地震動が直撃したとしても、直近の田出井山古墳や南の石津ヶ丘古墳の墳丘には、こうした崩壊の痕跡は見られない。

こうしたことから、大山古墳の墳丘に崩壊をもたらせた原因として、

(イ)大山古墳の墳丘直下には、この台地を浸蝕してできた開析谷「樋ノ谷」を取り込んで巨大な墳丘を築造しているという弱点がある。これは築造の過程で巨大な墳丘に降り注ぐ雨水や、台地を広大に掘削するために湧き出してくる湧水を排水するために必要であったが、墳丘があまりにも巨大なためにかえってそれが構造的弱点になった。

(ロ)吉備の首長連合の造山古墳造営にたいして、それを圧倒するための超巨大古墳築造を急ぎすぎたために、盛土を固め安定させる築成土木工法が「手抜き」状態で工事が進められたために崩壊を防ぐことができなかったか、あるいは長大な墳丘規模が、経験則にもとづく土木工学的技術水準の限界値を超えてしまったために、崩壊を引き起こすことになったのかの、いずれかであろう。

ただし、陵墓調査室の観察では、前方部正面の段築が精美な状態であるのは、前方部正面に拝所を設けるために正面だけを整える工事をしたとする見解を出しているが、もし前方部正面が前方部側面のように崩壊していて、まわりから注目されずに短時日であのように精美な修復ができるとは信じ難い。そうだとすると、何らかの記録や目撃談ないしは噂が残るはずである。先にも指摘したように、地割り的

にも前方部正面は念を入れて線引きし、墳丘築成の時は十分土を叩き締めて築造しなければ側面の築成ができない。側面は正面と後円部をつなぐなりゆき的な築成になるために構造的な弱点となって、とくに著しい崩壊をまねいたとみられる。

また、前方後円墳の設計・企画を研究している立場から大山古墳の前方部を見ると、古墳築造当初の設計・企画が読みとれる墳丘築成の痕跡が残されていて、もし前方部正面が、崩れている前方部側面のような状態であったものを、陵墓地形図にあるような前方部正面のように修復したとするならば、大土木工事になるだけでなく、その工事監督は古墳造りの工人オサにも負けない古墳築造の設計・企画と工法の知識をもっていなければならない。つまり、ただ見てくれだけの体裁をよくする修陵工事では、あのような見事な段築やテラスを形成する古墳本来の企画性をもった修復はできないだろう。

こうしたいくつかの問題点を整理していくと、前方部正面に拝所を設け、当時は今のように樹木が密生していなかったので素通しで前方部正面の墳丘がよく見えたとして、散乱する葺石などを石垣状に積み上げたり揃えたりする程度の「修陵」ではなかったかと思われる。

3　倭の五王の古墳は

記紀の皇統系譜と百舌鳥三陵

百舌鳥古墳群を舞台にした五世紀代の記紀の記載は、皇統系譜の継承をめぐる「天皇家」のホームドラマのような内容になっている。

ここでも比喩的にたとえてみると、奈良盆地で創業した老舗の大店・ヤマト商会は、取引の手を広げるために新たに進出した河内で、当主の仁徳会長と勝ち気な御りょんさん磐乃夫人夫婦は、老舗のノレンを息子たちに継がせるのに一生懸命。その息子たちにはやや頼りない長男の履中くん、兄思いの反正くん、末の病がちの允恭くんと二人の息子（孫）、安康くんとヤンチャで気の荒い雄略くん。まわりまわっていく途中ではノレンをめぐって肉親相食む血なまぐさい争いもある中、最後は雄略くんがノレンをゲットしヤマト商会を継承する……。

敗戦後の混乱の中で、発掘調査された百舌鳥古墳群の考古学的資料から浮かび上がってきた、五世紀のヤマト王権のおぼろげながらの実像と、万世一系として潤色された皇統系譜の記載とはおよそ嚙み合わない。

また、この中に仁徳・履中・反正の百舌鳥三陵の記載があるが、百舌鳥にはあるとするものの、どこにあるのかは位置や場所がはっきり書かれていない。

この百舌鳥三陵は時代が下がって平安時代に編纂された延喜式に「仁徳天皇百舌鳥耳原中陵」、「履中天皇百舌鳥耳原南陵」、「反正天皇百舌鳥北陵」と位置関係が書かれるようになるが、その根拠はあきらかでない。この延喜式の百舌鳥三陵の記載が現在の宮内庁が治定する「天皇陵」になっているが、延喜式は記紀の記載をうけ父仁徳の古墳を大、息子長兄履中を中、その弟反正を小とする儒教的な価値観で百舌鳥三陵として記載したのではなかろうか。古墳の大きさからすれば土師ニサンザイ古墳が「天皇陵」の候補にあがってきてもおかしくないのに外れたのは、土師郷は百舌鳥ないしは百舌鳥耳原という地名に含まれない地域であると考えられていた可能性もあり、今のように大きく百舌鳥古墳群としてひとくくりにしてしまうのには無理がある。第1章で書いたように、少なくとも上町台地上の古墳群は、百舌鳥耳原古墳群と土師古墳群として分けて見たほうが記紀の記載にも対応できる柔軟さがある。

いずれにしても三天皇陵とあれこれの古墳を比定しようとする「御陵探し」は、不毛の袋小路に迷い込んでしまうことになるので、皇統系譜と三陵についてはこれ以上立ち入らない。

田出井山古墳の設計・企画の復元

『宋書』倭国伝に登場する倭の五王、讃・珍・済・興・武は、南宋側としては潤色して取り繕う必要のない東夷の倭との外交記録に出てくるのであるから、存在をそのまま認めても虚偽や架空の話にはならない。

この五王を倭国伝のとおりに配列すると図38上のようになって、記紀のように万世一系的にはならばない。百舌鳥と古市の巨大古墳を設計・企画と編年順にならべてみると図38下のようになる。田出井山古墳は大山古墳と同じ七区型で、立地する位置関係も大山古墳に近く、古墳の規模は大王墳の大きさではないが同一王統の系譜に属するとみられるので、この古墳配列に加えた。するとどうだろう、倭王の系譜的配列と古墳の設計・企画による配列とが驚くほど同じようなならび方をする。倭王の系譜関係では興は世子で死去しているので、倭王に即位はしていないとみられるが、古墳の配列では田出井山古墳が大王墳の大きさをもたない規模の古墳で、あたかも世子・興に対応するかのような位置にくる。

それでは田出井山古墳がどんな古墳か、設計・企画の検討からくわしくみてみよう。

宮内庁の陵墓地形図は、墳丘測量の等高線（コンター）が一メートル間隔で描かれているだけであるが、

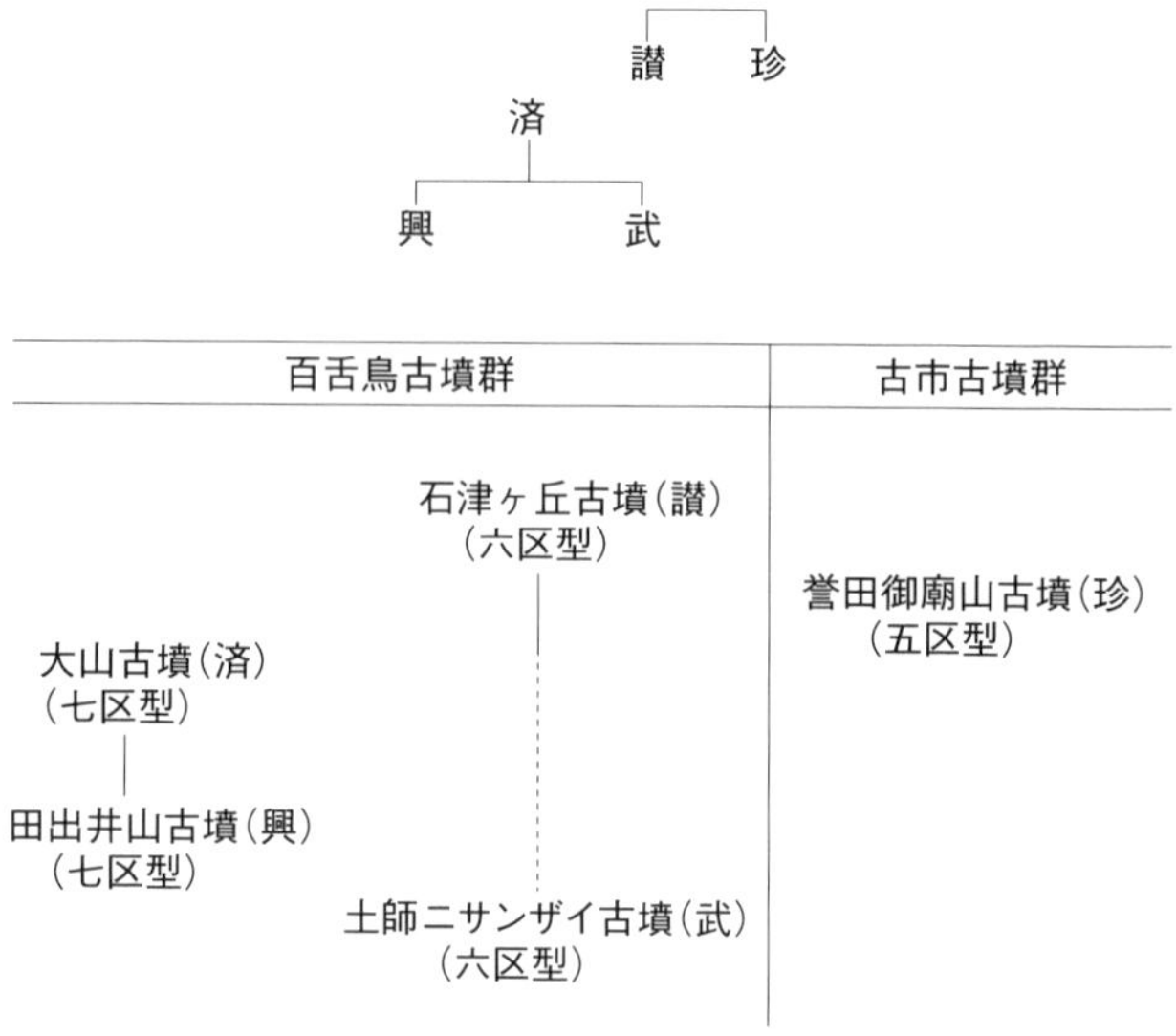

図38　倭の五王の系譜と百舌鳥・古市古墳群の大王墓の編年

レーザー測量では一メートル四方あたり一〇点以上の測点を求めているので、細部が精密に描かれた測量図になっていて、墳丘の立体感が視覚的によく把握できる。田出井山古墳は百舌鳥古墳群の北限の位置にあり、現状では後円部直径七六メートル、高さ一三メートル、墳丘長一四八メートル、前方部幅一一五メートル、高さ一四・八メートルの大きさで、五世紀中頃の築造と考えられる。

墳丘規模はおよそイタスケ古墳と同程度の大きさに見えるが、この古墳の立地は上町台地の海側（西側）の縁辺に築造されていて、石津ヶ丘古墳と大山古墳についで百舌鳥耳原古墳群内ではもっとも見栄えのする位置を占めている点に、古墳の規模だけでは説明できない古墳造営の選地にかかわる特別の背景のあることをうかがわせる。

この立地は、第2章の堺空襲のところでも述べたように、焼け野原になった堺の旧市街の中心部から田出井山古墳がこんなに間近に見えるのかと驚いたが、古墳が造営された当時は堺の町ができる前の海岸から石津ヶ丘古墳、大山古墳に連なる景観が望めたことと思われる。

田出井山古墳の設計・企画を堺市のデジタル実測図で復元すると、七区型、一区六・五ヒロ、一ヒロ一六〇センチ、一区一〇・四メートルで三段築成、後円部八区八三・二メートル、墳丘長一五区一五六メートル、前方部幅一二区一二四・八メートルとなる（図39）。墳丘の高さは後円部の一区一〇・四メートルに墳丘裾を掘り込んだ二ヒロ三・二メートルが加えられた一三・六メートル、前方部は三ヒロ四・八メートルが加えられた一五・二メートルの復元値が、一六〇〇年の経年変化で、それぞれ一三メートル、一四・八メートルになったとみれば、土だけを積み上げて築造された墳丘が驚くほどの耐久性をもった構造物であったかを知ることができる。

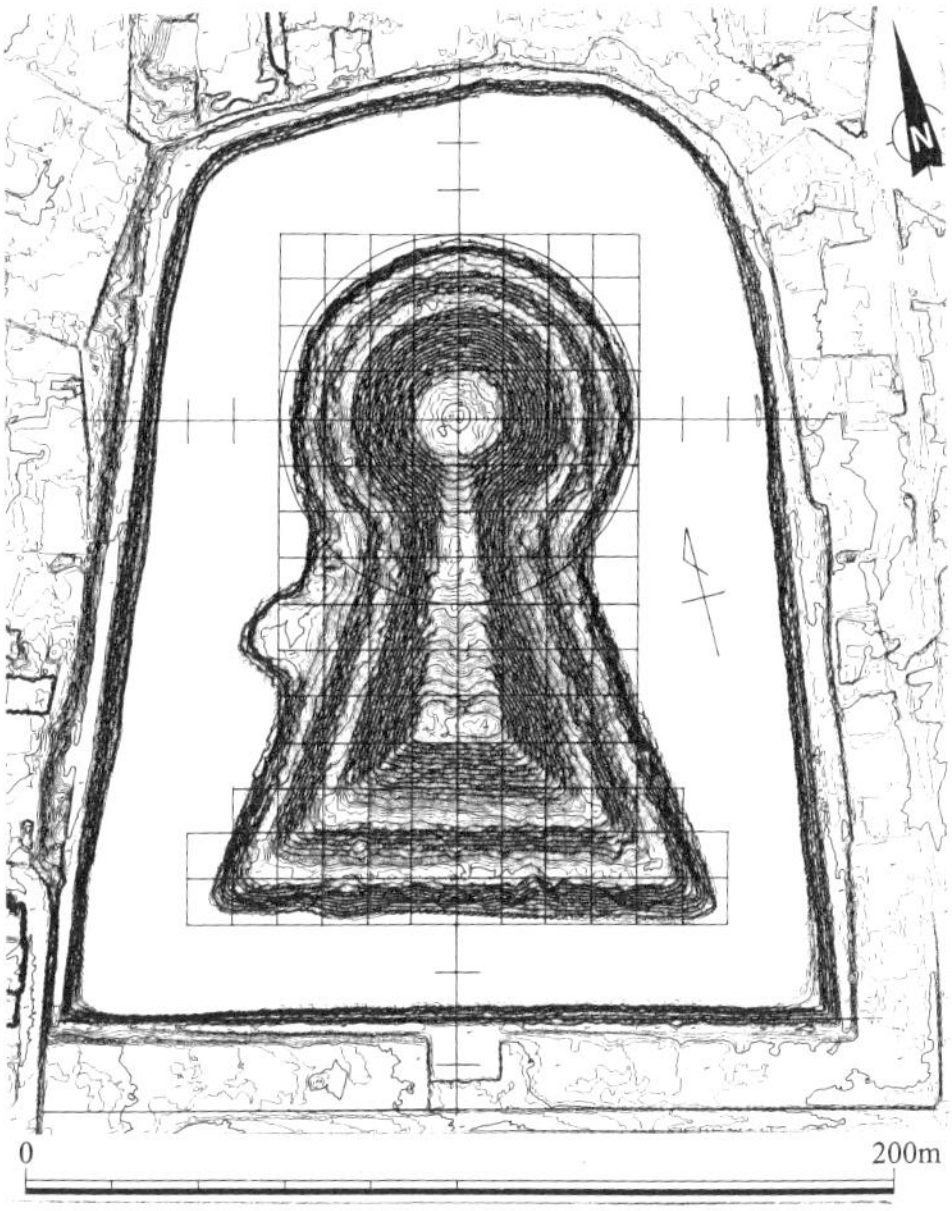

図39　田出井山古墳の推定復元図

ここで注目されるのは、一区六・五ヒロという設計・企画の単位である。一見小数点のつく半端な数に思われるが、すでに房総半島の東京湾沿いの千葉県の内裏塚古墳で先例があることは、第4章で紹介したところである。

内裏塚古墳は上総地域では最大の規模を誇る前方後円墳であるが、古市の仲津山古墳の六区型、一区一三ヒロ、一ヒロ一六〇センチの設計・企画を二分の一の一区六・五ヒロにし、設計を裏返（反転）して築造した古墳であることを明らかにした。これは古墳時代のヤマト王権の東国経営の一つとして、三浦半島から浦賀水道を渡り、房総半島に達して北上するのが重要なコースであったためと考えられる。潮目や潮時の難しい浦賀水道を渡るには、地元の海士族を管掌する地域の有力首長の協力がなければ、ヤマトタケルが走水から房総半島に渡るのに失敗した説話のような悲劇が起こる。

文全協の常任委員をしている千葉県の日暮晃一さんは、お父さんの代から東京湾で船漁をしている。日暮さんの話では浦賀水道の潮の流れは満潮、干潮と潮目が変わる時に二時間だけ潮の流れが止まるという。この潮目の時ならエンジン船でなくても八丁櫓の手漕ぎ船であれば、浦賀水道は漕ぎ渡れるそうだ。この潮目と潮時は地元の海士族のノウハウだったろう。

内裏塚古墳の被葬者はヤマト王権の負託をうけ、ヤマト王権の仲津山古墳の大王の古墳の一区一三ヒロを二分の一にした一区六・五ヒロで設計・企画を裏返した古墳の築造が許され、三浦半島と房総半島との海上交通を管掌していたとみられる。

これとよく似た例は、石津ヶ丘古墳と日向の女狭穂塚古墳との例でもみてきた。

田出井山古墳は倭の五王・興の古墳

話を百舌鳥に戻そう。田出井山古墳の被葬者が大王墳の設計・企画の一区一三ヒロを二分の一にした一区六・五ヒロで造るのはいかなるわけなのか。

デジタル測量の墳丘をもう一度よく見てみよう。墳丘の基底部は濠の水の浸蝕を受けて削られ変形が見られるが、第一段のテラスから第二段、第三段にかけては大きな変形は見られず、段の傾斜面もテラスの平坦面も非常によく残っているように見える。

古美術や骨董の世界では観賞の対象とする品に、作柄がいいとか、作柄がよくないという表現を使うことがある。作柄とはその品のもっている品位のことで、評価の対象となっているその品に多少のホツレ（傷）があっても、後の大きな手が加わっていなくて、元の姿形が残されているスッキリした品というような意味であるが、田出井山古墳はまさにこの作柄のいい古墳なのである。

墳丘の西側（海側）に墳丘規模にくらべて大きな造り出しがあるが、これは海側からの古墳祭祀を物語っている。それと墳丘そのものは左右対称であるが、この片側の造出で非対称墳丘を演出している。

この「作柄のいい」見事な墳丘を残している田出井山古墳は、①巨大古墳・大山古墳と同じ七区型の設計・企画を共有していること。②古墳造立地が大山古墳につぐ茅渟ノ海に臨む百舌鳥野台地の見栄えのいい立地を選んでいること。③一区六・五ヒロは大王墳の基本一区一三ヒロの二分の一の設計・企画に相当すること。④墳丘は精美な品位の高い三段築成で築造されていることなどから、大王に従属する初期的官僚や有力首長クラスの古墳ではなく、倭王・済につぐ世子・興の古墳の可能性が指摘される。

田出井山古墳の後円部側、前方部西側、前方部南東側を堺市が調査したところでは、浅い二重濠をめぐらせていたことがわかり、築造当初の全域は、現状の一重濠の外側におよそ幅五〇から六〇メートル（五区ないし六区）の外域をめぐらせ、全体では南北およそ二七〇メートル、東西およそ二六〇メートルの壮大な兆域をもっていた可能性が指摘される。

もし興が倭王に即位していたとすれば、この地域には土師ニサンザイ古墳の規模に相当する巨大古墳が造営されていたことも想定される。田出井山古墳周辺の原地形では、それが可能な立地条件が残されていると考えられる。

後円部側の一重濠は不整形だが、図39の推定復元図では後円部中心点から七区七二・八メートルの半径の円弧で、幅三区の濠が復元できる。この台地は水不足の高燥地なので、固い洪積層を掘り込み削り取って濠の水の貯水量を少しでも増やそうとした農民の働きの結果であろう。この濠の水は、台地の西側の中筋村と北庄村に送られていた。

前方部正面の現在ある拝所の両側から東側にかけてフェンスでかこまれた奥行き二〇メートルあまりの帯状の一帯は、『元禄弐己巳歳堺大絵図』(一六八九年)に一四軒の農家が建ちならんでいた[4]。この濠の水を管理するためだったとされているが、きびしい水問題があった背景がうかがわれる。その中の一軒に「宗慶《そうけい》(連歌師花田屋宗慶)」とあるので、名前からして西山宗因《そういん》を主とする談林派の一門であったのかもしれない。この頃大坂では小西来山《らいざん》も活躍していたので、堺の中心部、大小路から歩いても二〇分ほどのここで談林派の連歌の会が開かれたり、また堺市中に出張して俳諧の席でどんな連歌が詠まれていたのかを想像するのも楽しい。

この田出井山古墳に行かれた時は、この前方部前のフェンスでかこまれた道路から濠までの奥行き二〇メートルあまりの松林の土地の幅が、田出井山古墳の二区の幅に相当する設計・企画単位になることに注意してほしい。

田出井山古墳は世子・興の古墳である可能性が強くなったことで、帰納的にその前段階の時代に築造され七区型の設計・企画で田出井山古墳に強い影響力をあたえていた大山古墳が、世子・興の父の倭王・済の古墳でなくてはならないことになる。

石津ヶ丘古墳は早くから倭王・讃に比定されてきたので、図38下のように百舌鳥三陵が讃・済・興と土師ニサンザイ古墳が武というように、百舌鳥では倭の四王の古墳が確定する可能性が出てきた。珍の古墳は誉田御廟山古墳の蓋然性が高いので、倭の五王の古墳は古市には一基となる。

『宋書』倭国伝の五王たちと倭の実状

『宋書』倭国伝[5]に記載されている倭の五王の朝貢外交は、倭が朝鮮半島でかかわった諸国との〝国際的〟優位性を高めるためにおこなわれてきたという視点から説明されることが多い。

しかし、五世紀代の百舌鳥古墳群の状況をつぶさにみていくと、朝鮮半島で諸国の優位に立つというより、倭国内でヤマト王権が直面していた差し迫った事態を、中国南朝宋の皇帝の権威を利用して乗り越えようとしたとみるほうが、倭国内での実態に即した理解になるのではないかと考えられる。

倭国伝は、高祖・武帝の永初二年（四二一）に「倭の讃王が万里はるばる貢を修めた。遠方からの忠誠の志は、よろしくあらわさすべく、除授を賜うであろう」と書き、太祖・文帝の元嘉二年（四二五）に「讃王はまた司馬の曹達を遣わして、上表文を奉り特産品を献上した」とある。倭王・讃は四年のあいだに二度の朝貢外交をおこなっていることが、この記述からわかる。

この当時、倭船は準構造船であり、外洋航海の波浪や航海術、中国までの航路を考えると、四年のあいだに二度も朝貢するのは、朝鮮半島での出来事というよりも、倭国内での切迫した状況に対処する必要にかられていたととらえると、倭の実態に即して理解できるように思われる。

つまり、この時、ヤマト王権は四世紀代にはじまる朝鮮半島への進攻で、派遣した大塚山古墳の被葬者たる有力首長であり将軍が所在を失うような挫折をともなう敗戦を喫し、そのダメージを回復してヤマト王権の権威と覇権の再構築をはかるために、巨大古墳である石津ヶ丘古墳を造営している最中であった。こうしたヤマト王権の動揺の間隙を衝くように、吉備の首長連合が石津ヶ丘古墳と同じ設計・企画の造山古墳の造営を突きつけて対峙してくるという、まさに緊迫する国内事情に直面する時期でもあった。

そのため南朝皇帝の権威によって倭国王の立場を補強し、ヤマト王権の優位性を倭国内に知らしめる必要に迫られて朝貢したとみられるが、倭国伝に倭王・讃からの外交文書である上表文の内容の記載がないのは、宋側が省略したというよりも、倭王が上表した文書の書式が上表文の形式を整えていなかったために、讃の朝貢の真意が宋朝廷に十分に伝わらずに記録にも残らず終わったためではないだろうか。

その後「讃が死んで弟の珍が立つと、使者を遣わして貢献」してきて、珍は「みずから使持節、都督倭・百済・新羅・任那・秦韓・慕韓六国諸軍事、安東大将軍、倭国王と称し、上表文を奉って除正（正式に任命される）よう求めてきた」ので、文帝は詔して「安東将軍・倭国王」に任命した。また、珍王は「倭隋ら一三人を平西・征虜・冠軍・輔国将軍の号に除正されるよう求めてきた。詔して同じく認めた」とあり、中国式の将軍号が倭王・珍のもとで倭の有力首長たちに伝授され、ヤマト王権のもとで中国風の階級秩序が整備、再編された状況がうかがわれる。

珍の古墳が誉田御廟山古墳であるとすると、巨大古墳の造営を開始した時期は四二五年前後のいつかは断定できないものの築造は順調に進められ、一方では書式の整った外交文書によって、珍自身だけでなく、ヤマト王権につき従う有力首長たち一三人にもそれぞれ将軍号が除正されて、ヤマト王権の統治機構は大きく補強されたことがうかがえる。

さらに、珍の後、元嘉二〇年（四四三）に「倭国王済が使いを遣わして奉献した。そこで安東将軍・倭国王とした」が、八年後の元嘉二八年（四五一）には「使持節、都督倭・新羅・任那・加羅・秦韓・慕韓六国諸軍事に加えて、安東将軍はもとのごとく。ならびたてまつるところの二三人を軍郡（将軍・郡太守）に除した」とあり、倭の外交文書の様式や外交手続きが一段と整備されたことがわかる。

この済の古墳が大山古墳だとすると、済の宋への最初の遣使が四四三年であるから、それから大山古墳の造営にとりかかったとしても、二度目の遣使の四五一年には、その造営はかなり完成の域に達していたと思われる。珍につづくヤマト王権のあいつぐ巨大古墳の造営とともに、中国式の将軍号を地域首長に伝授し、ヤマト王権の統治機構を軍事的にもいっそう整備していくことで、吉備の首長連合が統治する地域には大きな圧力となっていったものとみられる。

済が死に、世子（倭王の世継ぎ）の興が遣使を立てて貢献してきた。世祖・孝武帝の大明六年（四六二）、詔して「安東将軍・倭国王と称号せよ」とある。興が倭国王に即位せずに世子のままで死んだとすると、その古墳は大王墳の設計・企画をそのまま踏襲して造営されたとは考えられないので、巨大古墳でない古墳を候補に求めなければならない。百舌鳥古墳群の北端に位置する田出井山古墳は七区型、一区六・七ヒロ、大王墳の一区一三ヒロの二分の一の設計・企画で造営され、世子・興の古墳の可能性が高いことは前述した。

興が死んで、弟の武が立ち、「みずから使持節、都督倭・百済・新羅・任那・加羅・秦韓・慕韓七国諸軍事、安東大将軍、倭国王と称した」とある。

田出井山古墳が世子・興の古墳だとすると、同じく七区型の設計で一区二〇ヒロの大山古墳が田出井山古墳の設計・企画も共有し、系譜的にもつながるだけでなく、先行する古墳であることを考えれば、帰納的に興の父である済の古墳でなければならないことになってくる。

順帝の昇明二年（四七八）、武の遣使が「封国は偏遠で、藩を外になしている。昔から祖禰みずから甲冑を着て、山川を跋渉し、ほっとするひまもなかった」にはじまる長文の上表文を報じ、順帝は詔して「武を使持節、都督倭・新羅・任那・加羅・秦韓・慕韓六国諸軍事、安東大将軍、倭王に除した」とある。珍の朝貢にはじまる倭王たちが求めた六国諸軍事の中の秦（辰）韓、慕（馬）韓は、新羅と百済に併せられて実在しない国であるというから、この六国諸軍事は朝鮮半島では国際的に通用しないブランドで、倭国内むけの名目的な権威づけの称号ではないだろうか。

なお、『南斉書』倭国伝では、南朝斉の高帝の建元元年（四七九）に「使持節、都督倭・新羅・任那・加羅・秦韓・慕韓六国諸軍事、安東大将軍、倭王武は鎮東大将軍と号する」とあって、武が倭王として初めて鎮東大将軍、さらに『梁書』倭伝に梁の高祖・武帝が即位し（五〇二年）「武の号を征東将軍に進めた」との記載がある。

このようなヤマト王権の外交的な努力で、南朝皇帝の権威を最大限に利用するとともに、誉田御廟山古墳、大山古墳という二大超巨大古墳の造営によって、ヤマト王権の政治的権威に加えて、霊力的な呪術力が吉備の首長連合の対峙姿勢を圧倒したと、私は考えている。

壮大な宇宙観を具現化した土師ニサンザイ古墳

このようにして、四世紀末ないし五世紀初頭にはじまった朝鮮半島での挫折を引き金にしたヤマト王権の危機的状況を乗り切るとともに、統治機構を整備してヤマト王権一強のもとに集約していくことを達成した証しが五世紀後半の百舌鳥古墳群の土師ニサンザイ古墳にあらわれている。

前代までの大王たちが巨大古墳を造営した百舌鳥耳原の地を忌避し、百舌鳥川が台地を浸蝕して結界をつくった土師台地の中央を独占したような立地に、壮大な宇宙観を具現化した正方形区画の地割りをおこない、様式美の極致に達した墳丘からは、倭国を統一したヤマト王権の覇気が一五〇〇年あまりたった今でもみなぎるように満ちていることをひしひしと感じることができる。

歴史の流れに真っ向から立ちむかった時代の遺跡には、時空を超えたオーラが残されていることを知っていただきたい。文化財とはそういうことだ。土師ニサンザイ古墳から出土した埴輪や須恵器の年代観から倭王・武の古墳にするには時期が古く、古市古墳群の岡ミサンザイ古墳（仲哀陵）を押す研究者が多いが、土師台地に君臨する土師ニサンザイ古墳全体の設計・企画をもう一度再検討すべきではないだろうか。

中国王朝との交渉を示す中国側の記録は、南朝梁の武帝の天蓋元年（五〇二）の『梁書』倭伝を最後に途絶える。倭王・武は征討将軍号をえて倭国内の統一の〝実〟をとった以上、自ら進んで南朝に朝貢する必要性を認めなかったとすれば、倭は朝鮮半島の諸国とはまた違った独自の中国観とスタンスをもっていたことを如実に物語っている。

後円部側の濠内に拡張された墓地や、周辺の外堤と二重濠を蚕食している道路や宅地化も含めて、将来は本来の古墳全域を五〇年、一〇〇年かかってでも原状に戻すことを目標に立てていかなければならないと思う。それが成就した時、はじめて世界的遺産としての評価にふさわしい文化財となるだろう。

この古墳こそ百舌鳥の三大巨墳の掉尾を飾り、百舌鳥に造営された大王墳の真打ちにふさわしい格式と風格を具えた古墳であったことが明確になった。そして、百舌鳥古墳群は土師ニサンザイ古墳の喪葬儀礼が終わるとともに、倭国王を頂点とした階層的秩序を倭国内に整備し構築するという歴史的役割を果たし、古墳群の形成は終わりを告げる。それを見届けて本書を閉じることにしたい。

あとがき

いささか手前味噌のような話になるが、私の名前はぎょうにんべんに「歩」を組みあわせ「徙」と書いて「すすむ」と読む。『漢字源』（学研）の解字によると、「左右の足を踏みしめて、丘にのぼることを示す」とある。

両親の話では、ある人に頼んで選んだいくつかの名前を紙に書いて神棚に上げ、それを引いたら「徙」だったということで、足を踏みしめて丘にのぼる、という意味まで考えてこの名前をつけたわけではなかったと思う。

一九三二年に堺で生まれて、徙と名づけられた少年が古墳に興味をもったことから、百舌鳥古墳群と深いかかわりをもつことになるなど、一四歳になるまでは本人もまったくあずかり知らないことだった。

古墳好きになった少年にとって、意にそわぬ進学はともかく、百舌鳥は古墳といつも身近に接触できるフィールドであり、誰にも邪魔されずに独り没入できる世界であった。しかし、昭和二〇年という元号で表記される文化史的時代の節目の時空間は、古代のロマンが溢れるようなこの百舌鳥にも戦争をもたらし、私に多くの人たちの非業の死やその間際と行き合うような機会をもたらす場所にしてしまった。

私の記憶の中には、古墳のことどもとは別に、そうした死者たちへの想いが、水と油のように融け合うことのない層になって陰を落とし、滓《おり》のように沈殿してこびりついている。

この本を書くように薦められた時から、古墳だけに限定してしまわずに、私自身が体験し目撃した戦場となった百舌鳥古墳群のことも書いて、破壊されて失われた古墳ともども亡くなった人たちへの鎮魂としたいと考えてきた。

戦時中から戦後にかけて破壊された古墳、すべてが闇の中に消えてしまったかもしれない百舌鳥の古墳の資料が、古墳好き（あるいは遺跡好き）な考古青年や考古少年たちによって、不十分ではあったとしてもとどめられたことは幸いであった。

ちゃんとした学術調査がおこなわれれば膨大な報告書が刊行されるほどの内容があったと考えられるが、敗戦当時は食料事情も極度に悪く堺が空襲による戦災を受けたこともあって、発掘した遺物を収納し梱包する材料もまったく手に入らないような逼迫した状態の中で苦労した。また調査記録を残さなければならない写真フィルムが、敗戦後二年ほどは正規の市販品がまだ製造されていなかったし、発売されるようになっても高額であるうえ、写真機そのものがオイソレと調達できるような時代ではなかった。敗戦後の調査の写真がほとんどないのはこうした事情があったからである。

百舌鳥古墳群は大古墳群であるのに、その主要部分を独占している天皇陵や陵墓参考地の記述が靴の上から痒いところを掻いているようにもどかしいのは、外から見るだけで墳丘の中に入って直接外形観察すらできないことによる。

土師ニサンザイ古墳の後円部側の墓地拡張問題に端を発して起こった考古学・歴史学学会の共同した陵墓問題の学会連合の運動がはじめられたからこそ、宮内庁書陵部との懇談や護岸工事現場の「限定公開」が実現し、不十分ながら陵墓を秘匿していた菊のカーテン越しにごく一部を垣間見ることができるようになった。

しかし、この限定公開は書陵部陵墓課のおこなう陵墓の護岸工事などの際にその工事箇所を限定的に見学させてもらえるだけで、墳丘の中に入って外形を学術的に自由に観察するというのではない。そのため陵墓地形図や陵墓課がおこなった調査資料など、断片的な情報をつなぎ合わせるようにしてまとめざるをえない、という制約に置かれてきた。

二〇〇八年から陵墓への立ち入りが認められるようになったが、三段築成の古墳では第一段のテラス面をまわるだけのことなので、巨大な墳丘の全貌を観察するにはほど遠い公開である。

今もこうした状況に置かれているために、直接見て書くというわけにはいかない代わりに、前方後円墳の外形研究の方法論を使って、大胆に百舌鳥の三大巨墳にメスを入れてみた。ここで使った前方後円墳の外形研究は、石部正志、田中英夫、堀田啓一、私の四人がすすめてきた共同研究「大形前方後円墳の築造企画研究」をベースにして、最近の新しい資料やデータを加え、私がリニューアルしたものである。従来、共同研究では大山古墳を八区型としてきたが、最近のデジタル実測図や陵墓課の墳丘観察の資料から再検討をおこない、七区型として推定復元し記述した。

本書は研究論文集ではないので書き方の枠をひろげ、定説にこだわらず、とくに百舌鳥の三大巨墳については巨大さに幻惑されていた従来の視点に遠慮せずにかなり大胆に書いた。とくに大山古墳は世界一とか日本一という評価が先行してしまって、秦の始皇帝陵と肩をならべるかのような比較のされ方を見受けるが、醒めた言い方をすれば、この日本一の大きさは吉備を脅かすための、お祭りのご神宝として飾られる、見かけだけはギンギラした大身の鉾みたいなものではなかったかと思う。大きさが示す歴史的背景を考えないで、単純にならべてくらべる弊害を指摘したい。

このように百舌鳥・古市の古墳群は、墳丘の巨大化で身分秩序を可視的に示さなければならなかった歴史的発展段階にあったことをよく示している。そして、土師ニサンザイ古墳が倭国王を頂点とする身分秩序の再編成に成功したのは、中国南朝との外交交渉により南朝皇帝の権威を利用した結果である。

土師ニサンザイ古墳の後、古墳造営の舞台は古市へと移っていくが、やがてヤマト王権内で王権の継承をめぐる争いや継体大王の出現という六世紀の内乱状態が生まれる。それは倭国内で制度的な身分秩序を主体的に自前で構築する歴史的経験をへずに、中国皇帝の権威を利用して手っ取り早く制度設計をしてしまったところに原因があると考えるが、これは本書の枠を超えたテーマになる。

敗戦直後の七観古墳の調査にはじまった百舌鳥とのかかわりの中で、考古学の指導をしていただいた樋口隆康先生をはじめ多くの先生方や関係者もみな物故されて、生き残ったのは私だけになってしまった。また、その後のカトンボ山古墳や百舌鳥大塚山古墳の調査で指導を受け、橿原考古学研究所へとつながることになった末永雅雄先生、森浩一さんもすでに亡く、寂寥感だけが残された。今も一年に一回、七観古墳跡に行って往事を偲び、酒を注いで祈念することを欠かさないでいる。

カバー写真と巻頭の全景写真、またおもな古墳の航空写真には、梅原章一さんが撮影したものを使わせていただいた。全景写真には、土師ニサンザイ古墳が百舌鳥古墳群を束ねるかのように写っていて、本書の最終章の内容をそのまま示している見事な構図である。

またカバー装幀案を見た時は、「これは！」と衝撃を受けた。石津ヶ丘古墳から大山古墳への空からの視点は、第2章で述べた「仁徳陵」上空で被弾したB29の飛行コースそのものではないか。実際のB29ははるか上空を飛行していたのだが、操縦士はこの二つのカギ穴形の森をランドマークにして飛んでいたはずだ。

そして国民義勇報国隊の結成式をつぶしたグラマンは、このコースを逆に北から南へ飛行した。石津ヶ丘古墳周辺に密集している民家はほとんど戦後に建てられたものだが、グラマンはこれらの家をかすめるぐらいの超低空で飛んで行った。

百舌鳥古墳群上空を飛行するB29の編隊の米軍写真は、文全協の十菱駿武氏のお世話で、三重県四日市市の山本達也氏のご厚意で掲載の承諾をいただいた。感謝申し上げます。

百舌鳥古墳群上空をB29が飛行して大阪市内を爆撃に行く、という私が目撃した話を裏付けているだけでなく、爆撃する米軍側から撮影された百舌鳥古墳群の映像資料として、「戦争と文化財」という相反するものが一体化して写った貴重な資料であり、戦争という手段の愚かしさを思わずにはいられない。

本書を上梓する機会をつくっていただいたのは、文全協で運動をともにしてきた畏友勅使河原彰氏である。新泉社を紹介していただき出版の運びとなった。そして、錯綜する雑多な原稿を本の体裁になるよう整理してくださった勅使河原氏と新泉社の竹内編集長に厚く感謝申し上げる。

最後に、長年歯科開業医の日常診療の介補をしながら家事も切りまわし、原稿にのめり込んでいる私を支えてくれた妻・福子に、感謝の気持ちを込めてこの小論を捧げる。

酷暑の　二〇一八年七月一五日

宮　川　徏

注

第1章

（1）宮川徏「前方後円墳築造企画と技法の伝承性」『橿原考古学研究所論集』第八、一九八八年

（2）宮川徏「前方後円墳築造企画性の立体的観察」『末永先生米寿記念献呈論文集』一九八五年。石部正志・宮川徏「「天皇陵」と考古学」『岩波講座　日本考古学』七巻、岩波書店、一九八六年

（3）石部正志・田中英夫・宮川徏・堀田啓一「帆立貝形古墳の築造企画」『考古学研究』二七号、一九八〇年

（4）石部正志・田中英夫・宮川徏・堀田啓一「畿内大形前方後円墳の築造企画について」『古代学研究』八九号、一九七九年

（5）百舌鳥古墳群の各古墳の解説や案内については、久世仁士『百舌鳥古墳群をあるく―巨大古墳・全案内―』創元社、二〇一四年がよくまとまっていて好著である。

第2章

（1）小山仁志訳『米軍資料　日本空襲の全容―マリアナ基地B29部隊―』東方出版、一九九五年

なお、私は「焼夷弾」という用語は使わず、「ナパーム油脂爆弾」ないしは「油脂爆弾」「ナパーム弾」というよび方を用いるようにしている。焼夷の文字が出てくるのは、『漢書』田惔僋伝に「項羽、遂に斉の城郭を焼きはらう」（『日本国語大辞典』小学館）に見え、焼夷剤は「敵ヲ焼夷スルニ用キル」（『国民百科大事典』冨山房）など、攻撃する側が相手に叩きつけるよう

に投げつける言葉である。私もこの「焼夷弾」によって自宅を焼かれたが、その被害者が「焼夷弾」を使えば、「(敵を)焼き払う爆弾で焼かれました」としまりのない話になってしまう。やや大げさな話になるが、広島・長崎に投下された原爆をアメリカ側が仮に「原爆の投下によって戦争終結が早まった。原爆は平和をもたらしたピース爆弾だ」と言ったとしたら、日本人もピース爆弾と言うだろうか。日本の都市を無差別に爆撃し、多くの非戦闘員を殺した「焼夷弾」は、客観的な視点からナパーム油脂爆弾(油脂爆弾、ナパーム弾)とよぶべきではないかと思う。

森浩一さんは「アメリカ軍が焼夷弾を使ったという言葉はおかしな表現だ。もちろんわれわれの先祖は『魏志』などの中国の史書では東夷のなかの倭人、だから〝夷を焼く弾〟で意味は通じるけれども、日本人自らが夷と言うことはない。……〝油脂爆弾〟とでもいうべきだったのだ」(『僕は考古学に鍛えられた』筑摩書房、一九九八年)と、私とは視点がやや異なるが「焼夷弾」という用語に疑義を呈している。こうした重大な歴史的価値判断が分かれる事柄の用語は、立場の違いも包み込める客観的な言葉を選ぶ必要がある。

(2)「はじめに」でも述べたように、大山古墳とよぶのが客観的で正しいが、本章は私の子どもの頃の体験談を中心にしているので、当時よんでいた古墳名をカギ括弧付で使用する。他の陵墓も、本章ではカギ括弧付きで当時のよび名で「反正陵」(田出井山古墳)、「履中陵」(石津ヶ丘古墳)とする。

(3)『安西冬衛全集』八巻、宝文館出版、一九八一年

(4)『堺市史』続編第二巻、一九七一年、「第三節　戦災」より要約。ちなみに、『堺市史』では「堺第三次空襲」と記述しているが、これは被弾したB29の爆弾投棄であって、堺を爆撃目標にし

たものではない。また、「主として三五〇キロ爆弾」としているが、これも誤認の可能性が高い。米軍資料のＡＮ―六六　二〇〇〇ポンド爆弾は、強化コンクリートや重建築物を貫通し、重機械類を台座から根こそぎに吹き飛ばす絶大な威力があるという。堺市内に着弾し爆発した二発の投棄爆弾は、いずれも江戸時代の堺では海岸線に近い浜筋であった櫛屋町西三丁（現在のザビエル公園付近か）で、江戸初期には堺浜に湧出した砂州状の半島で地盤が軟弱な戎島に落下したことから、爆弾本来の威力が減殺されたのではないかとみられる。今後、『堺市史』改訂時には、再検討がなされることを望みたい。

なお、米軍資料とは、小山仁志訳『米軍資料　日本空襲の全容―マリアナ基地Ｂ29部隊―』（小山①とする）と、小山仁志『改訂　大阪大空襲―大阪が壊滅した日―』（東方出版、一九八九年。小山②とする）による。要約すると、つぎのとおりである。

小山①

「作戦任務第二二四号」

日付　一九四五年六月二六日。目標　大阪陸軍造兵廠。参加部隊　第七三航空団。出撃機数一二〇機。そのうち一一一機が大阪上空に達して七五八トンの爆弾を投下した。爆弾の型　ＡＮ―Ｍ六六　二〇〇〇ポンド通常爆弾。第一目標上空時間　六月二六日九時一八分―一〇時一六分。攻撃高度　一万七四〇〇～二万九〇六〇フィート（約五二二〇～八七二〇メートル）。損失機数合計　一機。行方不明のＢ29の原因は未確認。平均爆弾搭載量　一万四四〇二ポンド（約六四八〇キロ）。二〇〇〇ポンド爆弾（約九〇〇キロ・俗に一トン爆弾）一機平均七個積んでいたことになる。爆撃はすべてレーダーによる。

小山②

サイパン島発進のこのB29部隊は、日本沿岸沖で集結した後、徳島県富岡の紀伊水道への突端と和歌山県加太の田倉崎を結ぶ直線を延長すると大阪市内の陸軍造兵廠に達するので、このルートで爆撃し、爆撃後は右旋回し生駒山上空を経て、熊野灘に脱去するよう指示されていた。しかし、日本海沿岸沖一六〇キロで激しい気象前線に遭遇して編隊結集ができず、単機毎の攻撃形式が多くを占めた、という。こちらの記録では、対空砲火で六機が損害を受けた。日本軍戦闘機三機が攻撃、うち二機撃墜。こちらでもB29一機が原因不明で損失とする。ただし、この空襲では大阪陸軍造兵廠には「損害認められず」と記録され、大阪市内と周辺の広範囲な地域に爆弾被害がおよんだ。

（5）小山仁志『改訂　大阪大空襲―大阪が壊滅した日―』
（6）小山仁志『改訂　大阪大空襲―大阪が壊滅した日―』
（7）プティ・トゥアール著、森本英夫訳『フランス艦長の見た堺事件』新人物往来社、一九九三年
（8）小山仁志『改訂　大阪大空襲―大阪が壊滅した日―』

第3章

（1）樋口隆康・岡崎敬・宮川徏「和泉七観古墳発掘調査報告」『古代学研究』二七号、一九六一年
（2）末永雅雄「衝角付冑の頂邊の附物及鍬形に就いて」『考古学雑誌』一九巻七号、一九二九年
（3）森浩一・宮川徏『堺市百舌鳥赤畑町カトンボ山古墳の研究』（『古代学叢刊』第一冊）一九五三年
（4）森浩一「失われた時を求めて―百舌鳥大塚山古墳の調査を回顧して―」『堺市博物館報』二二号、二〇〇三年

（5）樋口吉文「古墳出土の鉄製柄付手斧をめぐって」『古代学研究』一八〇号、二〇〇八年

（6）宮川徏「倭は朝鮮半島でいかに戦ったか―百舌鳥大塚山古墳四号施設出土の「鉤状武器」の復原と再検討―」『古代学研究』二〇六号、二〇一五年

（7）イタスケ古墳という名称は、豊田小八郎輯『泉北史蹟志料　上巻』「百舌鳥村〔村役場ノ調査〕イタスケ古墳・五位鷺群棲ノ山」大正一〇年」と、高林家所蔵の『百舌鳥耳原三御陵　御陪塚並陪塚ト認ムベキ民有地略図』に、「イタスケ」とカタカナ表記されているところから採用した。原典にしたがいカタカナ表記しているが、ひらがな表記でも間違いではない。

（8）保存運動の経緯については、文化財保存全国協議会編『文化財保存70年の歴史―明日への文化遺産―』新泉社、二〇一七年参照。

第4章

（1）ここで紹介する前方後円墳の設計については、共同研究ですすめてきた前方後円墳築造企画の研究（石部正志・田中英夫・堀田啓一・宮川徏「畿内大形前方後円墳の築造企画について」『古代学研究』八九号、一九七九年）をベースにして、私の個別研究を加えながら説明する。

（2）中西進『古代日本人・心の宇宙』日本放送出版協会、二〇〇一年

（3）二〇一八年二月四日におこなわれた堺市主催の講演会「百舌鳥古墳群の大王墓を探る―ここまでわかるニサンザイ古墳―」で、堺市文化財課の担当者から、後円部直径一六八メートル、墳丘長三〇〇メートル、前方部幅は数値の発表はなかったものの、「墳丘第一段復原案」として二四八メートルの復元図が示された。

（4）西嶋定生「六～八世紀の東アジア」『岩波講座　日本歴史』二巻、岩波書店、一九六二年

（5）宮川徏「築造企画の伝播からみた大王墳と地域の王墳」『古代学研究』一五〇号、二〇〇〇年
（6）西谷真治・鎌木義昌『金蔵山古墳』（『倉敷考古館研究報告』第一冊）一九五九年
（7）石部正志・田中英夫・堀田啓一・宮川徏「造山・作山および両宮山古墳の築造企画の検討」『考古学研究』一五一号、一九九一年
（8）宮川徏「前方後円墳築造企画性の立体的観察」『末永先生米寿記念献呈論文集』一九八五年
（9）なお、土師ニサンザイ古墳の墳丘長を堺市教育委員会は三〇〇メートルと発表しているが、疑問点が残るので書いておく。
①前方部前端には、葺石基底石のような墳丘基底部を明確に画する遺構があったのかどうか明確に示す必要がある。
②墳丘長を古墳の格づけの基準とする考え方が固定しているために、全国の前方後円墳の大きさ（規模）のランクづけで、御廟山古墳クラスでは墳丘長二〇〇メートル、土師ニサンザイ古墳クラスでは三〇〇メートルを超えるか超えないかで順位争いが微妙に変わる、ということにこだわりすぎているように見受けられる。土師ニサンザイ古墳は全国の前方後円墳のランクでは第八位ということになっているが、これを少しでも上位にしようとする涙ぐましい努力である。
　このためにどうしても墳丘頂のデータを大きく（長く）みようとするのではないかと勘ぐられることになるが、五世紀の前方後円墳にメートル法の単位で、三〇〇メートルを大台として、「超すか！　超さないか！」と、スキージャンプのK点越えか否かみたいに躍起になるのはおかしいのではないだろうか。古墳時代の物差しや計量の仕方は今と違うのだから、墳丘長でランクづけて、古墳の評価も順位付けるような方法論はあらためるべきである。

土師ニサンザイ古墳の後円部直径が一六八メートルならば、設計・企画研究からは、墳丘長は二九四メートルの復元値が導き出されてくるが、そうすると三〇〇メートルとの差は六メートルになる。単純に数値化すると、墳丘長の二パーセント弱の誤差（あるいは縄延び）ということになるが、私がおこなった三度の古墳地割り実験では、それほどの誤差が出ることは考えられなかったので、後円部直径と墳丘長の計測資料の公開と検討が今後とも課題になるだろう。

（10）この地割り実験では、奈良歴史遺産市民ネットワークの会員の方々にヒロ棒づくりや事前の学習会を開催していただいた。一条高校には部活動の練習を一日休んで校庭を提供していただき、多くの生徒諸君が学習会から地割り作業まで参加してくれた。また私の友人でもあり一九八一年の第一回大園古墳の地割り実験以来、大山古墳八分の一地割り実験にも参加してくれた久世仁士さんや、一級建築士で家屋建設の専門家の猪谷善久さんも地割り現場で大きな戦力になった。感謝します。

（11）前方後円墳の設計・企画や尺度について学史的に基本となる文献をあげておく。関心のある方は参照されたい。

上田宏範『増補新版　前方後円墳』学生社、一九九六年

甘粕　健「前方後円墳の形態と尺度」『前方後円墳の研究』同成社、二〇〇五年

椚　国男『古墳の設計』築地書館、一九七五年

第5章

（1）宮川徏「陵墓公開を求めて三〇年」『「陵墓」を考える―陵墓公開運動の30年―』新泉社、二〇一二年。久世仁士「百舌鳥古墳群の破壊と保存運動」『百舌鳥古墳群をあるく―巨大古墳・全案

内—』創元社、二〇一四年

（2）一九七九年二月、宮内庁内規「古代高塚式陵墓の見学の取扱方針について」の要点は、つぎのとおりである。

一　考古学等史学の専門研究者を対象とし、古代高塚式陵墓・陵墓参考地の外周部の立入り見学を許可できる。

二　立入り許可対象者は大学・短大・高専の教員、都道府県・指定都市教育委員会職員、研究機関・研究団体がおこなう史学研究従事者、その他書陵部長が適当と認める者。

三　日時・人員・区域その他実施方法は書陵部長が定める。

（3）二〇〇七年一月の内規「陵墓の立入りの取扱方針について」の変更または追加された箇所の要点は、つぎのとおりである。

一　立入りを許可する範囲は、古代高塚式陵墓は外周部から墳丘最下段上面テラス巡回路まで、その他の陵墓は外構囲障までとする。

二　立入り許可対象者は考古学など歴史学、または動物学、植物学専攻者とする。

三　立入りは書陵部職員立会いの下におこなう。

四　当分の間、立入り許可は年間数件、一件あたり一六名以内とする。

（4）百舌鳥古墳群には三つの天皇陵のほかに、二つの「陵墓参考地」がある。その陵墓参考地の一つである御廟山古墳（百舌鳥陵墓参考地）は、「応神天皇が始めに葬られた百舌鳥陵で、後に誉田陵に改葬」（『泉州志』）や「神功皇后の空陵」（『大阪府誌』）などの伝承があって、陵墓参考地になったとみられる。古墳の規模から見て地域の王クラスの大きさではあるが、大王墳ではない。

もう一つの陵墓参考地である土師ニサンザイ古墳（東百舌鳥陵墓参考地）は、「俗に反正天皇陵とするが、履中反正二帝始めこの地に陵を築き、後に大仙陵の南陵北陵に改築か」（『泉州志』）、「荒陵　反正天皇ノ空陵ト云う」（『和泉国地誌』）、「御陵山ト云フアリ、廻リニ池アリ」（『泉州記』）などの伝承から、御陵墓伝説地をへて陵墓参考地になっている。

第6章

（1）大山古墳（仁徳陵）のあらましを知るうえで、中井正弘『仁徳陵―この巨大な謎―』創元社、一九九二年がよくまとまっている。

（2）この墳丘復元の作業手順は、コピーした実測図のスケールを計測して縮尺が正確になっているかを確認する。つぎに墳丘裾が浸蝕されたり削られた箇所を赤鉛筆で修正し、原形と考えられるおおよその基底線を書き入れていく。この図を製図台に固定し、トレーシングペーパーを重ねて貼りつけ、推定復元した後円部直径の円弧をコンパスで描いて重ね合わせ、直径を八等分して一区を割り出す。割り出した一区を大ヒロまたは小ヒロで整合性をもって割り切れる数値を計算して探す。一区のヒロ数とヒロのおよその実長を割り出したら、後円部の円弧から前方部までの方形区画図をつくり、後円部の円と前方部前端線の推定復元線が破綻なく整合性をもって重なり合うか確認し、整合しないときはヒロの長さを一センチ刻みで加減しながら方形区画図を作り直して、全体が整合するまでこの作業を繰り返す。これはアナログ的で目が疲れ根気のいる作業であるが、古墳を設計し、それを地割りした古墳造りの「オサ」のワザに迫れるかと思うと楽しい。

（3）黒鍬組とは、戦国時代に築城や開墾、道路普請に従事した集団を指す。

（4）小葉田淳・織田武雄監修、朝尾直弘・山澄元・野間光辰解説『堺大絵図―元禄二己巳歳―』前田書店、一九七七年

（5）『宋書』倭国伝ほかは、石原道博編訳『新訂 魏志倭人伝・後漢書倭伝・宋書倭国伝・隋書倭国伝―中国正史日本伝（1）―』（岩波書店、一九八五年）を底本に、最新の研究の成果を加味した。

●写真提供（所蔵）

p.6-7・20・22・24・194：梅原章一氏／p.18：堺市文化財課／p.61：山本達也氏／p.78：樋口隆康・岡崎敬・宮川徏「和泉七観古墳発掘調査報告」『古代学研究』27号、1961年／p.92・93：東京国立博物館 TNM Image Archives

上記以外　著者提供

●図版出典（一部改変）

図1-1：大日本陸地測量部2万分の1地形図「堺」「金田村」（国土地理院）／図1-2：国土地理院2万5千分の1地形図「堺」「古市」／図5：堺市『堺市制施行七十年誌』1958年／図6・7・8：樋口隆康・岡崎敬・宮川徏「和泉七観古墳発掘調査報告」『古代学研究』27号、1961年／図9：森浩一「失われた時を求めて―百舌鳥大塚山古墳の調査を回顧して―」『堺市博物館報』22号、2003年／図14：森浩一『巨大古墳―前方後円墳の謎を解く―』草思社、1985年／図16：奈良県立橿原考古学研究所「箸墓古墳周辺の調査」『奈良県文化財調査報告書』第89集、2002年／図19・20（左）・28：末永雅雄『日本の古墳』朝日新聞社、1961年／図20（右）：宮崎県教育委員会『男狭穂塚女狭穂塚陵墓参考地測量報告書』（宮崎県文化財調査報告書第42集）1999年／図21：堺市教育委員会『いたすけ古墳その他の測量調査報告』1974年／図22：宮内庁書陵部「平成16年度陵墓関係調査報告　雲部陵墓参考地墳塋護岸工事その他の工事に伴う事前調査」『書陵部紀要』第57号、2006年／図24：堺市教育委員会「御廟山古墳（GBY-6）発掘調査報告書」『百舌鳥古墳群の調査5』2011年／図25：奈良県立橿原考古学研究所編『島の山古墳調査概報』学生社、1997年、岬町教育委員会『西陵古墳発掘調査報告書』1978年／図26：新納泉「前方後円墳の設計原理試論」『考古学研究』229号、2011年／図29・30・35・37・39：百舌鳥・古市古墳群世界文化遺産登録推進本部会議／図32：奈良県立橿原考古学研究所・アジア航測株式会社

上記以外は著者

図版作成　松澤利絵

宮川　徏（みやかわ・すすむ）

1932年、大阪府堺市生まれ。

1943年、国民学校生時に末永雅雄著『大和の古墳墓』を読み、古墳に興味をもつ。1945年、大山古墳（仁徳陵古墳）外堤に接して校舎のあった大阪府立農学校に進学し、堺市空襲で被災、古墳の被害を実見。戦後、復興の土取り場としてつぎつぎに破壊される百舌鳥古墳群の緊急調査に参加する。その後、地元で歯科医を開業するかたわら、遺跡の保存と陵墓公開運動を続ける。

文化財保存全国協議会常任委員、奈良県立橿原考古学研究所共同研究員。

主な著作　「前方後円墳築造企画性の立体的観察」『末永先生米寿記念献呈論文集』1985年／（共著）「「天皇陵」と考古学」『岩波講座　日本考古学7　現代と考古学』1986年／「築造企画からみた前方後円墳の群的構成の検討」『橿原考古学研究所論集』6、1984年／「前方後円墳築造企画と技法の伝承性」『橿原考古学研究所論集』8、1988年／「築造企画の伝播からみた大王墳と地域の王墳」『古代学研究』150号、2000年／「陵墓公開を求めて三〇年」『「陵墓」を考える―陵墓公開運動の30年―』新泉社、2012年／「戦後復興とイタスケ古墳」『文化財保存70年の歴史―明日への文化遺産―』新泉社、2017年ほか。

よみがえる百舌鳥古墳群――失われた古墳群の実像に迫る

2018年9月10日　第1版第1刷発行

著　者　宮川　徏

発行者　株式会社　新 泉 社
〒113-0033 東京都文京区本郷2-5-12
TEL 03 (3815) 1662　FAX03 (3815) 1422

印刷・製本／創栄図書印刷

ISBN978-4-7877-1805-1　C1021

文化財保存70年の歴史——明日への文化遺産

文化財保存全国協議会編　Ａ５判上製／三九二頁／三八〇〇円＋税

戦後経済発展のもとで、破壊され消滅した遺跡、守り保存された遺跡の貴重な記録。

「陵墓」を考える——陵墓公開運動の30年

「陵墓限定公開」30周年記念シンポジウム実行委員会編　Ａ５判／三二〇頁／二八〇〇円＋税

巨大古墳の真実とは何か。陵墓公開を求める研究者たちが実態追究の成果を報告する。

天皇陵の解明——閉ざされた「陵墓」古墳

今井　堯著　Ａ５判上製／二二四頁／二八〇〇円＋税

「陵墓」古墳をさまざまな角度から追究、天皇陵や陵墓参考地の実像を明らかにする。